JN121211

日本キャリア教育

Beginning of
Career Education in Japan

事始め

『日本キャリア教育事始め』編集委員会 編

三村隆男／高野慎太郎／京免徹雄
小境幸子／宮古紀宏

風間書房

ま え が き

　日本の学校教育に「キャリア教育」の概念が導入されてから、25年の歳月が経過した。賛否両論を巻き起こしながらも、25年の間に、キャリア教育は広範かつ多様なものへと変化してきた。この分野では世界規模の学会員数（日本キャリア教育学会）を誇るこの地域において、キャリア教育の実践と研究は、日々絶えざる生成と変化の運動のさなかにあると言ってよいだろう。

　以下に読まれる書物は、そうした運動を肯定するためにある。公文書に「キャリア教育」の言葉が登場した1999年から現在までを「事始め期」として対象化する本書では、その25年間に行政・実践・研究における中心的な役割を担った人物たちによって、キャリア教育と自身の来歴に対する省察がなされる。省察から得られた知見はある場合には論文として、あるいは論文とエッセイのあいだに位置づくテクストとして、読者に提示される。

　そこには、時代のダイナミズムのなかで加速した流れもあれば減速した流れもあり、中心に位置づいた要素もあれば周縁化した要素も見受けられる。そうした時代の息遣いを今に伝えることが本書の役目であり、読まれた方がそこから僅かでも新しい運動へと進まれるならば、本書の願いは十分に達せられる。

　「事始め」という言葉に着目してまとめると、本書の特色は、日本のキャリア教育の草創期（事始め）を対象として、中心的な役割を担った人物たちとキャリア教育の来歴（事始め）を提示することによって、読者の方々の新たな実践や研究や思考の契機（事始め）となることを企てるものである、ということになる。

　ここで、本書の背景について手短に説明させて頂きたい。この書物は、早稲田大学を今年度末で退職される三村隆男先生のご功績を記念して編まれた

ものである。企画に承諾を頂く場面で先生は、本書の題名と趣旨を示唆された。曰く、実践者や研究者が自身の生き方を問うことなしにキャリア教育は成り立たないこと、そして、懐古ではなく未来に向けた書物をつくることである。先生にも編集委員に加わって頂き、可能な限りその趣旨の実現に努めた。

　ひょっとすると本書を手に取ってくださる方の中には、本書の題名と成立の経緯とのあいだに、カテゴリー・ミステイクの疑念を抱かれる方がおられるかもしれない。あるいは、キャリア教育と個人の来歴を省察する本書の企画に対して、「個人的にすぎる」との疑義を抱く方もおられるかもしれない。もしも、そうした疑念によって本書を書架に戻そうとする方がおられるならば、三村先生が得意とする上越地方の宴会作法（コラム p.331参照）にならって、「ちょっと待った」と留保の言葉を差し挟まずにはいられない。

　なぜなら、ここに収録された「個人的にすぎる」テクストたちは個人の範疇をはるかに超えて公共性を纏うことを回避し得ておらず、また、そうしたテクストを従えた書物がごく自然な風景に収まってしまうところにこそ、いまここに祝意が捧げられようとしている人物の学的達成とご人徳とが現れているからである。その意味で、本書はこのような書物にしかなり得なかったとご容赦いただき、この稀有な書物をどうかこのままお買い上げのうえ、日本のキャリア教育の道行（キャリア）を辿る旅にご一緒にお付き合いを願いたい。

　本書『日本キャリア教育事始め』を三村隆男先生の長年のご功績に捧げるとともに、これからも続いていく「キャリアの旅」に向けた予祝の歌とさせていただく。

編者を代表して　高野慎太郎

目　　次

まえがき

第1章　キャリア教育の系譜にみる社会正義

三村隆男

Ⅰ．職業指導の始まりと社会正義

　日本の職業指導の歴史は、近代国家における産業構造の変化によって生み出された雇用機会の拡大と並行して始まり、産業構造や社会構造が孕む矛盾と並行し進展してきた。こうした中で、弱者である年少者に対する社会正義の行使として職業指導が開始された歴史的事実を、日米の職業指導の比較を通し検討したい。

1．職業紹介のはじまり

⑴第二次産業革命により雇用創出

　第二次産業革命における工業人口の膨張は都市における求人の急増を生み、職業紹介業が活況を呈した。労働省（1961）によると、当時、公営の職業紹介施設はなく、営利職業紹介業として、寄子、口入所または告知業が活躍した。それらの傾向としては、事業所から遠方の地に住む求職者の無知に付け込み不当な雇用条件を押し付ける、人身売買と思しき雇用を行なう、募集者が手当ての中間搾取を行なうなど、多くの問題を抱えていた。この影響を受けたのが、社会的弱者の年少者であり、営利職業紹介所による適切とは言えない斡旋で職業生活を始めることで、その後の職業意識に悪影響を及ぼすことも多かったのである。結果的にこうした年少者が都市における非行問題の要因となった（大阪市社会部調査課, 1930）。

⑵「職業紹介法」の制定

　第一次世界大戦後の世界的不況は日本にも波及し、特に戦争による需要を失った軍需産業をはじめ大量解雇がおこり、未曾有の失業問題に直面した。被雇用者の職業低下の問題、徒弟制度の崩壊、営利職業紹介と年少者労働の

問題、失業など救済対象となる貧民層の増加といった近代化がもたらした産業構造、社会構造の変化に直面しているわが国において、大都市はその問題を激化させていったのである。一方、1921（大正10）年、職業紹介業務の改善を目指した「職業紹介法」が公布、施行される。これによって、市町村立の職業紹介所の設置が進められ有料で職業紹介が始まった。

2．年少者職業指導機関の誕生

(1)年少者の雇用情勢

　1915（大正4）年、入沢宗壽が著書『現今の教育』でアメリカ合衆国における年少者対象の vocational guidance を職業指導と訳し、始めてわが国に紹介した。これを契機に成人に対する職業紹介とは別に、年少者に対し職業を選ぶ際に指導を与える機能として職業指導が位置付けられた。

　一方、第一次世界大戦後の軍縮などの影響でわが国は経済不況に陥り、年少者は職業紹介において不利益を被ることが多かった。大阪市ではこうした年少者を保護するため1919（大正8）年、公立施設として初めての児童相談所である大阪市立児童相談所が開設され職業指導をも手がけるのであった。同所は満20歳未満を児童として扱い、職業指導として、学校選択、職業紹介、及び紹介所の指導を業務としていた。

(2)三田谷啓と大阪児童相談所の開設

　わが国の職業指導の成立過程に大きな影響を与えた人物に三田谷啓（さんだや・ひらく）がいる。三田谷は治療教育学を学ぶため1910（明治43）年にドイツに留学し、帰国後私設の児童相談所に勤務した。1918（大正7）年4月、当時の大阪市助役の関一（せき・はじめ）から要請され、三田谷は、大阪市衛生課防疫係医員兼技師として大阪市に赴任した（津田, 1991）。三田谷の職業指導への理解は、ドイツ留学の影響が強かった。「職業の選択（Berufsauswahl）は人生に於ける最も重要なるものの一つである。個人が最も適当の

職業を選び得た場合には自己の能率を十分に発揮することが出来るから自己
の発展は申すまでもなく社会に於ける利益も自ら大である。職業を選択する
には父母の社会的地位財産の多少等に相関するところ少なくないが最も密接
の関係あるものは、児童各個の体質、才能、興味、欲望等である」（三田谷,
1920）とし、職業選択は自己と社会に利益をもたらし、選択においては家庭
の経済力も相関するが、最も関連づけるべきは本人の個性であるとの見解で
あった。

　当時の大阪市における年少者労働の実態は、大阪市社会部調査課（1975）
によると「少年労働者ノ多クハ一般ノ如ク昼間ノ教育ヲ受クルコトサヘ得ズ
幼少ナル身ヲ以テ終日家庭ヨリ離レ工場又ハ商店ニ雇使セラルヽモノナリ、
又少年労働者ノ約半数ハ学齢ヲ超エタルモノニシテ学齢中正規の教育ヲ受ク
ルヲ得ザリシモノナリ」とされ、学齢期にもかかわらず家庭の状況で就業を
余儀なくされている様子が報告されている。当時は、少年、少女を総称して
少年と呼称していた。こうした年少者の救済を主な目的として三田谷は児童
相談所の設立にむけて調査にあたる。教育研究所（1918）によると学務課兼
務となった三田谷は、児童調査をはじめとする教育に関わる指導・調査にあ
たり、『児童相談所に関する報告要領』（大阪市役所発行）を執筆し、児童相談
所設立の準備を進めた。

3．大阪市立児童相談所の活動

　1919（大正 8）年 7 月、わが国初の児童相談所である大阪市立児童相談所
は開設された。同所が発行した『大阪市立児童相談所紀要』（大阪市立児童相
談所, 1992）には、「本所は児童又は母性の健康並びに教育に関わる相談に応
じ、且つ児童保護に関する調査研究を為すを以て目的とする」（p.1）と明確
な設立趣旨が示された。同所の組織は、趣旨に沿い健康相談部、教育相談部、
研究部があった。教育相談部については、「児童の個性を鑑別し、個性を考
察して将来の職業的動機を決定せしめ兼て余暇の利用を期するは、我国現下

の社会情勢を鑑み真に適切なる急務に属する、而して児童保護施設として設置された本所に教育相談部の存立する所以」(p.21) とされ、教育相談の中心に職業相談、職業指導を置いた。同紀要「三　教育相談の方針と其実施要項」には「第三節　職業指導」(pp.27-30) が明記され、職業選択及び学校選択について記されている。公的施設で職業指導が業務として明記された最初のものである。同節には「徒弟たる少年に対し職業の知識と修練を授けて将来熟練せる一個の労働者として身を立てしむる責任の負担をしたのであるが現時の少年労働者にあって大に之と趣を異にし其雇主と相見ることさへ稀であり職業的教養並将来の独立に就いて何等の保証を得て居ない」とし、徒弟制度の崩壊により雇用主との関係が希薄となり、年少労働者の孤立化、職業的陶冶や将来的自立への指導の欠如を指摘している。職業生活への支援をおこなう職業紹介自体が緒にあるなか、その矛盾が集中する年少者が被る不利益を改善し、自立した生活を求めた。さらに、大阪市立児童相談所では、1920年に学園部を設置し、7歳から14歳未満の身体薄弱、精神薄弱児童を各定員20名合計40名を受け入れた。学園部については、国民教育を受けることが難しい児童に生活上有効な教育を施し学術の研究に資するためと規程に記されており、治療教育学を専攻した三田谷の趣旨が反映されていた。初期の職業指導において既に障害をもった児童をその対象にしていたのである。

　大阪市立児童相談所開設の翌年、1920（大正9）年に大阪市立少年職業相談所が大阪市立児童相談所内に開設された。この大阪市立少年職業相談所は公営として日本で最初の職業相談に特化した年少者施設であった。「職業紹介法」後設置された一般の職業紹介所が「営利職業紹介所と全く同一の観念のもとに運営せられてゐた」(大阪市社会部, 1939) に対し、少年職業相談所の運営は、「職業選択、学校選択、乃職業紹介の事業に当り現時の如き社会の輿論に指示される事無く又政府の指導を仰がず、一般市民の認識不充分の折柄よく此の難事業に従事し斯界の先駆者として啓蒙の任に努めて居たものであることを吾人は先ず銘記す可き」(大阪地方職業紹介事務局, 1934) と記され

ているように、その精神は大阪市立児童相談所と軌を一とし、両所は業務の
すみわけを行なっていた。ところが、第一次大戦後の不況も回復の兆候がな
く、さらに1923（大正12）年に発生した関東大震災による経済的打撃は大阪
市財政にも深刻な影響を与え、ついに1924（大正13）年3月末日をもって大
阪市立児童相談所は廃止された（三村, 2005）。職業相談、職業指導の業務は、
大阪市立少年職業相談所に引き継がれた。

4．大阪市立児童相談所の職業指導史上の意義

　大阪児童相談所にて職業指導が開始される11年前にあたる1908年にアメリ
カ合衆国ボストン市でフランク・パーソンズ（Parsons, F.）による職業相談
が始められ、これが職業指導の始まりとされている。ここでは、大阪市立児
童相談所をアメリカ合衆国における職業指導の始まりと比較検討することで
その同質性を考察する。

　田代（1995）によると、ボストンでは19世紀の工業化の影響を受け「徒弟
制に基づく家内制工業から、多数の労働者による工場制手工業への移行」
（p. 172）が進行した結果、「工業化に伴う生産形態の変化は多量の労働者を
必要とし、また生産工程に専門・分化は仕事の多様化を招来し、ここに職業
選択の複雑化と職業指導の必要性を促す客観的状況が醸成される」（p. 173）
とあり、わが国における徒弟制度の崩壊による熟練した働き手を醸成する職
業陶冶の機会が失われたことと事態は共通している。

　都市の工業化による人口増加は、ボストン市と大阪市は類似の様相を呈し
ていた。当時のボストン市における移民の状況は「1910年時点の総人口
670,585人中、外国生まれの白人は240,722人であり、実に人口の35.9パーセ
ントを占めている」（Department of Commerce, 1919）とされ、さらに国内から
の流入者も加わることになる。一方、我が国の第1回国勢調査（1920）から、
1920（大正9）年の大阪市総人口における大阪府外で出生した者が55.3％を
占め、両都市が共通して極端な人口増加現象に直面していたことがわかる。

工業化と人口集中はアメリカ合衆国においても社会的弱者である年少者に多大の不利益を生じさせた。また、学校教育の拡大による中退者の増加、貧困、虐待、育児遺棄などの惨状から子どもたちを守る組織や規程が生まれた（Levine & Levine, 1992）。職業指導は児童保護の精神の表明であり、職業心理学そしてその後のカウンセリング心理学の基礎を作った（Baker, 2002, 374）とあるように、米国においても児童保護と職業指導との関連性は強かった。

　大阪市とボストン市には、大量の人口流入、貧困層の存在、徒弟制度の崩壊、児童保護の精神といった時代背景における共通点が存在した。三田谷啓は「予は実にコドモの教育を徹底することは国家の根本問題を解決する所以」と明言し、社会的弱者である子どもの教育機会を確保することは国家の基本的課題の解決に繋がるとの認識で児童保護機関の設置を訴えた。パーソンズも同様に社会変革を考えていた。当初彼は進歩主義（progressivism）の立場をとったが、1905年を境に社会変革から個人の変革へと方針を転換し、ボストンの市民館で若者の職業選択支援への取組に着手するのである（Stephens, 1970）。私設か公設かとの相違はあるが、日米の職業指導の始まりは、施設による実践を伴い理論化を目指す科学的姿勢をとっていた。やや仔細に検討したが、三田谷啓とパーソンズの職業指導の同質性はご理解いただけたかと思う。

5．職業指導と社会正義について考える

　パーソンズの業績を「キャリア発達において社会正義の理論的かつ実際的進展の基礎を築いたものと認識する」（Fouad, N. A., Gerstein, L. H., & Toporek, R. L., 2006）からはじまり、「社会正義（social justice）は歴史的に職業心理学の根幹をなし、それはパーソンズ（1909）の業績に遡る。20世紀初頭、彼は、生活改善の手段としての雇用を確かなものとなしえない若者、女性、その他の人々の権利を主張したのである。パーソンズは職業指導において最初に社会正義を唱導したとされている」（Arthur, N., Collins, S., Marshall, C., McMahon,

M., 2013）との評価から、三田谷啓の取組も同様の評価を得ても不思議では
ない。我が国職業指導のはじまりは、米国のパーソンズの取組との同質性か
ら、社会正義の行使として位置づけることができる。

　Hooley, T. & Saltana, R. G.（2016）が指摘するように。パーソンズの時代
と21世紀初頭は大きく異なっており、時代に即した社会正義の在り方が求め
られてくる。次に進路指導における社会正義について二つの出来事を基に検
討する。

引用文献

Arthur, N., Collins, S., Marshall, C., McMahon, M.（2013）. Social Justice Competen-
　　cies and Career Development Practices, *Canadian Journal of Counselling and
　　Psychotherapy*, pp. 136-154.

Department of Commerce（1919）. Department of Commerce, Bureau of the Censusu,
　　Thirteenth Census of the Unitede States taken in the Year 1919, Vol. 2, Report
　　by States with Statistics for Countries, Cities, and Other Civil Divisions-Ala-
　　bama to Montana, Government Printing Office, 1913, 890.

Fouad, N. A., Gerstein, L. H., & Toporek, R. L.（2006）. Social justice and counselling
　　psychology in context. In R. L. Toporek, L. H. Gerstein, N. A. Fouad, G. Roysicar,
　　& T. Israel（Eds.）, *Handbook for social justice in counselling psychology: Lead-
　　ership, vision, and action*（pp. 1-16）. Thousand Oaks, CA: Sage.

Hooley, T. & Saltana, R. G. 2016 Career fuidance for Social justice, *Jouranal of the
　　National Institute for Career Education and Counseling. 36*, 2-11.

教育研究所　1918　大阪市学務課に於ける新計画　児童研究第1巻第12号　394.

Levine, M., & Levine, A.（1992）*Helping children: A social history*. New York: Ox-
　　ford Univ. Press.

三村隆男　2005　わが国少年職業指導創始期における職業指導論の展開　進路指導研
　　究23（1）, 11-22.

三田谷啓　1920　教授衛生　同文館　384.

大阪市社会部調査課　1930　本市における不良少年少女.

大阪地方職業紹介事務局　1934　自大正12年至昭和8年　大阪地方職業紹介所沿革概
　　要　45.

大阪市社会部調査課編　1975　少年労働者調査　労働調査報告書　弘文堂（復刻版）
　　　164.

大阪市立児童相談所　1992　大阪市立児童相談所紀要（復刻版）児童問題調査資料集
　　　大空社　20-21.

大阪市社会部　1939　職業紹介事業史　社会部報告第239号　25.

労働省　1961　労働行政史第一巻　労働法令協会　164-165.

Stephens. W. R.（1970）*Social Reform and the Originsof Vocatioflal Guidance*,
　　　Monograph of the National Vocational Guidance Association, 14.

田代直人　1995　米国職業教育・職業指導政策の展開―中等教育改造期を中心として
　　　―風間書房.

津田清次　1991　三田谷啓と大阪―児童相談所の開設―　大阪養護教育史研究紀要第
　　　10巻　鈴木ビネー教育法・その軌跡と実践　大阪養護教育史研究会.

II．進路指導における社会正義 1
―全国高等学校統一応募用紙をめぐり―

　日米のキャリア教育の始まりである職業指導において共通の社会正義が存在していたことが確認された。進学や就職といった学校外の機関への移行を支援するキャリア教育では、学校内で解決できない課題に必然的に直面する。戦後わが国進路指導において顕著な課題の一つに就職差別があった。

1．我が国の再興と職業指導、進路指導

(1)職業指導主事の法制化

　1953（昭和28）年、職業指導主事が学校教育法施行規則において「第52条の2　中学校には、職業指導主事を置くものとする。②職業指導主事は、教諭をもってこれにあてる。校長の監督を受け生徒の職業指導をつかさどる」と規定された。同様に高等学校や、当時の盲学校、聾学校及び養護学校の中等部、高等部に準用され、職業指導主事はそれぞれの学校種における職業指導の中心となった。

　高度な技術者への需要の高まりとあいまって、高等学校や大学への進学率は急増した。日本進路指導協会（1998）は高度経済成長時代を迎え、進学率の上昇に伴う高度な知識人や技術者の養成への希求に対し、「言葉のニュアンスがやや就職指導に偏る印象を与え」た職業指導にかわり、1957（昭和32）年の中央教育審議会の「科学技術の振興方策について」（答申）で、進路指導が使われるようになったとしている。こうして、文部省（1961）は進路指導を「生徒の個人資料、進路情報、啓発的経験および相談を通じて、生徒みずから、将来の進路の選択、計画をし、就職または進学して、さらにその後の生活によりよく適応し、進歩する能力を伸長するように、教師が組織的、

継続的に援助する過程である」と定義した。進路の選択による就職や進学を
通し、その後の生活によりよく適応し進歩する能力を伸ばすよう、職業指導
主事（1971年に進路指導主事と改称）を中心に進路指導は展開された。

⑵進路指導主事が直面した社会正義の課題

　1960年代、事業所に就職する際に高校生が提出する社用紙に関する問題が
職業指導主事の前に大きく立ちはだかった。1965（昭和40）年8月11日、同
和対策審議会は、同和問題を基本的人権に関わる課題とし、同和地区の実情
把握のために全国及び特定の地区の実態の調査を基に、諮問された「同和地
区に関する社会的乃び経済的諸問題を解決するための基本的方策」に対し答
申を行った。その中で、学校教育について⒞進路指導に関する措置とし、
「同和地区生徒に対する進路指導をいっそう積極的に行なうこと。特に就職
を希望する生徒に対しては、職業安定機関等の密接な協力を得て、生徒の希
望する産業や事業所への就職が容易にできるようにするとともに、将来それ
らの職業に定着するよう指導すること」（京都大学HP）とし、基本的人権を
擁護する上で進路指導への期待を高めた。しかし事態は改善されず、森
（2015）によると「社用紙に戸籍謄本や抄本の添付を求め本籍を調査するなど、
すべての国民に基本的人権の享有を保障した日本国憲法の理念に著しく反す
ることが行われていた。さらに、身元調査や家族調査が行われてきたことに
よって、適性と能力以外で、社会的差別を受けてきた多くの同和地区出身生
徒等、非差別の状態におかれた生徒の苦しみは計り知れないものがあった」
と当初の状況を描写した。こうした中で、社用紙の代わりに統一応募用紙を
使用する動きが進路指導担当者の集まりである近畿高等学校進路指導連絡協
議会総会で提起された。1971（昭和46）年には、近畿地区二府四県（三重県を
除く）にて近畿統一応募用紙の使用が始まるのであった。
　一方、同年の「高等学校卒業者の就職応募書類の様式の統一について（通
知）」により、全国高等学校長協会指定用紙による統一様式が定められたこ

とが通知された。さらに、1973（昭和48）年の、労働省職業安定局長「新規
高等学校卒業者採用・選考のための応募書類について（通知）」では「…現
在企業から独自に定めて用いている応募書類には、適性・能力と直接関係な
い事項が含まれ、しかもこれらの事項を判断の資料として採否の決定が左右
される場合があり、事実、片親又は両親を欠く者、心身に障害のある者及び
定時制・通信制在学者等に対する差別的な扱いがみられ、とくに同和対策対
象地域住民に対する就職に際しての不合理な差別の事例は後を絶たないとこ
ろである。…」と通知された。ただし、全国統一応募用紙が定められる中で、
「全国統一応募用紙」を使用せず、独自の様式を使用した近畿地区の他に埼
玉県が存在した。

２．埼玉県独自の統一応募用紙の使用

　1993年、『埼高進研創立35周年記念誌』（以下『記念誌』）の編纂に携わった
筆者は、埼玉県独自の統一応募用紙の作成の経緯を、当時の担当者の聞き取
りを通し明らかにした。

　埼玉県は狭山事件をかかえた県でもあり、同和問題に関心の高い県のひと
つであった。埼玉県独自の統一応募用紙は、各高校の職業指導主事により
1958（昭和33）年に「埼玉県職業指導主事協議会」として発足し、1966（昭
和41）年に改称した「埼玉県高等学校進路指導研究会」（以下「埼高進研」）に
よって作成された。「埼高進研」は全国統一応募用紙が出来た1973（昭和48）
年に敢えて独自の統一応募用紙を作成した。その経緯について、当時、「埼
高進研」副会長であった辻（1993）は、「進路保障の観点に立って調査した、
県内全高校生から提出された就職の際の差別的選考を報告する「受験報告
書」の集計値は、埼玉県が724社であった。同調査における関東の都県では、
東京都724社、神奈川13社、千葉16社、茨城７社、栃木５社、群馬41社と比
較すると、埼玉県は群を抜いて多かったからである」と記述している。さら
に「『本人がその企業に入社したいという希望、本人の適性、能力、この３

つの要素が採否を決定するものである』というのが私どもの考える大原則であり、本県が独自の統一応募用紙作成を決定した根拠もこの3原則に基づいたものである。採用を決定するに際してこの原則以外の要素が加わることすなわち差別につながるものであるという観点から書式の作成に踏みきったのである」と埼玉県独自の応募用紙を作成した理由を示している。1972（昭和47）年、埼玉県高等学校進路指導研究会は第一回統一応募用紙作成委員会を開催した。同年は近畿高等学校統一応募用紙を参考に手直ししたものを使用したが、その年度の反省を踏まえ、1973（昭和48）年2月に「埼高進研」と埼玉県教育委員会共催の研修会にて統一書式を決定した。

3. 埼玉県独自の統一応募用紙における改善点

　統一応募用紙作成による同和地区出身者に対する就職差別への対応は、進路指導を通し生徒を抑圧してきた差別という構造を改善する社会正義を教師が行使するものであった。当時、「進路保障は同和教育の総和」と言われていたが、進路指導における社会正義が厳しく問われた時代でもあり、埼玉県における辻をはじめとする進路指導主事組織である「埼高進研」の社会正義に対する認識の表れでもあった。

　『記念誌』には、「埼高進研」が近畿地区統一応募用紙からさらなる改善を図った点を辻が記しており、当時の社会正義に対する認識を確認してみたい。統一応募用紙には、履歴書と調査書がありそれぞれについての埼玉県独自の改善点（抄）を以下の**表**に示す。

表　履歴書と調査書における改善点

ア．応募書類その1　「履歴書」
　○現住所欄の電話番号を記載することを削除した。これは選考に不必要であり、企業
　　側からの電話の利用による調査もあり得る。
　○得意な教科科目を好きな教科、科目に改めた。
　○家族の欄を家族として氏名、続柄、年令のみとした。もちろん家族の職業はこれを
　　削除した。
イ．応募書類その2　「調査書」
　○生徒推薦に関する調査書について課程別を削除。これについては、全日制・定時
　　制・通信制の差別の撤廃という観点から削除した。
　○行動および性格の記録について
　　人物所見欄とし、A・B・Cの段階による評価を廃し、12項目についての特長ある
　　ものについてのみ○をつけることとした。
　　これは個人の責任に帰することのできない理由で、たとえC段階にランク付された
　　ものがあった場合、これだけをとらえて採否決定の材料にされる恐れがあることか
　　らであり、このような不合理な選考を廃しようとしたためである。

　表中には改善内容とその趣旨が示されている。趣旨からは就職差別に対する社会正義がどのような観点で行使されたかが看取できる。

4．進路指導における社会正義

　辻（1993）は「本県で応募書類を制定したことは私たちの埼玉県高等学校進路指導研究会と埼玉県同和教育研究協議会、県労働部そして県教育委員会などの関係機関の協力によってできたものであるが、われわれとしてさらにこれらの研究を進め『進路保障』へのとりくみを進めていかなければならないと考えている」としている。同書には、「『進路保障』とは職業選択の自由、就職並びに教育の機会均等を確保する視点で就職差別を解消するための取組を指す」（p.42）と定義されている。進路保障こそ「埼高進研」の継続して取り組む課題に位置づけていた。

　就職差別解消は社会正義そのものに位置づくが、統一応募用紙が始まってから22年が経過した2023（令和5）年5月公表の日本労働組合総連合会（2023）「就職差別に関する調査2023」によると、最終学歴が高等学校の人（214名）

に、採用試験に際し、《全国高等学校統一応募用紙》ではない応募用紙を提出するように求められたことがあるか聞いたところ、『ある』は46.7%（前回32.2%）、『ない』は53.3%（前回67.8%）となり、全国高等学校統一応募用紙ではない応募用紙の提出が増えている」と報告している。

　就職差別解消という社会正義で実施の「全国高等学校統一応募用紙」以外の使用が半数近くに上り、前年度比増加となっている現実をどのように解釈すればよいのであろうか。「全国高等学校統一応募用紙」策定という社会正義はそれほど脆いものだったのであろうか。

引用文献

厚生労働省（2011）平成23年版　労働経済の分析－世代ごとにみた働き方と雇用管理の動向－、116-117.
　　https://www.mhlw.go.jp/wp/hakusyo/roudou/11/dl/02-2-2.pdf
京都大学HP　https://www.kyoto-u.ac.jp/ja/about/foundation/human-rights/commission/douwatoushin
日本進路指導協会　1998　日本における進路指導の成立と展開、118.
三村隆男　1993　埼玉県高等学校進路指導研究会沿革資料進路（職業）指導　埼高進研対象年表　埼高進研創立35周年記念誌　埼玉県高等学校進路指導研究会、46.
文部省　1961　中学校・高等学校 進路指導の手引－中学校学級担任編　日本職業指導協会.
文部省　1977　中学校・高等学校 進路指導の手引－進路指導主事編　日本職業指導協会 30.
森均　2015　近畿高等学校統一応募用紙の制定過程に関する実証的研究－大阪府高等学校進路指導研究会の立場から－　摂南大学教育学研究11 58.
日本労働組合総連合会　2023　「就職差別に関する調査2023」
　　https://www.jtuc-rengo.or.jp/info/chousa/data/20230531.pdf（2023年1月4日最終確認）
辻清　1993　埼玉県で独自に作成した就職統一応募用紙の意味とそのねらい　埼高進研創立35周年記念誌　埼玉県高等学校進路指導研究会　58.

Ⅲ．進路指導における社会正義 2
－偏差値に依存しない進路指導をめぐり－

1．建て前となった進路指導

　朝鮮戦争を機にわが国の経済は復興の一途をたどり高度経済成長へと移行
した。高校や大学への進学が加速する中、進路指導は学力のみを指標とする
進学指導にシフトし、岩井（1991）や千葉（2002）が指摘するように、進路
指導の本来のあるべき姿は「建て前」となっていく。

　極度に乖離した様子は、中央教育審議会（1991）によって「私立の 6 年制
一貫校や国立の一部の附属中学校への小学校の受験準備が、既にある危険水
域を越えたと判定せざるを得ない事態」と表現された。中学校や高校では、
既に生徒の主体的な選択ではなく偏差値という尺度による進路指導が容認さ
れていたが、受験競争が小学校にまで広がったため「危険水域を越えた」と
表現された。一方で、偏差値を生み出す業者テストも問題視され始めた。た
だ、中澤（2005）が「業者テストが問題視され、当時の文部省からその廃止、
学校からの排除が通達されたのは…（中略）。一度目は1976年、二度目は
1983年であったが、このとき様々な問題点が指摘されながらも、結局学校現
場に業者テストは残り続けた」と指摘するように、業者テストは批判された
が、抜本的な改善は文部省ですら着手できなかった。

2．埼玉県教育長による「偏差値不提示」通知

　本来の進路指導への回帰は、1992（平成 4 ）年、埼玉県の教育長が入試に
おける偏差値の使用禁止を通知したことによって始まった。1992（平成 4 ）
年10月 1 日付読売新聞埼玉版では「公立中の業者テスト結果高校側へ提供ダ

メ」の見出しで、「私立高校推薦入試の合否判定基準とされるなど高校入試
に大きな影響力を持つ『業者テスト』について、埼玉県教委（竹内克好教育
長）は、三十日までに、県内の公立中学校に対し、偏差値など同テストの結
果を高校側へ提供しないように指導することを決めた。テスト結果の提供中
止を都道府県教委が指導するのは全国初めて。安易な業者テスト依存の是正
を呼びかけている文部省も『適切な判断』と歓迎しており、進路指導の大詰
めを前に、他自治体へも影響しそうだ」と報道された。その時点で、授業時
間に業者テストを実施している都道府県は31に上っていた（朝日新聞、平成5
年1月27日付け1面）からである。教育課程上の評価とは関連のない業者テス
ト結果を使用し、事前相談により私立学校の合格を決めていたのである。通
達などでその問題性は指摘されたが、事実上黙認していた文部省も、当時の
鳩山文部大臣の下で急激に本来の進路指導へ舵を切った。1993（平成5）年
1月、文部省「高等学校教育改革推進会議」は中学校から業者テストを排除
する報告書を提出した。私立高校の入学者選抜に際して業者テストの結果
（偏差値）の提供、及び業者テストの授業中の実施や教師の監督などの関与を
禁止する内容であった。さらに、1993（平成5）年8月、文部省は以下の
「指導の転換をはかるための基本的視点」4点「・学校選択の指導から生き
る力の指導への転換、・進学可能な学校の選択から進学したい学校の選択へ
の指導の転換、・100％の合格可能性に基づく指導から生徒の意欲や努力を
重視する指導の転換、・教師の選択決定から生徒の選択決定への指導の転換」
を示した。まさに進路指導は本来の姿を取り戻そうとしたのである。

3．「偏差値不提示」通知とその後

　「偏差値不提示」通知を契機に、1993（平成5）年8月の文部省の「指導の
転換をはかるための基本的視点」の提示など中学校の進路指導は大幅に改善
された。しかし、業者テストは学校外の会場での実施が復活するなど、偏差
値不提示前の状態に回帰している。吉野浩一（2012）は「高校選択の現状を

把握するため、埼玉県の公立高校入学者選抜制度等の変更が高校選択に与える影響について分析し、『偏差値追放』後も偏差値が志望校決定率や進学率等に影響を与えている」と指摘した。

　進路の選択決定において授業時間に実施した業者テストの結果を使用し、非公式の中高の担当者同士の内輪の相談で進路が決定される行為は、本来の進路指導から乖離したものである。誰もが是正の必要性を感じていたにも拘らず不自然な状況を温存してきた我が国進路指導史において恥ずべき時代であった。そこにメスを入れ社会正義を貫いた「偏差値不提示」の改革の意義については今一度その経緯を辿り評価をする必要がある。一方で、社会正義を取り戻した進路指導であるが、次第に業者テストが復活し、偏差値に依存した進学指導が拡大していくのである。

引用文献

千葉寛子　2002　中学校進路指導における学校を核とした連携システムの現状と課題、北海道大学公教育システム研究　2.

埼玉県中学校進路指導研究会　埼玉県高等学校進路指導研究会　1997　『平成8年度「現代高校1年生の進路意識と学校適応」に関する調査研究報告書（最終まとめ）』28-29.

岩井勇児　1991　生徒指導・進路指導・教育相談のイメージ、愛知教育大学研究報告　40.

文部省　1991　『第14期 中央教育審議会審議経過報告－学校制度・生涯学習』大蔵省印刷局　20.

中澤渉　2005　「教育政策が全国に波及するのはなぜか－業者テスト問題への対処を事例として－」『東京大学大学院教育学研究科研究紀要第44巻』東京大学教育研究科、149-157.

吉野浩一　2012　中学校の高校選択の現状と高校の情報提供の在り方　政策研究大学院大学　教育政策プログラム　415.

Ⅳ. わが国におけるキャリア発達能力の
構造化モデルの開発と社会正義
―「職業教育及び進路指導に関する基礎的研究」に焦点をあて―

1. キャリア教育で育成が求められる能力の構造化

　1999（平成11）年にキャリア教育が登場し、しばらくの期間その実践は、「職業観・勤労観を育む学習プログラムの枠組み（例）―職業的（進路）発達にかかわる諸能力の育成の視点から―」（以下「4領域8能力」）によって推進された。中央教育審議会（2011）では、現在の「基礎的・汎用的能力」は、「4領域8能力」を基に整理されたものとしている。さらに、国立教育政策研究所（2013）では、「平成14年に国立教育政策研究所生徒指導研究センターが提示した『4領域8能力』は、…（中略）…具体的には、平成8年から2年間にわたって当時の文部省の委託を受けて実施された「職業教育及び進路指導に関する基礎的研究」における「進路指導分科会」の成果である」としている。この成果が、「わが国におけるキャリア発達能力の構造化モデル（課題、能力、行動様式）」（以下「構造化モデル」）である。

　Ⅳでは、キャリア教育で育成が求められる能力の原点となった「構造化モデル」の開発過程に触れ、キャリア教育で育成を求める能力の構造化についてその趣旨も含め探究することにする。筆者は、上記の「進路指導分科会」の一委員として「構造化モデル」である「わが国におけるキャリア発達能力の構造化モデル（課題、能力、行動様式）」の開発に携わってきた。まず図1に、「構造化モデル」「4領域8能力」「基礎的・汎用的能力」の変遷についての概略を示す。さらに詳細には表3を参照していただきたい。

図1　キャリア教育で育成が求められる能力の推移

2．「基礎的研究」の陣容

　基礎的研究の研究代表は文教大学名誉教授仙﨑武先生で、委員には職業教育及び進路指導の研究者や実践者が選出され、職業教育分科会11名、進路指導分科会11名の構成であった。職業教育分科会の座長は吉本圭一先生（九州大学）、進路指導分科会の座長は渡辺三枝子先生（筑波大学）であった。

　進路指導分科会はその「目的」を、「本研究は、職業教育の重要性を踏まえ、わが国の職業教育と諸外国における職業教育の国際比較を行うとともに、学校と職業の接続、小・中・高等学校における進路指導の構造化等、我が国の職業教育のかかえる諸課題に関する基礎的資料を得ることを目的とする」とし、さらに研究事項の中のひとつ「④小中高等学校一貫した進路指導の構造化」に焦点を当てている。

　研究代表であった仙﨑（1998）は構造化の背景を「小・中・高校における進路指導を構造化し、その実践的推進を図ることによって、この教育活動が本来有する指導（ガイダンス）・相談（カウンセリング）機能を一層活性化する必要性が強まってきていることである」と分析し、進路指導が「小学校段階では不要、中・高校段階では選択期のみで進学準備もしくは就職斡旋活動」として捉えられて来た経緯があり「今後は、競争から協働へ、拘束から自律へ、強制から援助へと進路指導の基本的性格と教育的機能の在り方を根本的見直す必要があろう」との見解を示し、構造化による進路指導のパラダイム・シフトに期待をよせた。

　基礎的研究の経緯については、『職業教育及び進路指導に関する基礎的研究（中間報告）』（職業教育・進路指導研究会　1997、以下『中間報告書』）、『職業教

育及び進路指導に関する基礎的研究（最終報告）』（職業教育・進路指導研究会
1998、以下『最終報告書』）に詳しいが、筆者は開発の当事者として「構造化
モデル」の開発過程を振り返りながら、社会正義との関係について検討した
い。

3．「基礎的研究」の開催経緯

「基礎的研究」は、1996（平成8）年度、及び、1997（平成9）年度の2年
間をかけて実施された。

(1)1996（平成8）年度の進路指導分科会の活動

第1回進路指導分科会は、1996（平成8）年12月に開催され、実質活動は
4か月ほどで終了した。1997（平成9）年3月に『中間報告書』が発行され
た。『中間報告書』では座長による4回の研究会での討議・検討内容の要約
が以下のように示されている。

⑴進路指導の現状から見た問題点；各学校段階に見られる問題点；構造化を困
　難にしている現状；進路指導が依拠する概念・用語に関する問題
⑵最近の諸外国の動向をふまえた研究課題；職業教育との関連；キャリア教育
　との関連；構造化の背景と社会の変化
⑶12カ年を見通す進路指導の構造化への検討課題；教育改革の動向との関連；
　学校教育への位置づけの明確化；実践的視点の重要性；教員研修の在り方

『中間報告書』は4章構成であり、「第1章　中間報告の趣旨―進路指導分
科会」の「3　進路指導の構造化への課題と方向性」では「2年次は、一貫
した構造化とともに、各学校段階における具体的な進路指導のモデル・プロ
グラム及び教員研修のモデル（試案）を開発し、現場での試行をとおして、
調査研究の委託に応えられるプログラムを開発する計画をたてる」とした。
当初、「構造化モデル」はモデル・プログラムと呼称されていた。
「第4章　12カ年を見通す構造化の検討課題」では、構造化については当

時の進路指導を取り巻く教育改革の視点から小・中・高12年間の体系化、構造化を求めるもの（第1節）、学習指導要領の教科・領域における機能概念としての進路指導の在り方の視点から構造化を求めるもの（第2節）、進路指導を構造化し、発達段階に応じ、計画的、縦断的な学習プログラムの実践例を示しその作成を求めるもの（第3節）、構造化を支える教員の養成・研修を求めるもの（第4節）によって論考が構成されていた。

　職業教育及び進路指導に関する基礎的研究初年度では、構造化によるモデル・プログラムの具体的なイメージはまだ検討段階であり、諸外国の事例も含め、我が国の進路指導に適合したプログラムへの求めが強くなっていた。変化の激しい社会の中で学校進路指導の機能不全が指摘されるなか、第4章第1節で書かれた「小学校、中学校、高等学校における進路指導の現状を総合的かつ客観的に点検、評価すること、各学校段階での進路指導の理念・目標を再確認し、…（中略）…生涯学習社会への移行を見通した小・中・高校12カ年を一貫する進路指導の体系化・構造化を急ぐことが大切であろう」（『中間報告書』p. 73）との研究代表者の文面から、構造化がすでに小・中・高の進路指導の点検、評価のため12カ年に限定するとの姿勢を明確にしたと判断できる。

⑵1997（平成9）年度の進路指導分科会の活動

　2年目の1997（平成9）年度には進路指導分科会は、合計8回（第4回から第11回まで）開催された。

　1997（平成9）年8月に発表された文部省学校基本調査結果は少なからず進路指導分科会の協議に影響を与えた。同調査によると不登校児童生徒が9万人を超え、94,200人を数え、特に、中学生は前年度比で1万人近く増え74,800人に上ることが報道され、学校教育関係者に少なからず衝撃を与えた。

　「進路指導分科会」の中島委員は「勤労観・職業観の形成のための指導を欠いた進路指導は、将来の職業生活に対する無目的な高校進学のため、高校

中途退学者及び不登校生徒の増大となったり、教育困難校と評される高校の出現すらみるに至ったのである」(『最終報告書』：p. 127) とし、勤労観・職業観の形成による中途退学及び不登校抑止が構造化モデル開発の背景にあることを示した。また、藤川委員 (1998) は「最近の生徒達を見ていると人間関係をうまくもてない状況も出てきている」と人間関係形成の重要性を指摘した。こうした発言は、社会的に不利益な立場に立つ者を生まないとの意識が「構造化モデル」の開発過程に存在したことを示すものである。

　第8回 (9月15日) 進路指導分科会及び9月27日に開催されたワーキンググループの会議メモが第9回 (11月8日) の進路指導分科会資料にある。そこには、アメリカ研修で役に立ちそうなものを引用する趣旨のことがかかれ、全米職業情報委員会 (National Occupational Information Coordinating Committee (以下 NOICC)) の「全米キャリア発達ガイドライン」(以下ガイドライン)、オレゴン・スタンダーズ (Oregon Standards) 及び「1994年学校から仕事への移行機会法」(School-to-Work Opportunities Act of 1994) などの米国視察のキーワードが示されている。これらについては三村 (1998) が別誌で紹介している。

　さらに9月27日のワーキンググループの会議メモには、「・義務教育段階で完結」と書かれていたが、上から進路発達段階を「小・中・高に限定する」と手書きで修正されていた。9月27日の「・義務教育段階で完結」のワーキングのメモに対し、第9回 (11月8日) に於いて再度議論され、改めて小・中・高の発達段階に戻ったようである。

　第9回 (11月8日) は、ある意味で当分科会の方向性に大きな影響を与えた会合であった。議論の概要を示すと、「進路指導における『進路発達』」とのタイトルで進路指導用語の理解を確認し、「高等学校にできること」とのタイトルで、進路指導と特別活動が融合する中で表出する現在の進路指導の問題点・課題について都立高校の中途退学を示した資料で議論している。

　また、「中学校進路指導の現状と課題及びその指導の構造化について」と

のタイトルで学校教育法第36条第2号「社会に必要な職業についての基礎的
な知識と技能、勤労を重んずる態度及び個性に応じて将来の進路を選択する
能力を養うこと」の重要性の再認識を求めたもの、また、「教員の資質・力
量と研修について」とのタイトルで子どもの全人的発達を促進する教員に求
められる人間的資質を示したもの、更には構造化への踏み込んだ議論など、
最終報告書に向けた熱い議論がなされた。

　一方、8月から9月にかけての海外視察の報告がされた。座長と委員3名
が行った米国視察及び事務局1名によるデンマーク視察が報告されている。
特に米国視察団が報告したNOICCの「ガイドライン」からは、改めて米国
がとらえるキャリア発達の構造に理解を深めた。11月29日に開催されたワー
キンググループの会合で配布された「11月8日の会議メモ」によると、話し
合われた柱を、「○進路指導と職業教育の関連、○普通科目の中での進路指
導、○小・中・高のキャリア発達に限定する、○進路発達についての考え
方」としている。構造化モデルが「小・中・高のキャリア発達に限定する」
ことが11月8日に最終的に合意されたことは間違いないようである。

　また、「基礎的研究」代表の次の発言もあり、米国では当然で記述されて
いない内容についても敢えて記述するなど我が国の進路指導の実態を十分踏
まえた上での新たな「構造化モデル」の構築にシフトしていった。

1．米国では当然過ぎて明言されていない内容について細かくすべきではないか。
　　たとえば「進路選択の過程の理解」や「自己実現の能力・態度の確立」等
　　の内容など
2．中教審、教課審や教養審の答申内容を盛り込む必要があるのでは

　第10回（12月13日）の資料では、キャリア設計・選択能力分野（4能力）、
情報探索・処理能力分野（5能力）、課題解決能力分野（3能力）、人間関係調
整能力分野（3能力）と分野が命名され、15の能力が示された。第9回（11
月8日）の代表の発言1を受けて、その間に開催されたワーキングで原案が

表1　全米キャリア発達ガイドライン
―領域及び段階におけるキャリア発達の能力（1989年）

The National Career Development Guidelines –Career Development Competencies by Area and level (1989)

段階／領域	小　学　校	中　学　校	高　等　学　校	成　　人
自己理解	・自己概念の重要性を知る。	・肯定的自己概念の作用を知る。	・肯定的自己概念の作用を理解する。	・肯定的自己概念を維持する技能を身につける。
	・他者と関わる技能を身につける。	・他社と関わる技能を身につける。	・他者と積極的に関わる技能を身につける。	・効果的行動を維持する技能を身につける。
	・成長し変化することの重要性に気づく。	・成長し変化することの重要性を知る。	・成長と発達の強い影響を理解する。	・発達的な変化や移行を理解する。
教育・職業的探索	・学校教育における達成が有益であることに気づく。	・学校教育における達成がキャリア機会に有益であること知る。	・学校教育における達成とキャリア設計との関連を理解する。	・学習や訓練を始めたり参加する技能を身につける。
	・働くことと学ぶことの関連に気づく。	・働くことと学ぶことの関連を理解する。	・働くことと学ぶことへの積極的態度の必要性を理解する。	・仕事や生涯学習に参加する技能を身につける。
	・キャリア情報を理解し使う技能を身につける。	・キャリア情報を位置づけ、理解し、利用する技能を身につける。	・キャリア情報を位置づけ、評価し、読み替える技能を身につける。	・キャリア情報を位置づけ、評価し、読み替える技能を身につける。
	・個人の責任と好ましい働くことの習慣の重要性に気づく。	・仕事を求め獲得するために必要な技能を知る。	・仕事を求め、獲得し、維持し、変えるために備える技能を身につける。	・仕事を求め、獲得し、維持し、変えるために備える技能を身につける。
	・仕事が社会の必要や機能にどのように関連しているか気づく。	・仕事が経済や社会の必要や機能にどのように関連しているか理解する。	・社会的な必要や機能が仕事の本質や行動にどのように作用しているか理解する。	・社会の必要や機能が仕事の本質や構造にどのように作用しているか理解する。
キャリア設計	・意思決定の方法を理解する。	・意思決定の技能を身につける。	・意思決定の技能を身につける。	・意思決定の技能を身につける。
	・生活における役割の相互関係に気づく。	・生活における役割の相互関係を知る。	・生活における役割の相互関係を理解する。	・個人や家庭生活への仕事の強い影響を理解する。
	・様々な職業と男女の役割の変化に気づく。	・様々な職業と男女の役割の変化を知る。	・男女の役割が絶え間なく変化していることを理解する。	・男女の役割が絶え間なく変化していることを理解する。
	・キャリア設計のプロセスに気づく。	・キャリア設計のプロセスを知る。	・キャリア設計の技能を身につける。	・キャリア移行をおこなう技能を身につける。

全米職業情報整備委員会（National Occupational Information Coordinating Committee, NOICC (1989)）

（＊）日本語訳は、1997年にNOICC所長のレスター女史（Lester, J. N.）の助言を参考に三村隆男が行ったものである。

作成されたと考えてよい。

　さらに12月29日にワーキンググループ会議が開催され、その時の資料には、キャリア設計能力分野（3能力）、キャリア情報探索・活用能力分野（3能力）、意思決定能力分野（3能力）、人間関係能力分野（3能力）が示されたが、課題解決能力の内容は変わらず、名称を意思決定能力に変更している。

　同日の内容をまとめた「基礎研究」代表のメモによると分野が領域となっており、この段階で領域に呼称を移行している。

4．全米キャリア発達ガイドラインから「構造化モデル」への領域の移行

　「構造化モデル」の開発過程でのNOICCの「ガイドライン」の影響は大きい。特に、「ガイドライン」の示す「自己知識」「教育・職業探索」「キャリア・プラニング」の三領域、「目標」さらに「具体的な行動指標」は「構造化モデル」を作成する上で参考にされた。

　進路指導分科会座長と現職教員である3人の委員は1997（平成9）年8月にNOICCを訪れ、エグゼクティブ・ディレクターのレスター女史（Lester, J. N.）より「ガイドライン」の説明をうけた。現場で進路指導をしていた3人の現職教員の一人であった筆者にとって「ガイドライン」は衝撃的であった。なぜならば、当時通用していた1989（平成元）年告示の中学校学習指導要領の進路指導の記述は「生徒が自らの生き方を考え主体的に進路を選択することができるよう、学校の教育活動全体を通し、計画的、組織的な進路指導を行うこと」と比較し、「ガイドライン」では児童生徒が「…できる」との具体的な行動目標を求めていたからである。児童生徒に「…させる」指導ではなく、「…できる」支援するといった発想の転換により進路発達を構造化することで、日本の進路指導は変化するのではないかとの期待をもったからである。

　「ガイドライン」では、小学校、中学校、高等学校、成人との発達段階が

表2　わが国におけるキャリア発達能力の構造化モデル

1998年職業教育・進路指導研究会作成

領域	能力	発達区分／能力ラベル	小 学 校	中 学 校	高 等 学 校
キャリア設計	能力1	生活上の役割把握能力	・生活において、それぞれの役割が関連していることに気が付く。	・生活における役割が相互に関係していることを理解する。	・生活における役割の相互関係を理解し、その関係を示す。
	能力2	仕事における役割認識能力	・仕事にはいろいろあり、男女によって役割が変化してることに気が付く。	・職業は様々であり、男女の役割の変化を知る。	・仕事の中で、男女の役割が絶え間なく変化していることを理解する。
	能力3	キャリア設計の必要性及び過程理解能力	・キャリア設計の手順に気付き、キャリア設計が大切であることを知る。	・暫定的なキャリア設計を行い、キャリア選択の過程について理解する。	・キャリア選択の過程を認識し、卒業後のキャリア設計を行う。
キャリア情報探索・活用	能力4	啓発的経験への取組み能力	・役割を通じ働く習慣を身に付け、働くことにおける個人の責任に気が付く。	・生き方を探索する経験に取り組み、仕事に就くために必要な技能を知る。	・生き方を探索する経験に積極的に取り組み、仕事の変化に対応する技能を身に付ける。
	能力5	キャリア情報活用能力	・職業に関わる情報を理解し、使う技能を身に付ける。	・職業に関わる情報を、位置付け、理解し、運用する技能を身に付ける。	・職業にかかわる情報を位置付け、評価し、応用する技能を身に付ける。
	能力6	学業と職業とを関連付ける能力	・学校で学んだことが、生活や職業と関連があることに気が付く。	・学校で学んだことが、社会や仕事を行う上でどのように役立つか知る。	・学校で学んだことと、キャリアとの関係を理解し、その繋がりを深める。
	能力7	キャリアの社会的機能理解能力	・仕事が社会において必要とされる働きにどのように関連しているかに気が付く。	・仕事が経済および社会において必要とされる働きにどのように関連しているかを理解する。	・社会的な必要や機能が、仕事の本質や構造にどのように作用しているか理解する。
意思決定	能力8	意思決定能力	・意思決定の方法を理解する。	・意思決定の技能を身に付け、それに伴う責任を受け入れる。	・意思決定を行い、その過程を一般化する。

意思決定	能力9	生き方選択能力	・将来の夢として職業人を同一視する。	・さまざまな職業を通し、生き方について考える。	・職業を通し、生き方を選択決定する際の課題を整理し、積極的に解決する。
	能力10	課題解決・自己実現能力	・役割などを通じ、自分を示す。	・役割を果たす中で、自己を自立させ、実現することの重要性を知る。	・自己を実現する重要性を理解し、その課題を判断し、解決する技能を身に付ける。
人間関係	能力11	自己理解・人間尊重能力	・自分を知り、他者を尊重する重要性を知る。	・自分の良い面がわかり、自分の行動が他者に与える影響を理解する。	・自分の良い面を知り、行動が他者に与える作用とキャリアとの関連を理解する。
	能力12	人間関係形成能力	・他者との関わりの中で生じる感情が、変化し、成長することの重要性に気が付く。	・他者との関わりの中で、感情が変化し、成長する重要性を理解し、人間関係作りを大切にする。	・他者との関わりによる感情の変化と自己の成長を理解し、効果的に他者と関わる機能を身に付ける。

示されていたが、研究代表の「生涯学習社会への移行を見通した小・中・高校12カ年を一貫する進路指導の体系化・構造化を急ぐことが大切であろう」を受け、12カ年の体系化・構造化を行ったのである。次に領域であるが、研究代表者の「米国では当然過ぎて明言されていない内容について細かくすべき」や、進路指導分科会の二委員の示した見解を基に検討した。「教育・職業探索」が「キャリア情報探索・活用」となり、「キャリア・プランニング」はそのまま「キャリア設計」に移行したが、「自己知識」に迷った。1997（平成9）年文部省学校基本調査結果の影響もあり「人間関係をうまくもてない」や「不登校や高校中退への対策」として、「人間関係」の形成を前面にだすことにした。さらに、新たに「課題解決」を設定したが、米国における意思決定へのトレーニングの早期学校教育での取り組みから、我が国の「主体的に進路を選択する」にも拘らず、偏差値で進路を決めている現状への警鐘も含め「意思決定」とした。こうして出来上がった「構造化モデル」であるが、4領域12能力の構成となった（**表2**）。

5.「構造化モデル」のその後

　「構造化モデル」は、2002年『児童生徒の職業観・勤労観を育む教育の推進について（調査研究報告書）』にて「4領域8能力」としてリニューアルして登場した。ただし、同報告書にはキャリア教育への言及は全くなく、その結果、「4領域8能力」とキャリア教育のとの関係も示されなかった。両者の関連が示されたのは2004年の文部科学省『キャリア教育の推進に関する総合的調査研究協力者会議報告書』であった。同書「2キャリア教育推進のための方策(1)『能力・態度』の育成を軸とした学習プログラムの開発」(p.21)にて、「この『枠組み（例）』（「4領域8能力」筆者注）では、『職業観・勤労観』を職業や勤労に対する見方や考え方としてだけでなく、意欲や態度を含む広い概念としてとらえるとともに、『職業観・勤労観』の形成に直接・間接に影響を与える能力・態度が幅広く取り上げられている。その意味で、この「枠組み（例）」は、キャリア教育における学習プログラムの枠組みの一つのモデルと見なすことができるものである」(p.22)としている。この指摘は、能力だけでなく意欲や態度を含む広い概念を有するところを評価している。その後「4領域8能力」は燎原の炎のごとく拡大し、キャリア教育が普及・拡大する過程で多くの学校が教育活動を展開する上の指針としていた。2011年の中央教育審議会答申にて「基礎的・汎用的能力」が登場し、「4領域8能力」からの移行が始まる。

　現在の「基礎的・汎用的能力」の原点にある「構造化モデル」の開発過程をたどったが、その開発の理念には、「今後は、競争から協働へ、拘束から自律へ、強制から援助へと進路指導の基本的性格と教育的機能の在り方を根本的見直す必要があろう」とする概念が存在し、進学準備もしくは就職斡旋活動でない進路指導の在り方を求めていた。また、開発に携わった委員には「高校中途退学者及び不登校生徒の増大」を回避し、人間関係を育成する力をつけ社会的に不利益を被ることのないような「構造化モデル」を希求して

いたのである。こうした「構造化モデル」がキャリア教育で育成を求める能力の端緒となった点で大きな意義があるが続く「4領域8能力」や「基礎的・汎用的能力」にどのように社会正義が引き継がれたかは検証する必要がある。ここに、「構造化モデル」成立前後の推移を参考とされた種々の資料及び発表された報告書や答申を示すと次の**表3**となる。

表3　キャリア教育で育成を求める構造化された能力の推移

●1997年：「基礎的研究」の構造化に向けた材料
・アリゾナ州教育局のキャリア・ガイダンス
・デンマーク「若者の街」
・1994年学校から仕事への移行機会法
・オレゴン・スタンダーズ
・全米キャリア発達ガイドライン

●1998年：「わが国おけるキャリア発達能力の構造化モデル（課題、能力、行動様式）」
（本文中では「構造化モデル」）
出典：職業教育・進路指導研究会（1998）『職業教育及び進路指導に関する基礎的研究（最終報告）』

●2002年：「職業観・勤労観を育む学習プログラムの枠組み（例）―職業的（進路）発達にかかわる諸能力の育成の視点から―」（本文中では「4領域8能力」）
出典：国立教育政策研究所生徒指導研究センター（2002）『児童生徒の職業観・勤労観を育む教育の推進について（調査研究報告書）』

●2011年：「基礎的・汎用的能力」
出典：中央教育審議会（2011）「今後の学校におけるキャリア教育・職業教育の在り方について（答申）」

引用文献

中央教育審議会　2011　「今後の学校におけるキャリア教育・職業教育の在り方について（答申）」p. 25脚注.

藤川喜久男　1998　「活動モデル」の中学校における生かし方　産業教育48-6　文部省　48.

国立教育政策研究所生徒指導研究センター　2002　児童生徒の職業観・勤労観を育む教育の推進について（調査研究報告書）　47-48.

三村隆男　1998　アメリカ合衆国のキャリア教育報告　成果をあげるキャリア教育に

おける教育改革　産業教育48-3　文部省　44-47.

三村隆男　1998　アメリカにおける進路指導の新しい動向　産業教育48-5　文部省
　48-51.

国立教育政策研究所生徒指導研究センター　2013　キャリア発達にかかわる諸能力の
　育成に関する調査研究報告書―もう一歩先へ、キャリア教育を極める―　実業之
　日本社.

文部省　1984　中学校・高等学校進路指導の手引き―啓発的経験編.

仙﨑武　1998　文部省委託調査研究の成果と課題(1)進路指導の構造　産業教育48-4
　文部省　49.

職業教育・進路指導研究会　1997　職業教育及び進路指導に関する基礎的研究（中間
　報告）.

職業教育・進路指導研究会（代表 仙﨑 武）　1998　職業教育及び進路指導に関する基
　礎的研究（最終報告）.
　https://www.nier.go.jp/shido/centerhp/20kyariasiryou/20kyariasiryou.hp/4-02.
　pdf（20240127閲覧）.

読売新聞朝刊1997年8月9日付1面、25面.

Ⅴ．キャリア教育事始めと社会正義

1．キャリア教育に至る過程で顕在化した社会正義の課題

　キャリア教育の原点である1919（大正8）年に大阪市立児童相談所を開設した三田谷啓の職業指導への取組は、米国ボストン市でのフランク・パーソンズ（Parsons, F.）の取組と比較することで、両者に共通する弱者である年少者への児童保護という観点が確認されることから、社会正義の取組と評価されることが確認された。

　また、1973（昭和48）年に策定された「全国高等学校統一応募用紙」の実施や、1992（平成4）年の埼玉県の教育長による「偏差値不提示」の取組も、進路指導時代の社会正義であることが確認できる。さらには、Ⅳ項では、その原点である「構造化モデル」の開発では、「今後は、競争から協働へ、拘束から自律へ、強制から援助へと進路指導の基本的性格と教育的機能の在り方を根本的見直す必要がある」との理念が存在していたことが確認された。こうした事始めによるキャリア教育の社会正義について、今後どのように引き継いでいくか、考える上での課題を二点挙げる。

　ひとつは、進路指導における社会正義の取組としてみてきた「全国統一応募用紙」や「偏差値不提示」において、社会正義への改革前に逆行する現象が見られたことである。キャリア教育の社会正義におけるこうした逆行をいかに抑止するかという課題である。

　ふたつめは、キャリア教育が登場する中で、社会正義の理念を背景とした「構造化モデル」を基に「4領域8能力」が開発され、更には「基礎的・汎用的能力」に引き継がれているが、その背景にある「社会正義」を行使する力にどのように繋げばよいのであろうか。キャリア教育の行使者である大人

が標榜してきた「社会正義」は覆されてきた。当事者意識が強調される今日、児童生徒が社会正義を行使する力を身に付けるキャリア教育の時代が到来したのではないだろうか。それは、「児童保護」のキャリア教育からの脱却ということかもしれない。

2．キャリア教育時代の社会正義を考える視座

これらの課題においてパウロ・フレイレ（Freire, P.）『被抑圧者の教育学』（1970）の以下の部分が参考になる。

「被抑圧者が根本的に変容するにつれ、もはや周囲で起こる変化に対応する単なる物体であることを望まなくなり、自分たちを抑圧するために機能してきた社会の構造を変えるための闘いを自ら引き受けることを決意する可能性を高める」

この部分の被抑圧者に児童生徒をあてはめてみる。すると、キャリア教育を通し児童生徒が構造化された能力を身につけることで、自らを抑圧してきた社会の構造（競争、拘束、強制、格差、貧困、差別）を変革する役割を果たすと読み替えられる。児童生徒が自らを抑圧している社会構造を意識し、行動することで持続可能な社会正義が実践され、覆ることはない社会正義が実現されるのではないだろうか。不本意に置かれた競争の場、進学や就職の際の抑圧、強制された学びや労働、そうしたものから自らを解放する社会正義を遂行する力を児童生徒が身に付ける方向で、これからのキャリア教育は展開され、能力の構造化が進められなくてはならないのではないであろうか。キャリア教育事始めにあたって、これまで育んできた社会正義をキャリア教育がどのように引き受けるかその方向性について考えさせていただいた。

引用文献

Paulo Freire 1970 *Pedagogy of the Oppressed*, Bloomsbury USA Academic; Anniversary, 30.

第 2 章　キャリア教育の射程

文部科学省の中から捉えた
草創期のキャリア教育とその後の変容

藤田晃之

はじめに

　私がキャリア教育に関連した文部科学省（及び前身の文部省）の委託研究や同省内の各種の会議に初めて携わらせていただいたのは、1998（平成10）年3月に最終報告書が取りまとめられた「職業教育及び進路指導に関する基礎的研究」（平成8・9年度文部省委託調査研究）であったと記憶している。本調査研究の開始時、中央学院大学の専任講師であった私は、事務局幹事を兼ねて参加させていただいた。研究代表を務めていらした仙﨑武先生はもちろん、三村隆男先生、菊池武剋先生、吉本圭一先生、渡辺三枝子先生をはじめ日本の進路指導・キャリア教育を牽引なさっている先生方と共に研究に当たる機会に恵まれたことは、私にとってこの上ない光栄であった。この経験がなければ、研究者としての今日の私は存在しなかったかもしれない。

　そして、最終報告書が完成した翌月、私は、縁を得て母校である筑波大学に教員として着任することとなり、その後、文部省・文部科学省が設置する会議等の委員としてお声をおかけいただくことも徐々に増えていった。今思い返せば、会議の席上において実現可能性などを脇に置いた言いたい放題の数々を重ねてきた自分が本当に恥ずかしい。

　そのような私に新たな転機が訪れたのは、2007（平成19年）12月である。当時の文部科学省 国立教育政策研究所におけるキャリア教育担当総括研究官であり、同省初等中等教育局児童生徒課におけるキャリア教育担当調査官及び同局教育課程課における特別活動担当調査官であった宮下和己先生がご

転出となる動きが生じ、宮下先生ご本人から「後任となることを考えて欲しい」とのお言葉を受けた。

　12月と言えば翌年度の担当授業も時間割も決定している時期である。また、「母校に教員として戻った後には定年あるいはその間際まで勤め上げる」というのが大学業界における暗黙の了解事項でもある。逡巡したあげく、私は多くの皆様に多大なご迷惑をおかけしながら、宮下先生の後任として着任する決断をした。これまで諸会議の場などにおいて好き勝手を言い続けてきたにもかかわらず、当事者にはならない、という選択はできなかった。

　このようにして、2008年4月から私は、激動と表現しても誇張ではない日々が待っていることを全く予測できていないまま、キャリア教育の推進に直接携わることとなった。

　例えば、着任早々、第1期教育振興基本計画の最終原案の省内調整作業にかかわり、その膨大な行政用語に文字通り目眩がしたことの記憶は未だに鮮明である。そして、2009（平成21）年11月にはキャリア教育が「事業仕分け」の対象となり、その推進が「自治体の判断」に委ねられるべきであるとされたことは忘れ難い。その後しばらく、国としてのキャリア教育推進のための予算が付かず、児童生徒課の担当課長補佐及び担当係の皆さんと共に、事業推進のための知恵を絞るのに苦慮した。また、2011（平成23）年一月の中央教育審議会答申「今後の学校教育におけるキャリア教育・職業教育の在り方について」が取りまとめられるまで、審議資料や答申原案を生涯学習政策局政策課での担当課長補佐や係官の皆さんと深夜まで議論を続けながら作成したことや、後に東日本大震災と呼ばれることとなった大きな地震を経済産業省内の会議室で体験し、その後二日間は家に戻れなかったことも生涯忘れ得ないだろう。そして、私にとっての被災体験が、甚大な被害を被った東北三県を中心とする地域の皆さんに比べれば、記すにも値しない些細な出来事に過ぎなかったことを被災地にお邪魔するたびに痛感した。

　2013（平成25）年4月に偶然が重なって再び筑波大学の教員として採用さ

れるまでの 5 年間、このような日々を送った私には、キャリア教育推進担当
者としての自らの適性や能力の有無を内省する余裕はなかった。当時は、初
等中等教育段階のキャリア教育の充実を図ることのみに没頭せざるを得なか
ったと今になって思う。

　このような中で、私には唯一とも言える密かな楽しみがあった。それは、
文部科学省での勤務を始めて 1 年ほど経過した2009年 4 月から、退職した
2013年 3 月まで、都道府県及び政令指定都市教育委員会でキャリア教育を担
当されている指導主事の皆様宛に、不定期の個人発信型メールマガジン「キ
ャリア教育ニュースレター」をお送りしたことである。

　その内容構成は、「都道府県・政令市ニュース（自治体での先進的なキャリア
教育推進施策をご担当者から紹介していただくコーナー）」、「時の動き（文部科学省
のキャリア教育関連施策、雇用関係の統計情報や調査研究の結果などの紹介コーナ
ー）」、「こぼれ話（インターネット上のコラム、エッセイ、調査結果などに見られた
示唆的なトピックの紹介コーナー）」そして「おわりに」が基本である。 4 年間
で全28号、重要施策あるいは最新の調査研究の概要だけを掲載した臨時増刊
号を含めても40回弱の発信にしか過ぎない。けれども、稀にいただく「ニュ
ースレター、楽しみにしています」「今回の情報は見落としていたので助か
りました」などのメールでのリアクションは、当時の私に活力と希望を与え
てくれた。

　本稿では、当時の私自身の思いを短く綴った「おわりに」の中から、本書
『日本キャリア教育事始め』の趣旨にふさわしいもの 3 点を選んで紹介する
とともに、その記述の背景となった当時のキャリア教育推進施策の概要や関
連するエピソードを簡略にまとめることとにしたい。（なお、「キャリア教育ニ
ュースレター」掲載の「おわりに」のオリジナル版には、個別の見出し（タイトル）
は付されていないが、本稿に引用するに当たり、新たに見出しを加えて掲載すること
とした。）

「やることになっていますから」という論理の限界（2009年9月1日、第4号より）

　長らくご無沙汰いたしておりました。申し訳ありません。

　「実は長い夏休みをいただていました」と申し上げたいところですが、高等学校の学習指導要領中央説明会、中教審特別部会の審議経過報告の取りまとめ、各地での教員研修や研究大会への参加など、目の前の「しなくてはらないこと」に追われている間に、夏が一気に過ぎてしまったというのが実際のところです。このニュースレターをお読み下さっている先生方の多くも、同じような夏をお過ごしであったことと存じます。お互い、「夏季休暇」が出勤簿上のみの存在にならないようにしたいですね。

　話は変わりますが、子どもの頃の先生方は、夏休み中の「読書感想文」を積極的に書いていましたか。私は、どうも「課題図書」というのが苦手で、いつも何年も前に読んだ本でお茶を濁していた記憶があります。

　我が家の高校生の娘は、私とは違い、毎年律儀に「課題図書」を購入しています。けれども、いつまでたっても読む気配はなく、本は居間に放置されたまま、というのが通例です。（この点は間違いなく私からの遺伝です。）今年は『縞模様のパジャマの少年』が、何週間もテーブルの上に置きっぱなしにされていました。

　それを、何気なく手にとって読み始めてしまった私は、あれだけ苦手だった「課題図書ワールド」に引き込まれ、一気に衝撃のラストに到達し、しばらく身動きができなかったのです。

　もしかしたら、子どもの頃の私は、本によって心が震える体験の数々を知らない間に逃してしまっていたのかもしれません。「課題図書」の食わず嫌いをこの歳になってから悔やみました。

　なぜ、食わず嫌いだったのだろう……。自分の昔を振り返ってみて、何となく思い当たるのは、「課題図書」の「課題」という言葉です。「とにかく、読むことになっているから読め」という威圧的な響き。おそらく、子どもの頃の私はそれが嫌いだったのだろうと思い返しています。

　そして、結局のところ、「キャリア教育の推進も、同じだよなぁ」ということに思いが至りました。「やることになってますから、やって下さい」という論理だけでは、きっと、どこかで限界が来る。一人一人の現場の先生方に、キャリア教育の本質的な価値や意義に気付いていただく機会をどう設定するか。やはり、このあたりがポイントになりそうだと改めて思った次第です。

　　全く抽象的かつ漠とした気付きではありますが、この夏の私の収穫のひとつ
　はこれでした。
　　それにしても、『縞模様のパジャマの少年』を読んだであろう我が娘は、どの
　ような感想文を書いたのでしょうか。紋切り型の「平和が大切」で作文が結ば
　れていたら……と思うと、なんだか怖くて、感想文の話題を持ち出せずにいます。

　1999（平成11）年、中央教育審議会が「初等中等教育と高等教育との接続
の改善について（答申）」において、「学校と社会及び学校間の円滑な接続を
図るためのキャリア教育（中略）を小学校段階から発達段階に応じて実施す
る必要がある」と提唱したことは、その後のキャリア教育推進施策が展開す
る大きな契機となった。文部省の政策関連文書において「キャリア教育」と
いう用語を使用したのは本答申が初めてであったし、小学校からの実践を求
めたことも画期的だったと言えよう。

　しかし、ここでは、新規学卒者のフリーター志向、進学も就職もしていな
い高等学校卒業者の増加、新規学卒者の就職後3年以内の離職率の高止まり
などの「問題」が指摘され、それらへの緊急対応策として、キャリア教育が
提唱されていたことを思い起こす必要がある。

　このような、草創期のキャリア教育推進施策の特質は、いわゆる「進学
校」と見なされる高等学校普通科におけるキャリア教育への無関心（＝「ほ
とんどの卒業生が四年制大学に進学する本校ではキャリア教育は不要」との判断）
や、小学校におけるキャリア教育の不活性化（＝「フリーター対策を小学校か
ら実施するのは早すぎる」等の認識に基づく未着手）という結果を生む背景とな
った。

　その後、2003（平成15）年には、政府の「若者自立・挑戦戦略会議」が、
当時の若年者雇用の現状が「中長期的な競争力・生産性の低下といった経済
基盤の崩壊」「不安定就労の増大や生活基盤の欠如による所得格差の拡大」
「社会保障システムの脆弱化」などの「深刻な社会問題を惹起しかねない」
と述べ、教育・雇用・産業政策の連携を前提とした「若者自立・挑戦プラ

ン」を策定し、具体的施策の柱の一つとしてキャリア教育を位置づけた。この「若者自立・挑戦プラン」を受け、2005（平成17）年、文部科学省は当該プランに基づく中核施策として「中学校を中心とする5日間以上の職場体験活動の推進」を打ち出し、その後、この推進事業を4年間にわたって継続した。とりわけ、2005年度、2006年度には年間4億5千万円を越える予算が割り当てられるなど強力な推進体制が組まれる中で、中学校における5日間以上の職場体験活動に「キャリア・スタート・ウィーク」という愛称を与え、著名人による「キャリア・スタート・ウィーク応援団」を結成し、職場体験活動推進用パンフレットの作成と全国配布を行うなど、様々な施策が全国展開されたのである。

　私がキャリア教育担当の調査官として着任したのは、まさにこのような施策展開の只中であった。フリーター志向の高まりや無業者の増加などを典型とする若年者雇用問題の解消を企図した施策の一環として登場したキャリア教育は、既に指摘したとおり、必ずしも学校教育関係者から歓迎されていたわけではなかった。とりわけ、中学校段階を特定して推し進められた5日間以上の職場体験活動は、個々の学校の状況を勘案することなくトップダウン方式で求められたノルマであるとして批判的に捉えられてもいた。しかし、当時の巨額の予算に基づきつつ強力に展開される推進施策の中で、各自治体の教育委員会におけるキャリア教育推進担当者は「やることになっていますから、やってください」と言わざるを得ない。しかし、これではいつか限界が来る。推進予算の減少とともに、キャリア教育自体も減退せざるを得ないだろう。しかも同時に、キャリア教育は若年者雇用対策の一環に過ぎなかったという認識も広く強固に残存することになる。当時の私は、そのような未来がすぐそこに近づいているように思えてならなかった。

確かに存在するものが常に見えるとは限らない（2009年12月24日、第7号より）

あっという間に平成21年も終盤となり、今日はクリスマスイブですね。

皆様のご家庭では、いつ頃までサンタクロースが実在していましたか？　我が家では、タテマエとして「実在することにしておく」というルールがあり、未だにクリスマスのプレゼントが家族全員に届きます。（大学生と高校生の娘たちは、親への「おつきあい」として、そういうことにしておいている様子ですが、結果として何らかのプレゼントがタナボタ式に手に入るわけですから、きわめて実利的な「おつきあい」だなぁと思います。）

娘たちがいつ頃事実に気付いたのか、実は尋ねたことがありません。いつか訊いてみたいなぁと思いつつ、親離れの現実を突きつけられるのがちょっと怖くて、タイミングを逸したまま今まで来てしまったというのが実際のところです。

毎年この時期になると、1897年にアメリカの新聞「ニューヨーク・サン」紙が掲載した社説が紹介されますね。当時8歳の少女だったバージニア・オハンロンが、同紙に「サンタクロースはいるのですか」という手紙を送ったことから始まる有名な話です。

社説では、「Yes, VIRGINIA, there is a Santa Claus.（そうだよ、バージニア、サンタクロースはいるよ）」と明言した後で、「He exists as certainly as love and generosity and devotion exist（この世界に愛や優しさや、信じる心があるように、サンタは本当にいるんだよ）」と書いています。その少し後で、「The most real things in the world are those that neither children nor men can see.（この世の中で一番確かなことは、子どもにも大人にも見えないものなんだよ）」と語りかけてもいます。最も有名とも言える一節ですね。

このところ、東洋のある国では、効果が見えないもの、数値でそれが示せないものにはお金は使わないよ、という宣告が出され、その余波が現在も続いています。せめて今日ぐらいは、そういった現実を脇に置いて、100年以上も前に書かれたニューヨーク・サン紙の社説をゆっくり味わいたいと思います。

今年1年、大変お世話になりました。明年もまたよろしくお願い致します。新しい年が幸多きものとなりますように。

2009（平成21）年9月18日、閣議決定によって行政刷新会議が設置された。本会議は、各省庁から提出された概算要求についてその必要性等を徹底的に

精査し、「事業仕分け」によって不必要な支出の削減を断行することを当面の課題として、民主党を中心とする政権によって内閣府内に置かれたものである。

　そして同年11月16日、本会議第3ワーキンググループにおいて、キャリア教育・職業教育が事業仕分けの対象となった。その様子は、文部科学省内からテレビ画面で視聴することができたため、私はできる限り詳細に審議の様子を書き残した。以下、文部科学省から提出されたキャリア教育・職業教育の5事業に関する概算要求事項が一括して「自治体判断」との結論に至った過程を、その記録に基づきながら整理してみよう。

　当該事業仕分けは、次のような進行による事業説明から始められた。

○キャリア教育についての概要（目的・定義など）の説明［初等中等教育局］

○事業のねらいの説明［同］

　(1)キャリア教育総合推進プラン［同］

　　・普通科等高等学校キャリア教育一貫指導研究事業

　　・発達段階に応じたキャリア教育支援事業

　　・中学校におけるキャリア教育の指導内容の充実

　　・高等学校キャリア教育体制外部人材活用事業

　(2)専門的な職業系人材の育成推進事業［生涯学習政策局］

　(3)地域におけるキャリア教育・職業教育推進事業［同］

　(4)専修学校における中学・高校等の連携教育推進プラン［同］

　(5)専修学校創造開発プラン［同］

　これらの事業説明の後、文部科学省担当者と行政刷新会議第3ワーキンググループの委員との協議がなされた。この協議について、私のメモは次のように残されている。

委員：ニート・フリーター等の社会問題は重要。しかし、5つに細分化され、二つの局にまたがる。重複はないのか。

委員：キャリア教育は賛成。しかし、なぜ国でやるのか。地方に委託すべき。全部で20億円。1都道府県あたりに換算すると約4000万。地方に交付金で渡すべきではないのか。

文部科学省生涯学習政策局（以下「生涯局」）：個々の学校と産業界の連携はあった。しかし、地域全体の取組が必要。現在はできていない。

委員：現在できていないのは当たり前。だから、地方に任すべきではないのか。国がやろうとすると手続きが煩雑であり、地方が自由にできない。一括交付金でやるなら、1000万円、現在の4分の1で十分。

生涯局：キャリア教育の理解が十分進んでいない。国がまず全国に流れを作っていく必要がある。

委員：キャリア教育はもうやっている。実際に中身を見ても、すでに行っていることではないのか。現場は汗をかいて、持続性のある組織はできている。地域ごとに雇用環境が違うので、モデル事業をやっても意味がない。キャリア教育の新奇性はもうない。国でやると、国と地方双方の手間が増えるだけ。

生涯局：まだ学校からの産業界への働きかけが乏しい。教育界の意識はまだ低い。いろんな意味で、全国的な流れを励ましていきたい。

委員：地方に情報としてフィードバックすればよい。事業にすると手間がかかるだけ。

委員：文部科学省は、学習指導要領で道徳についてまで決定している。キャリア教育は教育の本質は、自立してさせていくこと。文科省の本体業務・本質業務で、金をかけずにやるべきである。金ではなくて、政策で重視すべきこと。金をかけないとキャリア教育は充実しないのか。

文部科学省初等中等教育局（以下「初中局」）：これまでの取組は就職支援が中心であり、本質的なキャリア教育の実践が少なかった。具体的にどうするのか、という方法論は学校に任されるべきもの。しかし、高校普通科ではまだまだ足りない。また、高等学校専門学科の重要性が社会的に十分認識されていないなどの問題もある。

委員：これまでの進路指導とは違うものをやるのは賛成。今回のプランでは、子どもの姿や、何を身につけさせたいのかが具体的に見えない。子どもから一番近いのは基礎自治体のはず。

生涯局：どういう力を身につけさせるべきかについては、中教審で審議中。全体

としてサポートする仕組みを作っていきたい。専修学校や大学を視野に入れ
ると、都道府県レベルでのサポートシステム作りが必要。

初中局：キャリア教育実践プロジェクトはモデル事業でやった。それにより、職
　　　場体験学習の実践は増えてきている。

委員：モデル事業をやった結果うまくいったのは分かる。しかし、本来は比較す
　　　べきもの。交付金で行った場合との比較がない。

初中局：現在交付金では実施していないので比較はできないが、モデル事業の波
　　　及効果があったことは事実。

委員：「外の人」を学校に入れることは、学校側の抵抗感が強い。この点につい
　　　ては、文科省がやる意味がある。国を弁護する意図はないが、そこは国がや
　　　る必要がある。

委員：国が全国的にやろうとするなら、人材の流動化を目指すべき。人材の固定
　　　化は望ましくない。流動化の視点は見えてこない。

生涯局：国全体の配置というのは国で考える。しかし、それぞれの地域に根ざし
　　　たキャリア教育をサポートしたい。現場での意識はまだ十分ではない。そう
　　　いった意識・風土を変えていきながらしくみ作りをしたい。

委員：基本的には「余計なお世話」という話。地方は必死になってやっている。
　　　教員の意識を変えたいのであれば、もっと事業のタイトルを変えるべき。
　　　「頭の固い教員」は多い。よって、そういう頭までも変えるのであれば、よ
　　　く分かる。会議を作って、チームを作って……。こういうことは、これまで
　　　もやってきた。同じようなメンバーが集まる。文科省としてやるべきは、あ
　　　らゆる時代に生きることができる、自ら考えることができる子どもの育成。

司会：最初の3つは都道府県への委託。これを明確にしながら意見を出して欲し
　　　い。

委員：ボトムアップを図りたいのであれば、そこを念頭に置いた予算配分にすべ
　　　き。モデル事業は本当に必要か。

初中局：優れた取組を普及させたいという思いがある。優れた取組の情報が発信
　　　されることが重要。なかなか実践が進まない学校を含めて、個々の学校支援
　　　は自治体の仕事。

委員：「地域におけるキャリア教育」の事業シートを読んだが何を調査研究しよ
　　　うとしているのかが分からない。どうやったら支援がうまくいくか、という
　　　委託調査なのか。どういう効果が出るのかが分からないのに、どうしてこん
　　　なことができるのか。

生涯局：都道府県レベルでは地域資源全体を見渡した資源を生かすためのモデル
　　がないのが現状。個別事業（職場体験など）についての支援の仕組みはある。
　　しかし、総合的なしくみ作りはまだない。

委員：キャリア教育は大切。しかし、地域でやるべき。(1)キャリア教育総合推進
　　プランと(2)専門的な職業系人材の育成推進事業が分かれているのはなぜ？
　　高等学校でキャリア教育をやるのであれば、専門高校を見るべきである。専
　　門高校はすばらしい。普通高校のキャリア教育は専門高校の能力を生かして
　　やれば、かなりうまくいくはず。(1)(2)を重ね合わせれば、予算的にもうまく
　　いく。専門教育を低く見る風潮を変える上でも(1)(2)を重ねてやるべき。

初中局：現在は総合学科もある。普通科は進学が中心になってしまう。中教審か
　　らも普通科のキャリア教育は不十分であると指摘され……。【司会：簡潔に
　　説明して欲しい】ねらっているものが違うので、一緒にすることが難しい。
　　【司会：（評価シートを記入しながら）今後の審議を続けて欲しい】

委員：専修学校は首長セクションだから別個でないとうまくいかない、とかいう
　　議論は可笑しい。地方に任せれば、そういったセクションを超えた議論がで
　　きる。国が描いているような組織を作ってもうまくいかない。リアリティの
　　あるやり方を求めるのであれば、地方に任せればいい。地方は財源が必要。
　　こういう組織を作りなさい、という話ではない。

生涯局：今回の事業については首長セクションでも受け入れ可。

委員：もっと本格的にものすごい予算を使ってやるべき。こんなに分断されてし
　　まっているからダメ。サラリーマン増産の時代は終わった。一人一人が職業
　　を考える時代。ものすごく大切なミッションなのに、それが理解されていな
　　い。

委員：キャリア教育は文科省の通常業務の柱の一つであるはず。こういうモデル
　　事業にして小さくやるべきことではない。国としてしっかりやるべきこと。

生涯局：これはファーストステップ。今回の事業は助走のところ。これで十分だ
　　とは思っていない。

委員：専修学校への配分額が一番多いが……。

生涯局：9つの設置基準分野。全国は9ブロック。よって81ヶ所に配分する。

委員：「豊かな心の育成」が上位施策事業になっているのはなぜ？　キャリア教
　　育は豊かな心のためにやるのか。

初中局：予算のくくりとしてはそうだ。もう一方では「学力」となってしまう。

委員：大して意味はないのか。

初中局：そうだ。

委員：国がやるべきか。流動化はどうか。等の重要な質問に答えていない。道徳の根源は質問に答えること。人の質問に答えることができない文科省にどうして道徳の教科書が作れるのか。

生涯局：国は先導役。限定されたもの。

委員：流動化については、全く答えていない。

委員：キャリア教育、職業教育の定義が分からない。個別の議論だけをしていたのでは、分からない。

生涯局：職業教育は一定の職業に必要な知識・技能を身につけるもの。キャリア教育は自立のための力をつけるもの。その両者が重要。

委員：そういうことは冒頭で言って欲しい。

委員：総合的にというなら、なぜ大学が入ってこないのか。大学でも就職活動支援ではうまくいっていない。初年時教育にまで発展し、初等中等学校段階の問題にまで議論は発展してきている。総合的に考えるのが文科省。事業をやるのは地方に任せて、事業中から問題点を整理して、政策を実施していくべきなのが文科省。文科省のいろんな局から事業が下りて行く方策はもうやめよう。遅れている自治体に対する措置は、例えばウェブ上に情報公開をして地方に競争させるなどが可能。国は政策に集中すべき。

　このような議論の後、直ちに委員の挙手が求められ、「予算縮減：3」「自治体の判断：12」となった。この結果、キャリア教育・職業教育の5事業については一括して「自治体判断」、つまり、国としての予算を充てる必要性のない事業として位置づけられたのである。

　無論、「事業仕分け」そのものについては、多様な捉え方ができよう。例えば、行政刷新会議委員として国会議員のみならず民間人も選任したこと、インターネット中継を含んだ審議公開による透明性が確保されたことなど、高く評価される側面がある一方で、短時間の協議のみに基づく多数決方式によって結論が導かれた点、審議過程が公開されているがゆえに大衆迎合型あるいは劇場型とも言うべき言動が多く見られた点など、緻密な議論が成立し難い仕組みであった側面を典型として、当初から再考されるべき余地も多く

残していた。

　けれども、キャリア教育の推進を文部科学省内で担当する一人であった私個人は、今回の結論について、無念としか捉えようがなかったというのが正直なところである。

　まさに当時、中央教育審議会特別部会がキャリア教育について審議を継続している最中であり、11月には今日のキャリア教育に直接的に繋がる「基礎的・汎用的能力」の原案について審議されたばかりであった。また、文部科学省編『小学校キャリア教育の手引き』編集が最終段階を迎えており、年明けの1月末には全国配付の見通しが立ったところである。このような中で、来年度からの予算が「0円」になってしまうという宣告を受けた私は、文字通り呆然としたことを記憶している。

　しかし、キャリア教育推進を担当する文部科学省職員の皆さんの教育行政に関する専門知識と経験知、窮地を乗り切ろうとする発想力やレジリエンスは、私の矮小な知見と脆弱な精神力を遥かに超えていた。もちろん、かつての「キャリア・スタート・ウィーク」推進時のような強力な推進体制は望みようもない。けれども「できない理由」を並べ立てて途方に暮れていても、何事も前進しない。予算が無いなら、無いことを前提に動くしかない。……詳細は伏せるが、キャリア教育推進に携わる多くの人たちの熱意と知恵と愛情を受けて、『小学校キャリア教育の手引き』『中学校キャリア教育の手引き』『高等学校キャリア教育の手引き』を刊行することができた。また、これらの手引きに並行して、国立教育政策研究所生徒指導・進路指導研究センターによって各種のキャリア教育指導資料（パンフレット）も継続的に刊行されてきた。さらに、文部科学省が主催・共催するキャリア教育推進のための各種の研修会などは途切れることなく今日に至っている。これらはすべて、当時の逆境を乗り越えようと努力した多くの人たちのお陰である。この場をお借りして深く感謝したい。

学校で学んだことのゆくえ（2011年 4 月26日、第16号より）

　未曾有の災害をもたらした東日本大震災から、 2 か月近くが経過しようとしています。

　被災地では行方不明の家族を探し続ける方々がいらっしゃる一方で、仙台空港や東北新幹線の再開などを典型に、復興に向けた動きも確実に見られ始めています。被災された方々一人ひとりへのきめ細やかなケアが提供されなければ、一番辛い状況におかれた方々が、復興の流れから取り残されたという孤独感にも重ねて苛まれるという最悪の事態も起こりかねません。今後の復興に大きな期待を寄せつつ、その影にいる人たちを忘れてはならないと改めて思いました。

　また、原子力発電所の事故が深刻な状況から脱し切れていないことも、私たちの生活に大きな影響を与えています。日本だけではなく、世界的に大きな不安材料になっていると言えるでしょう。

　話はがらっと変わりますが、皆様は、高校時代の「化学」で学んだ「元素周期表」をご記憶ですか？　そうです、あの「スイヘリーベボクノフネ……」と暗記したあの表です。僕自身は、化学の教科書に掲載されていた全ての元素を暗記させられ、妙ちくりんな暗号めいた語呂合わせを繰り返したあげく、「やっぱり無理だわ」と投げだし、テストで散々な結果となったことを記憶しています。

　ここで重要なことは、私たちの多くが暗記させられたあの表に、「ヨウ素（元素番号（53）」も「セシウム（55）」も「ウラン（92）」も「プルトニウム（94）」も含まれている、という事実です。私たちは、高校時代、確かに学習したのです。

　でも、どうでしょうか。私たちは原子力発電のことをどれだけ知っていたのでしょうか。ヨウ素が、あるいは、セシウムが海水や地表からある濃度で検出される、という意味を、どれほど正しく理解しているのでしょうか。

　大変お恥ずかしい話ですが、僕は、何もわかりませんでした。確かに、元素の名称を耳にしたことはありましたし、子どもの頃、暗記させられたなぁという記憶も残っていました。でも、大震災関連のニュースでこれほど頻繁に報道されるまで、何も知らなかった。そして、知らないまま、原子力発電所で生み出される電気に支えられた生活を、のほほんと享受していました。

　今、私たちの日常生活において大切なのは、放射性物質について「正しく怖がる」ことだと言われています。不安を煽るようなデマやうわさ話に惑わされることなく、正しい知識に基づいて、放射性物質の降下による健康被害を避け、自分自身や家族を守ることが、一人ひとりに求められています。

　その一方で、すでに一部の学校では福島県から転入してきた子どもたちへの
いじめがおき、大人の間ですら偏見に満ちた言動が見られたという報道がなさ
れています。農作物への風評被害も同じ次元の問題かもしれません。

　高校時代、暗記するほど学んだ元素周期表であるにもかかわらず、「正しく怖
がる」ことすら満足にできない私たち。私たちが経験してきた学びの在り方を
今一度振り返り、軌道修正を図る必要があるのではないでしょうか。

　平成20年1月に取りまとめられ、今回の学習指導要領改訂の方向性を示した
中央教育審議会答申（幼稚園、小学校、中学校、高等学校及び特別支援学校の
学習指導要領等の改善について）は、キャリア教育の推進を求める際、「子ども
たちが将来に不安を感じたり、学校での学習に自分の将来との関係で意義が見
出せずに、学習意欲が低下し、学習習慣が確立しないといった状況が見られる」
と指摘しています。

　学校での学習に自分の将来との関係で意義が見出せない……まさに、元素周
期表と高校時代の僕との関係がこれでした。

　そして、高校を卒業して約30年。意義が見出させないまま学んだ（あるいは、
学んだことになっている）ヨウ素やセシウムに、つい最近までそれとは知らな
いまま依存しきって生活し、今は、正しい知識が欠落したままそれらが発する
危険におびえ、「正しく怖がる」ことすら十分にはできない。

　このような問題の改善を、すべてキャリア教育で担うことは到底できませんが、
学びと生活（現在そして将来の生活）とを結びつけるというキャリア教育の視
点の重要性を、私たちは今一度認識し直すべきであると強く思いました。

　若年者雇用対策の一環として登場した日本のキャリア教育に、自らの将来
や社会との繋がりの中で学ぶ意義の認識を深めさせる役割を与え、今日のキ
ャリア教育理念に向かう方向を明示的に示したのは、ここに引用した中央教
育審議会答申（2008（平成20）年1月）である。まず、本答申が「近年の産
業・経済の構造的な変化や雇用の多様化・流動化等」に着目し、「将来子ど
もたちが直面するであろう様々な課題に柔軟かつたくましく対応し、社会
人・職業人として自立していく」ことの重要性に焦点を当てている点に注目
したい（p.68）。これは、「今、ここにいる若者たちの就業」にのみ焦点をあ
てる方策から、進学・就業等の社会的移行を包含した変容する社会への継続

的参画を視野の中核に置く方策への転換と言うべきであろう。そして、本答申がとりわけ強調した「変容する社会」の特性は、「『知識基盤社会』の時代などと言われる社会の構造的な変化」であった。中でも、「新しい知識・情報・技術が政治・経済・文化をはじめ社会のあらゆる領域での活動の基盤として飛躍的に重要性を増す」という特性をもつ「知識基盤社会」に参画し、そこで自立を図ることの重要性を前面に打ち出したのである（p.8）。ここで、キャリア教育の焦眉の課題の一つとして、自らの将来や社会との繋がりの中で学ぶ意義を捉え、新たな知識・情報・技術などへの関心を常にもちつつ、学び続けていこうとする意欲の育成が挙げられたことは、極めて自然なことであったと言えよう。

　そしてこのような方向性は、2023（平成11）年1月に取りまとめられた中央教育審議会「今後の学校におけるキャリア教育・職業教育の在り方について（答申）」にも引き継がれている。例えば本答申「序章」の冒頭部分において「経済のグローバル化が一層進む中、国内のみならず、世界を視野にキャリア形成の在り方を考える必要性が高まってきている。また、知識基盤社会の到来や『ソフトパワー』の重要性、科学技術の発展等によりイノベーション創出の重要性が増しており、それらに求められる知識・技能や人材の需要が高度化している（p.3）」と明示している点などはその典型である。それゆえ本答申が「分野や職種にかかわらず、社会的・職業的自立に向けて必要な基盤となる能力（p.24）」として提示した基礎的・汎用的能力のうち、「自己理解・自己管理能力」を「今後の成長のために進んで学ぼうとする力」を包含するものとして位置づけ、「キャリアプランニング能力」の具体的要素として「学ぶこと・働くことの意義や役割の理解」を挙げているのである（p.26）。

　さらに現在の学習指導要領が、学校種を問わず、総則において「児童（小）／生徒（中・高）が、学ぶことと自己の将来とのつながりを見通しながら、社会的・職業的自立に向けて必要な基盤となる資質・能力を身に付けていくことができるよう、特別活動を要としつつ各教科等（小・中）／各教科・科

目等（高）の特質に応じて、キャリア教育の充実を図ること」と定めている
ことが示すとおり、今日のキャリア教育においてもまた、「学ぶことと自己
の将来とのつながりを見通」すこと、及び、それによって学び続けていこう
とする意欲の向上を図ることは、不可欠なものとして位置づけられている。

おわりに

　中央教育審議会「今後の学校におけるキャリア教育・職業教育の在り方に
ついて（答申）」は、当時、「キャリア教育の必要性や意義の理解は、学校教
育の中で高まってきており、実践の成果も徐々に上がっている」と評価しつ
つ、一方では「『新しい教育活動を指すものではない』としてきたことによ
り、従来の教育活動のままでよいと誤解されたり、『体験活動が重要』とい
う側面のみをとらえて、職場体験活動の実施をもってキャリア教育を行った
ものとみなしたりする傾向が指摘されるなど、一人一人の教員の受け止め方
や実践の内容・水準に、ばらつきがあることも課題としてうかがえる」とし
てきた（pp. 17-18）。その上でさらに、「このような状況の背景には、キャリ
ア教育のとらえ方が変化してきた経緯が十分に整理されてこなかったことも
一因となっていると考えられる」と指摘している（p. 18）。

　私が文部科学省でキャリア教育の推進の役割を担った5年間は、まさに、
このような「キャリア教育のとらえ方」の「変化」が生起した時期であった。
それらの変化は、キャリア教育の推進のための事業等を通じて意図的に起こ
したものと、外因的な要素を背景として生じたものとが渾然一体となって現
象化したものである。本稿は、それらの変化の生成につながる背景の一端を、
文部科学省の中からのまなざしで捉えた不定期の個人発信型メールマガジン
「キャリア教育ニュースレター」に掲載した3点の「おわりに」を切り口に
しながら整理しようと試みたものである。本稿の中に、読者の皆様にとって、
日本の「キャリア教育事始め」についての理解を深める上でお役に立つ情報
が僅かでも混じっていたとすれば、望外の幸せである。

私のキャリア教育の思い出

下村英雄

1. キャリア教育との出会い～若者自立・挑戦プラン

キャリア教育という言葉を初めて聞いたのは、いつだろうか。私が「キャリア教育」の語句を初めてタイトルに入れて物を書いたのは、手元の記録では2004年だった。「学校と企業の連携によるキャリア形成支援とキャリア教育」(下村, 2004) という小論で、研究所の一般向け雑誌に書いたものだ。

この小論は、前年に研究所で行った調査をまとめた報告書「企業が参画する若年者のキャリア形成支援―学校・NPO・行政との連携のあり方―」(労働政策研究・研修機構, 2004) が元になっている。厚生労働省の要請で行われた研究であり、研究所入所6年目で私が初めて任された大きな仕事だった。

この研究会に、上越教育大学に赴任していた三村隆男先生を委員としてお迎えしたのが、三村先生とお仕事をさせていただいた一番初めだと思う。三村先生にご協力いただいて高校調査、企業調査、NPO調査などいくつかの調査を行った。高校調査では、高校側はインターンシップに強い関心をもっているが協力企業を見つけるのが難しいという困難を抱えていること、インターンシップの目的や運営の仕方にも課題は多く、特に企業との連携をコーディネートする中立的な機関が求められていること等を示した。

当時、中立的な機関として念頭においたのは1998年に制度化されたNPO法人であった。既にキャリア教育の分野でも活発な活動を行うNPO法人が見られはじめており、いくつもの団体に話を聞きに行った。キャリア教育系のNPO法人は教育的なバックボーンと関心をもって学校の活動に参画している場合が多かった。学校文化に配慮しつつ、先生方の活動を支援したり、

企業とのコーディネーションを行うことで成果をあげていた。

　ただ、あれから20年が経ち、なぜことさら学校と企業の連携によるキャリ
ア教育なのか、現在ではその問題意識は十分に伝わらないだろう。

　まず前提として、2000年代前半のキャリア教育の黎明期、様々な省庁、業
界、団体が、若者の問題に対する言及を行い、提言を行っていたということ
がある。最も象徴的なものとして、内閣府・文部科学省・厚生労働省・経済
産業省の4府省合同による「若者自立・挑戦プラン」(2003年6月)があった。
背景には、当然、2000年前後に大きな社会問題となったフリーター・ニート
問題があった。例えば、「若者自立・挑戦プラン」の問題認識は、「今、若者
は、チャンスに恵まれていない。高い失業率、増加する無業者、フリーター、
高い離職率など、自らの可能性を高め、それを活かす場がない」から書き起
こされている。そして、この状況が続いた場合、「若者の職業能力の蓄積が
なされず、中長期的な競争力・生産性の低下といった経済基盤の崩壊はもと
より、不安定就労の増大や生活基盤の欠如による所得格差の拡大、社会保障
システムの脆弱化、ひいては社会不安の増大、少子化の一層の進行等深刻な
社会問題を惹起しかねない」と続く。

　この流れで、キャリア教育に関する言及があり、「教育段階から職場定着
に至るキャリア形成及び就職支援」の中に「キャリア教育、職業体験等の推
進」が位置づけられた。そこでは「勤労観・職業観の醸成を図るため、学校
の教育活動全体を通じ、子どもの発達段階を踏まえた組織的・系統的なキャ
リア教育(新キャリア教育プラン)を推進する」「「総合的な学習の時間」等を
活用しつつ、学校、企業等の地域の関係者の連携・協力の下に、職業に関す
る体験学習のための多様なプログラムを推進する」「社会や企業の最新情報
を活かした進路相談などを効果的に実施するため、地域の多様な人材を様々
な教育活動の場で積極的に活用する」など、2000年代のキャリア教育で推進
された様々な取り組みの萌芽がみられる。

　ちなみに、同時期、文部科学省でもキャリア教育に関する検討は進められ

ていた。それがキャリア教育の起点として説明されることが多い「キャリア教育の推進に関する総合的調査研究協力者会議〜児童生徒一人一人の勤労観、職業観を育てるために〜」（文部科学省初等中等教育局, 2004年1月）である。ただ同時代で私がみた印象では、教育行政はむしろ若者自立・挑戦プランに引きずられる形で、キャリア教育に本腰を入れたと感じられた。特に、「若者自立・挑戦プラン」の1年半後、「若者自立・挑戦プラン」を具体的な行動計画に落とし込んだ「若者の自立・挑戦のためのアクションプラン」（若者自立・挑戦戦略会議, 2004年12月）に、「中学校を中心に、5日間以上の職場体験やインターンシップの実施など、地域の教育力を最大限活用し、キャリア教育の更なる強化を図る」と記載された。これがキャリア教育にギアが入った瞬間のように見えた。「若者自立・挑戦プラン」で何らかの取り組みを強く求められた教育行政が1年をかけてその内容を吟味し、いわばアンサーとして打ち出したものが「中学校の5日間以上の職場体験」だったように、私には見えた。

　若者自立・挑戦プランには産業界の主体的な取り組みについて言及があり、「若年者問題の解決のためには、産業界がその社会的使命を認識し、企業が従来以上に主体的に取り組むことが不可欠である」としていた。こうした産業界の問題意識を反映する形で、経済団体は相次いで若年者施策に提言を行った。経済同友会（2003年4月）、日本経済団体連合会・日本商工会議所（2003年5月）、日本経済団体連合会（2003年10月）、社会経済生産性本部（2003年12月）などである。なかでも、特に、産業界からの学校に対する問題意識が色濃く現れていたのは、日本経済団体連合会の提言「若年者の職業観・就労意識の形成・向上のために―企業ができる具体的施策の提言―」である。「学校の職業観教育に企業の支援を」「産学連携強化による職業観教育充実を」と提言がなされ、具体的な取り組みとして「進路設計プログラムへの企業人講師派遣」「教職課程へのインターンシップ導入」「民間出身校長に対するサポート体制の確立」「民間人講師への派遣準備教育の実施」「「教員のための

経済・社会研究プログラム」（仮称）開発の実現を」などと続く。

　こうした議論の流れで、冒頭に示した「企業が参画する若年者のキャリア形成支援」という話が出てきたのである。各省庁や産業界なども連携して若者のキャリア形成にあたる。その媒介をNPOが担う。時代の雰囲気を受けて、厚生労働省から冒頭の研究要請が出され、それを私が担当したということになる。

　ちなみに、NPO法人が媒介するキャリア教育は、毛受芳高さんが主宰する「アスクネット」などを中心に推進された経済産業省主導の「キャリア教育コーディネーター」につながっていった。この「キャリア教育コーディネーター」の初期の立ち上げも、三村先生と一緒に参加させていただいた。学校外に様々な専門性をもつNPOがあり、それぞれが独自に工夫して、学校外の関係者を学校教育と結びつける。今では珍しい仕組みではないが、当時は、何かとても新しい可能性に立ち会っているような気がした。

　そして、私が思うキャリア教育の原風景はここにある。学校を中心に、様々な機関が連携する。それは学校だけでは足りない欠落を補うという意味ではなく、むしろ多様な人々が連携しあうという豊穣さを追求するが故である。教育的な関心や学校文化に対する配慮を共有しつつ、多くの人が関わり、互いに価値や文化を尊重し合う。ある種の理想郷のようなものが、2000年代の私のキャリア教育の原風景であった。

2．埼玉県小・中学校キャリア教育指導資料

　その後、私が学校のキャリア教育について多くを学んでいったのは、現場の小中高の先生方との関わり合いを通じてであった。特に、今でも印象に残っているのは、埼玉県小・中学校キャリア教育指導資料作成のプロジェクトだった。このプロジェクトも三村先生からお誘いいただいて参加したものだ。当時、若輩の私が参加したからと言って、特段、キャリア教育の資料の質が上がる訳では無い。だから、これは、三村先生が私に現場の先生方と混じっ

てキャリア教育の勉強をする機会を与えてくださったものだと思う。実際、
とても多くのことを学ばせていただいた。

　このプロジェクトの目的は、小学校、中学校の先生方が集まって埼玉県内
の先生方にキャリア教育とは何かを示す8ページ程度のパンフレットを作成
することだった。最初に三村先生の講義もあって、①「生きること」「学ぶ
こと」「働くこと」の三つの柱を大切にすること、②勤労観・職業観の二層
構造、③4能力領域の構造など、三村先生の著作「キャリア教育入門—その
理論と実践のために（三村, 2004）」に記載のある「三村キャリア教育学」の
根幹をなす重要な図式も学んだ。学校教育目標から年間計画、具体的な活動
計画、評価・改善へと至る学校内でのキャリア教育の推進の具体的な手順に
ついても、ここで学んだ。

　具体的な会議に入ってからは、小学校の先生方や中学校の先生方が原案を
作ってきて、それを全員で検討するという作業を繰り返した。今も不思議と
覚えているのは、小学校の先生方が作ってきた小学校の先生方向けのキャリ
ア教育の資料の原案だ。その原案は、中学校の先生方が作成した原案より明
らかに文字数が少ない。そのかわりに男の子や女の子のイラストだったり、
学級会や運動会のイラストだったり、ともかく可愛らしいイラストが多く差
し込まれていた。それは埼玉県教育委員会主催の会議で検討するための資料
というより、むしろ小学校の「学級だより」の体裁であった。

　その時、私が学んだのは、「キャリア教育」を伝えるにあたっても、いろ
いろな伝え方があるということだ。小学校の先生方は結局は子ども達に職業
やキャリアについて伝えなければならない。それが文字だけであって良いは
ずがない。イラストや絵をふんだんに使ったものであるはずだ。だから、小
学校の先生方は絵やイラストをたくさん使うのだ。私にとっては、この些細
で素朴な事実が大きな発見だった。

　キャリア教育にも、発達段階に応じた適切なレベルがあるということ。そ
ういうレベル感を無視しては何も伝わらないこと。まずもってキャリア教育

とは、そういう伝達、大人と子供のコミュニケーションの問題であること。絵やイラストで伝えられる内容には限界があるが、一方で、その限界を意識さえすれば、むしろ絵やイラストによって伝えられることは多くあることなど、いくつもの発見があった。

　こういう都道府県単位のキャリア教育の取り組み・事業というのは、当時、かなり数多くあり、その後、埼玉県の他に新潟県、栃木県などの取り組みにも参加した。また、そうした事業の一環として講演会のようなものも多く開かれて、私などにも声がかかり、数多くの先生方の前でお話をさせていただいた。私の力量が足りず、伝わらないことは、もちろん多かった。先生方はキャリア教育の先に具体的な子ども達の姿を見ている。子ども達に伝わらない話は、どのような内容であれ意味がないのだ。私は難しい内容をイラストや挿し絵に落とし込んででも伝えようとする小学校の先生方のセンスというものを何度も思い返した。

　ところで、小学校のキャリア教育は、三村先生が特に注力した分野である。例えば、三村編（2004）や児島・三村（2006）からは多くを学んだ。小学校のキャリア教育は、まずもって卒業時に進路を選ぶ訳ではない点が最大の特徴である。中学校や高校の進路指導と違って、現実の進路選択との葛藤や衝突をひとまず考える必要がない。逆に言えば、現実の進路指導を意識せずに理想どおりの「キャリア教育」を行うことができる。

　三村先生は「本来の進路指導」への転換という言葉をよく用いる。それが意味することの1つは「学校選択の指導から生き方の指導」への転換である。小学校では現実的な進路選択を考える必要がない。だからこそ、「小学校でこそ本来の意味での進路指導を行ってほしい、小学校ならそれができる（三村編, 2004 p.11）」という言い方でその意義を説明する。

　ただ、そういう意味でのキャリア教育であれば、そもそも小学校はいわゆる国語算数理科社会といった勉強だけではなく、行事にしても特別活動にしても、何につけ子どもの将来に向けてやってきたのではないか。実際、小学

校の娘を持ってみれば、小学校の勉強は、遠足や運動会は無論のこと、誰が話に来るとか楽器の演奏に来るとか、教室で亀を育てるとか庭で朝顔を育てるとか、何につけ勉強だけでなく、子どもの将来を考えて、いろんなことに興味を持てるように考えられていることが分かる。素直な小学生だけあって、先生方の狙いどおりに大いに刺激を受け、目を輝かせて楽しみ、何らかの学びらしきものを子どもながらに導いてくる。こうした小学校の営みが、大人になるまでの基本的な自己理解や職業理解のベースになることは、誰の目にも明らかである。

　つまり、小学校では既にキャリア教育的なことを行っている。これを指して、三村編（2004）では、小学校では「「キャリア教育を新しく導入する」というのではなく、「キャリア教育の視点で学校教育よりよくしていく」ととらえることが大切なのです（p.8）」と説いた。こうした三村先生の小学校キャリア教育論を私なりに咀嚼した場合、やはり、ここにもキャリア教育の重要な点があるように感じる。例えば、特にキャリア教育に詳しくはない大人にキャリア教育を理解してもらうには、小学2年生ぐらいの子ども達にキャリア教育の講師として派遣されたらどうするかを話のきっかけとすると良い。相手は大学生や中高生とは違う。難しい職業や仕事の話など何一つ伝わらない。職業人としての苦労話も小学生に同情されてしまうだけだ。では何を伝えるのか。ここにキャリア教育の本質が隠れている。

　この点について、勤労観と職業観を説明する三村先生の著作から少し長く引用しよう。

　「「勤労観」における「役割」は、小学校段階では、遊びの中での役、家の手伝い、学校の係活動や清掃活動、地域での役目などは幅広くとらえ、さらに「役割を果たそうとする態度」、つまり意欲性をも含むものととらえます。一方、「職業観」は職業そのものとその役割に対する理解や考え方および職業につこうとする意欲性をも包摂しました。

　このようにとらえれば、「職業」に過重なウェートをかけることなく、係

活動などの学校生活や手伝いなどの家庭生活における日常的な「役割」の経験の蓄積を、教科や道徳、総合的な学習の時間、学級活動等を通して行われる自己理解の学習や職業インタビューなどの計画的な「キャリア教育」と有機的に結びつけることができるのです（三村，p. 13）」

　こうしたキャリア教育の捉え方は、大人が「キャリア」を考える際にも重要となるだろう。大人は「キャリア」をどうしても報酬や地位、出世といった外的なキャリアとして考える。それも大人のキャリアを考える際には重要な要素であろう。しかし、そういう外的ないろいろなものを剥ぎ取っていった時、そこに残るものは何だろうか。職場や家庭、地域といった小さなコミュニティで自分が果たす役割そのものではないか。我々は、報酬や地位とは関係なく、身の回りで何らかの役割を果たせた時、自分の働きに充実感を感じ、確かな手ごたえを感じるはずである。

　大人のキャリアを考えるにあたっても、小学生のキャリア教育は有益な示唆を与える。素朴な小学生の勤労観・職業観から得るものは大きい。

3．キャリア教育と道徳教育

　勤労観・職業観と言えば、三村先生が注力したテーマにはキャリア教育と道徳教育に関するものもある。例えば、三村（2003）や三村編（2006）では、キャリア教育と道徳教育の融合について記述している。道徳教育では、「自らの生き方、将来及び進路を考える内容を多く含み、継続的な生き方教育の内容を示している（三村編，2006 p. 22）」。そうした中、「キャリア教育と道徳教育とは段階的指導内容において共通点が多く認められ、両者を連携させることにより、キャリア教育の効果的な展開が実現できることは明らかである（三村編，2006 p. 22）」と述べる。

　三村先生は、キャリア教育と道徳教育の接点に、2000年代のキャリア教育で重視された勤労観・職業観のベースとなるものを見ている。例えば、「勤労観は、役割が他者との関係でどのような作業をもたらしているかに気づく

ときに育成が促進される」と指摘し、清掃活動を例に挙げている。

　清掃活動で勤労観を形成するには、まず、強制しない。むしろ、「清掃にはどのような役割があるかを知ったうえで、自分はどのような役割が向いているかを知り（情報活用能力）、自分の役割を選択し（意思決定能力）、さまざまな役割の人と協力しながら（人間関係形成能力）、計画的に作業をすすめていく（将来設計能力）（三村編, 2006 p. 25）」。さらに大切なのは、それを評価しあうことである。「果たした役割に対しては、相互に評価し合い、教師も評価する必要がある。他者が自分の行為に対してどのように感じているかを知ることで、初めてその行為が自己有用感につながる（三村編, 2006 p. 25）」と述べる。

　キャリア教育と道徳教育を関連づけて説明するにあたっては、実は先駆者がいる。それは、三村編（2006）でも引用しているジェシー・バトリック・デイビスである。デイビスは1914年に「職業的・道徳的指導」という書物を著している（三村編, 2006 p. 25）。はるか昔、キャリア教育・キャリアガイダンスの歴史の源流に、職業指導と道徳教育を融合させようとした人物がいたのである。

　このデイビスの伝記論文を、多文化キャリアカウンセリング論の研究者である Pope（2009）がしたためている。Pope（2009）は、デイビスは米国初のスクールカウンセラーであると述べる。その具体的な実践は、論文タイトル「Vocational and Moral Guidance through English Composition（作文による職業的・道徳的ガイダンス）」（Davis, 1912）に端的に現れている。つまり、職業的・道徳的な題材で生徒たちに作文を書いてもらうという実践である。これをデイビスは、国語、職業、道徳の３つにとって有益な方法と述べる。キャリア教育の有力な技法として「インフュージョン」が知られる。インフュージョンとは、「注ぎ込む」という意味の単語である。この場合、デイビスは、国語の作文の課題に、職業的かつ道徳的なテーマを課すことで、国語の授業にキャリア教育・道徳教育の要素を注ぎ込んでいることになる。

　実際、デイビスの主著「Vocational and Moral Guidance」(Davis, 1914) は、さながら作文タイトル集である。第7学年（中学1年生）では「私の好きな本」「私がお金を稼いだ経験」「私のヒーロー・ヒロイン」など11本の作文タイトル、第8学年（中学2年生）では「もし中2で学校を辞めたら自分には何ができるか」「高校に入学する利点」「学歴はお金に換算するといくらになるだろう？」など16本の作文タイトル、第9学年（中学3年）では「いかに読書をするか」「今朝、登校時に見たもの」や「なぜ成功すべきなのか」「仕事とは」「ハンディキャップを乗り越えること」など22本の作文タイトルがある。ここまででも、下の学年の作文タイトルが書きやすく、学年が上がるにつれて抽象度が高まるのが分かる。最後、第12学年では「職業と天職」「社会向上への関心から得られる利益」「水の上にパンを投げよ（見返りを期待せず行動せよ）の意味とは」など、かなり難しい作文の課題を挙げている。

　デイビスの時代、作文はもっと現実味のない無味乾燥な題材で書くことを求めていたらしい。これを、立身出世に役立つ内容のタイトルにして生徒の興味をもたせたのが工夫である。当時、デイビスが活動する少し前の時代、アメリカでは「ボロ着のディック」に代表されるダイム小説（三文小説）が大流行していた。それは「ボロ着から富へ（Rags-To-Riches）」と総称されるストーリーで、要するに、街角で靴磨きをしていた貧しい少年が立身出世する話である。まれに、キャリア心理学関連の論文や書籍で1800年代後半のRags-To-Riches の少年向け三文小説の大流行が、後のパーソンズの職業ガイダンスの前景を作ったと紹介されることがある。そうした、時代の雰囲気というものをデイビスもうまく組み込み、生徒達の興味を惹きつけたのだと言えるだろう。

　デイビスは、自分が真に興味を持てる題材で作文を書くことが、思索を掘り下げ、内省を深めることに強く結びつくと考えていた。また、作文を書くだけではなく、そこで自分の意見をきちんと持った後は、みんなで話し合いをして議論をすることも課題に含めたりもしている。これらを単に理屈のレ

ベルだけでなく、実際に学校で行った実践例として紹介している。デイビス
の本は、その豊富な実践例の集積でもあった。

　さて、このデイビスだが、さらに2つポイントがある。

　1つは、デイビスは、パーソンズらの職業指導を学校に定着させる役割を
担ったということだ。デイビスは、1895年にコルゲート大学を卒業して高校
教師として経験を積み、1907年にグランドラピッズ高校の校長になった。こ
こで短大を併設することになり、初代学長を務める。この短大は職業人向け
の夜間コースを提供しており、成人教育運動の先駆けとなった。同じ時期、
1908年にパーソンズのボストンの職業相談所も開かれた。世間一般に思われ
てるような公的機関ではなく、もともとは若い職業人向けの夜間の成人教育
を提供する機関として出発している。そこで職業講話を行っていたパーソン
ズの評判が良く、個人的に職業選択の相談に乗ってほしいという若者が相次
いだため職業相談を提供するに至った。デイビスもパーソンズも、もともと
成人教育とそこでのガイダンスがベースになっている点は、やはり同時代人
であり、同じ問題意識を共有していたことが分かる。

　ちなみに、ボストンで成人教育のプログラムを提供する活動を始めたのも、
パーソンズに職業講話で話すように求め、その後、職業相談の活動をするよ
うに勧めたのも、パーソンズの死後、パーソンズの遺稿を整理して有名な著
書「Choosing a vocation」にまとめたのも、マイヤー・ブルームフィールド
である。そのブルームフィールドが中心となって設立したのが、The Na-
tional Vocational Guidance Association（NVGA：全米職業ガイダンス協会。現
在の National Career Development Association（NCDA））であり、設立メンバー
に加わって第2代会長になったのがデイビス、第3代会長がブルームフィー
ルドである。デイビスが、いかにキャリアガイダンスの初期の主要人物であ
ったかが分かる。初期のキャリアガイダンスのキーパーソンのうち、学校
畑・教育畑の専門家の主要な1人がデイビスであったため、デイビスを通じ
て、パーソンズ流のアメリカ・キャリアガイダンスが広まったと位置づける

ことができる。

　デイビスに関するもう1つのポイントは、これは三村先生も強調している
が、やはりパーソンズと同時代の人であっただけに、現代でいう社会正義論
の問題意識を強く持っていたという点だ。三村（2006）では、デイビスが
「当時、中退率が50〜75％であった高校教育の意義を問い直した」と紹介さ
れている。このくだりはデイビスの著作では「義務教育の要件を満たした生
徒の50％しか高校に入学しないのはなぜか」と続く。デイビスの時代、そも
そも高校に入学しない生徒、入学しても卒業前に退学する生徒が多かった。
当時の高校は裕福な家庭出身者の大学進学のための予備校であり、学習する
内容は古典語の文法などであったからである。これに対して、デイビスは裕
福ではない生徒も念頭に置いて、より高校教育を実際に役立つ内容に変更し
ようとした。この辺りの問題意識は、パーソンズらの職業教育運動と軌を一
にしている。その具体的な現われが職業ガイダンスの要素と道徳の要素を入
れて、高校生が興味をもつ内容にすることだったのである。デイビスの言う
「道徳」は、私の解釈では、日本でも馴染み深いスマイルズの「自助論」、福
沢諭吉の「学問のすすめ」といった明治の青年たちに立身出世を説いた書籍
と近い。

　いずれにしても、デイビスは裕福な若者よりは、そうではない若者向けに、
どうすれば将来を大切に思ってもらえるのか、将来のためになぜ勉強が必要
なのか、なぜ努力することが重要なのかといった内容を扱った教育者であっ
た。現代で言う社会正義への志を濃厚に共有していた。そして、三村先生自
身、こうした社会正義を念頭においた実践者である点もデイビスに関心を抱
かれた1つの理由であったのではないかと思う。三村先生の社会正義への関
心は、その後、2015年に、三村先生を大会委員長としてIAEVG国際大会を
つくばで行った際、大会テーマとして大きく取り上げたことにも現れている。
この時、私は、三村先生から教え子である高野慎太郎先生をご紹介いただい
た。その縁で、先ごろ社会正義のキャリア教育論の1つである「グリーンガ

イダンス」（下村・高野, 2022）の論文としてまとめさせていただくこととなったのである。

4．労働行政におけるキャリア教育

　私は、勤務先が厚生労働省の研究機関であるため、キャリア教育には労働行政の立場から関わってきた。労働行政がキャリア教育に関わる根拠は、どのようなものだろうか。

　まず、労働行政の中でもハローワークと学校の関わりは、基本的には、新規学校卒業者の職業紹介の取扱いから生じる。職業安定法の規定に基づく新規学校卒業者の取扱方法には次の3つの方法がある。

　　・職業安定法第26条の規定に基づき公共職業安定所が職業紹介を行う方法
　　・職業安定法第27条の規定に基づき学校が公共職業安定所の業務の一部を
　　　分担して行う方法
　　・職業安定法第33条の2の規定に基づき学校が届出により無料職業紹介事
　　　業として行う方法

　これらのうち、第26条に「公共職業安定所は、学校が学生又は生徒に対して行う職業指導に協力しなければならない」と規定があり、労働行政、特に職業安定行政が学校に関わってキャリア教育（≒職業指導）を行う際の根拠となる。また、第26条には、ハローワークの職員あるいはキャリアコンサルタントが学校で職業相談を行う根拠となる条文もある。さらに、第27条には、学校に対する職業情報の提供などと関わる条文もある。その他、jobtag（職業情報提供サイト（日本版 O-NET））やかつてのキャリアマトリックス、職業ハンドブック、OHBY などは、標準職業名や職業解説及び職業分類表（いわゆる厚生労働省編職業分類及びかつての職業辞典）を定めた第15条を根拠としていた。

　私の仕事も初期には、そうした職業情報関連の仕事が中心であった。研究所に正式に入職する前、1年半ほど研究所でアルバイトをしていたが、その

時、下働きを担当した仕事は、厚生労働省編の職業分類であった。川崎さん（関西大学教授、故・川﨑友嗣先生）が研究所に居た頃、その下で、私はパソコン上の何万個もの職業名を眺めながら作業をしていた。

　川崎さんが関西大学に出て、入れ替わりで研究所に入った私は、そのまま厚生労働省の職業分類の仕事を引き継いだ。職業分類はあらゆる職業情報ツールの基礎となる。職業をどのように分けるかを判断する際には、その職業の情報を収集しなければならない。職務調査票をいろいろな業界団体や企業に発送しては協力依頼の電話をかけるという仕事も、研究所に入りたての私の仕事だった。

　職業分類の仕事で収集した職業情報をもとに、主要1,000職業についてそれぞれ約400字でコンパクトに解説した職業解説書が「職業レファレンスブック」だった。はじめて私が主導的な立場で担当した職業情報媒体で、20年経っても古くならない普遍的な職務の内容を正確に伝えようというコンセプトで作業を行った。この発刊が2004年だから、さすがに今、もう内容は古くなったかもしれない。

　同時期、職業ハンドブック OHBY 制作も手伝った。職業ハンドブックOHBY は、主要430職業を中高生向けに解説した CD-ROM 版のツールである。おもに私が担当したのは、出来上がった試作版を学校に持ち込んで活用してもらい、データを収集するという役割だった。この仕事は、現在、上越教育大学教授の山田智之先生が、町田市の中学校の教員として在職中にご協力いただいた。自分が関わったツールが学校の現場で実際に活用されるのを目の当たりにした体験であった。その過程で、山田先生からは進路指導のこともキャリア教育のことも、とても多くを教わった。

　同様に、当時、墨田区の中学校に赴任されていた今野晋先生にも便宜を図っていただき、OHBY の試作版を何度も試行させていただいた。今野先生にも、学校の進路指導・キャリア教育についてたくさんのことを教わった。他にも、この時期、小島喜與徳先生、千葉吉裕先生、福本剛史先生をはじめ、

かなりの数の中学校や高校の先生方にお会いして、学校のこと、進路指導のこと、キャリア教育のことを教えていただいた。私が、進路指導やキャリア教育に抱くリアリティは、この時期に先生方から教えていただいたことが基盤となっている。

　また、同じ頃、小学生から高校生に至る職業認知を調査しようというプロジェクトも行った。こちらは、現在、東北大学名誉教授の菊池武剋先生にご相談を申し上げて、菊池先生からご推薦をいただき、現・滋賀大学教授の若松養亮先生、現・弘前大学教授の吉中淳先生、現・愛知教育大学教授の高綱睦美先生にご協力いただいて、調査を実施した。

　「私のしごと館」の設立準備にも参加した。私は、おもに「私のしごと館」で上映する職業ビデオの作成に関わった。その過程でテレビ局やスタジオに行ったり、ディレクターやナレーターなど、普段あまり会わない人達と接することとなった。よく比較されたキッザニアはもともとメキシコの施設であり、私の記憶では「私のしごと館」の準備にあたっても大いに参考にしたはずである。建物が完成する前、全体像の図面や模型を見たり、建設予定の現地の敷地に行ったりしたが、結局、1回も完成した「私のしごと館」に足を踏み入れることはなかった。その前に閉館してしまった。

　2000年代、研究所で大規模に進められていたプロジェクトが「キャリアマトリックス」である。今では、jobtag（日本版O-NET）の前身の職業情報サイトであると説明する方が分かりやすくなった。私は毎週の会議に参加して、いくつかの職業情報収集に関わっただけだったが、研究所では相当に力を入れたプロジェクトだった。しかし、公開まもなく、事業仕分けで無くなった。その際、キャリアマトリックスというよりは、むしろその背景にあるキャリアガイダンスそのもの、キャリア教育そのものを全部ひっくるめて否定する発言もあったと記憶している。私の2冊めの単著「成人キャリア発達とキャリアガイダンス—成人キャリア・コンサルティングの理論的・実践的・政策的基盤」の元となった論文は、その時、書かれた。猛烈な批判に打ちつけら

れて、もう駄目かもしれないと思いながら、せめて最後にキャリアガイダンスやキャリア教育の立場を書き残そうという気持ちがあった。

　三村先生との関わりでは、厚生労働省の「中学校・高等学校におけるキャリア教育実践講習」があった。これは厚生労働省のキャリア教育関連の積極的な事業としてはほぼ最後の取り組みであり、そのテキストを、三村先生と、筑波大学の藤田晃之先生もメンバーに入って作成した。今、厚生労働省が関わるキャリア教育関連の取り組みは、経済産業省・文部科学省・厚生労働省で「キャリア教育アワード」の審査を行い、かつ「キャリア教育推進連携シンポジウム」を主催し、キャリア教育推進連携表彰を行っているぐらいである。「キャリア教育アワード」にも、最初の数年、審査員として関わらせていただいた。

　さて、ここまで、私が関わった厚生労働省のキャリア教育関連の取り組みを、つらつらと列挙した。何が言いたいのか。厚生労働省のキャリア教育の取り組みは、おおむね私のキャリア教育の関わりと軌を一にしていたという点だ。ただ、時代が最近になるにつれて、段々と厚生労働省関連のキャリア教育の仕事は少なくなった。

　直接のきっかけは、やはり事業仕分けだっただろう。事業仕分けの意義は、政府が必要とする仕事をきちんと切り分けて、担当すべき省庁及び部署が担当することにある。その過程で無駄があれば無駄を省くのが本義だ。そのため、厚生労働省の研究機関に勤務する私が、文部科学省が管轄する学校のことに直接タッチすることは難しくなったのである。

　ただ、もう、そのずっと前から、学校における労働行政の存在感は薄れていた。それは、おおむね1990年代の後半までである。なぜ1990年代後半までかというと、1998年に大卒就職者が高卒就職者を上回ったことに象徴される。高卒就職者が大きな割合を占めた時代には、学校とハローワークが連携して新規高卒者を就職させていた。そのため、学校における労働行政の存在感が一定程度あった。そこから派生して、労働行政と学校の関わりも密であった。

　しかし、今は、中学校はもちろんのこと、高校においてもハローワーク及び労働行政のプレゼンスは縮小した。それだけ学校の中で「職業」や「労働」という言葉が縁遠くなったことを示すだろう。逆に言えば、私は、まだ学校との関わりが密であった最後の最後に、学校に関わる経験を得られたということかもしれない。私にとっては有意義でかつ思い出深い経験であった。

5．まとめ〜「教育の経済への従属」

　4府省合同の若者自立・挑戦プランは、教育や学校の一歩外にいる私からすれば、学校のキャリア教育に関わる重要なきっかけだった。実際、そこから広がって、私はキャリア教育の関連では、様々な経験をさせていただいた。

　ただ、今、改めて振り返れば、いわゆるフリーター・ニート問題に引きずられる形で学校が右往左往させられたことを、教育関係者は良しとはしていなかったのだろうと思う。考えてみれば、もともと文部科学省が管轄する進路指導・キャリア教育の領域に他省庁が合同でずかずか入ってくる事態とは、要するに、これまでの取り組みが不十分だから合同で何とかしてやると言っているように見える。経済団体が学校に口を出すのも同様で、悪意はないとしても、結局は、学校のここが足りない、あそこが足りない、先生は所詮、「社会」のことは知らない、「社会人」の我々が教えてやると言っているように学校からは見える。

　本来、学校が主体となるべき領域に他省庁が入ってきたり、企業からあれこれ提言されたりするのは、教育の側から見た場合、とても不純な感じがするのだと思う。学校は学校の枠内で学校だけで機能している時が最も学校として落ち着き、安定していると感じる。先生方も何かにつけて先生方だけで連絡を取り合って、先生方だけで何かをやれている時が最もうまくいくと考える。それは、心ある先生方が隠そうとしても隠し切れず滲み出るものであり、そうでない場合もふとした時に自然に先生方の態度に表れるものである。

　私は、ここに、その昔、学生時代に教育学の授業で習い覚えた「教育の経

済への従属」を忌む論じ方を想起する。おそらく、この「教育の経済への従属」という論点が、教育の外側にいる人には知られておらず、しかしながら教育の内側にいる人にとっては、あえて言うほどもないほどに前提になっている。そして、「教育の経済への従属」という論点こそ、教育関係者とそうではない人でまったく食い違いが生じる論点でもある。

　普段、教育の外にいる人にとっては、教育は産業社会の発展のためにこそあるのであり、したがって学校は産業界に役立つ人材を輩出するためにあるというのは自明だと思っている。しかし、教育の側ではそうではない。例えば、矢野（2009）は、この点を「産業化のための人材養成が計画化される一方で、教育を産業に従属させてはならないと批判する声も根強い。産業社会の発展と教育の関係は、経済界と教育界の対立という形でしばしば現れる」と記述している。教育は教育独自の視点から、教育そのものを発展させるべきであって、そこに教育以外の強い力が働くことは不純であり、問題がある。こうした議論は、本来、政治的に左派の議論のようだが、「教育の経済への従属」を忌む考え方は、右派・左派問わず、教育に携わる人に共通して根底にある。

　だから、フリーター・ニート問題を背景とした若者自立・挑戦プランに端を発する2000年代のキャリア教育は、今、キャリア教育の推進派・批判派を問わず、何かの間違いであったように言及される。教育の側からは、不純物が混ざっているように感じられるのだ。

　ただ、それで良いのかと思わないではない。たまに教育や学校に関連する会議に参加させていただくと、時に、浮世離れした教育論や学校論が展開される場面に遭遇する。おそらく、学校や教育の論理だけで物事を語っている時、楽しいのだろうと思う。それは、心理学者が学会で α 係数がどうの、因子分析の結果がどうのと嬉々として語っている時と同じなのだろう。自分の専門性を存分に発揮できている時なのだ。しかし、労働行政の末端にいる私からすれば、この高度な教育議論を、どう現実の若年労働市場の問題に結び

つけるつもりなのかと考え込んでしまう。

　例えば、日本では、ニートの議論など、20年前にとっくに終わった議論だと思っている。しかし、実際には、NEET は、今は世界の就労問題・就労支援の最前線のテーマである。2010年代後半以降、ILO 他の国際機関がこぞってニートの報告書を発刊している。直接のきっかけは、2015年９月の国連サミットで採択された「持続可能な開発のための2030アジェンダ」、いわゆる SDGs である。この中で「2020年までに、就労、就学及び職業訓練のいずれも行っていない若者の割合を大幅に減らす」ことが目標とされた。具体的には2015年には21.7%だった世界のニート率を減らすことが目標となった。失業型ニート（NEET unemployed）と非活動型ニート（NEET inactive）など、かつて日本でもよく言った概念も改めて提起された。これに先進国を中心とするグローバルノースと途上国を中心とするグローバルサウスの格差の問題、さらにはコロナ禍による悪影響の不均衡の問題まで関わってくる。

　そして、このニートを防ぐための方策として、2020年代の現在、先進各国でまた従来とは違った盛り上がりで議論されているのが、学校における「キャリア教育」だ。賃金の高い良質な仕事に就けるようにできるだけ上級の教育を受ける。身近の劣悪な職業に吸い込まれること無く自ら選択できるように職業情報を充実させる。インターンシップなどの職業体験の機会を設ける。労働市場の外部にいる若者に積極的に働きかける。支援が特に必要な対象層を絞って基本的な就労支援のメニューを充実させる。こうしたことが最重要だと考えられている。他の先進国では、今、ホットなトピックとして、若年労働市場、ニート、キャリア教育の話は一直線に結びついているのである。

　私が、自らのキャリア教育の出会いとして思い描く光景、すなわち、学校を中心に、企業や NPO や学校外の様々な人間が関わって連携してキャリア教育を考えた、あの風景も、実際には、あの時代、偶然に生じた一瞬のあだ花に過ぎなかったのかもしれない。そうであれば、私はキャリア教育というものを、大きく誤解していたのかもしれない。しかし、国内外の議論の動向

によっては、再び、様々な分野の専門家が集まって、キャリア教育を議論する日がきっと訪れることだろう。

　私が若い頃に出会ったキャリア教育はいろいろな可能性に満ちていた。そして、三村先生を筆頭に、私にキャリア教育や学校のイロハを教えてくれた先生に、悪い先生など一人もいなかった。私は、そういう良い思い出だけを胸に、自分が若い頃に経験したキャリア教育というものを、いつまでも理想として思い描いていきたいと思う。キャリア教育にとって最良のこととは、そうして理想を引き継ぎ、後の世に語り継いでいくことだろうと思うからだ。

引用文献

Davis, J. B. 1912 Vocational and moral guidance through English composition. The English Journal, 1, 457-465.

Davis, J. B. 1914 Vocational and moral guidance. Boston, MA: Ginn and Company.

児島邦宏・三村隆男編　2006　小学校・キャリア教育のカリキュラムと展開案

三村隆男（代表）　2003　進路指導と道徳教育を統合した「生き方教育プログラム」の開発研究（平成13年・14年度上越教育大学研究プロジェクト報告書）

三村隆男　2004　キャリア教育入門―その理論と実践のために　実業之日本社

三村隆男編　2004　図解はじめる小学校キャリア教育　実業之日本社

三村隆男編　2006　キャリア教育と道徳教育で学校を変える！　コラボレーションによる授業改革　実業之日本社

Pope, M. 2009 Jesse Buttrick Davis（1871-1955）: Pioneer of vocational guidance in the schools. The Career Development Quarterly, 57 248-258.

下村英雄　2004　学校と企業が連携したキャリア形成支援とキャリア教育　ビジネス・レーバー・トレンド（2004年7月号）　労働政策研究・研修機構　6-7.

下村英雄・高野慎太郎　2022　グリーンガイダンス―環境の時代における社会正義のキャリア教育論　キャリア教育研究　40(2)　45-55.

矢野眞和　2009　教育と労働と社会―教育効果の視点から　日本労働研究雑誌、588, 5-15.

キャリア教育と道徳教育
―生き方をどう教えるか―

林　泰成

１．問題の所在

　「キャリア教育」という言葉は、文部科学省関連の文書の中では、中央教育審議会（1999）の答申で初めて使われたと言われている。そこでは、キャリア教育は、「望ましい職業観・勤労観及び職業に関する知識や技能を身に付けさせるとともに、自己の個性を理解し、主体的に進路を選択する能力・態度を育てる教育」[1]として示された。

　こうした答申での主張に合わせて、筆者の勤務する上越教育大学でも、キャリア教育のポストを作ろうということになった。公募による選考を行い、2000年に本学に着任されたのが三村隆男氏であった。同じ部署に属していたということもあって、キャリア教育に関してさまざまな刺激をいただいた。

　筆者は、これまで、道徳教育を中心に学校教育の在り方についての研究に取り組んできたので、この段階で意識し始めたのは、キャリア教育と道徳教育との連携である。現在も、筆者は、両者の強い連携を意味のあることだと考えているので、本節では、そのつながりについての検討を行いたい。その際に、「キャリア教育」という名称が日本で使われ始めてから今日にいたるまでの、身近な経験などにも触れながら論じたい。研究論文とエッセイの中間のような形での記述になることをお許し願いたい。

2．小学校からのキャリア教育

(1)職業についての知識を得るということ

　この答申以前には、職業教育や進路指導がなかったというわけではない。しかし、それらは、中学校や高等学校を卒業する際の進路の振り分けというような側面が強く、とくに小学校段階の教育においては、教師の側も進路指導や職業教育というような意識はもっていなかったと言えるだろう。そういった点にも配慮してか、この答申では、次のように、キャリア教育が小学校段階から必要なものと主張されている。「学校と社会及び学校間の円滑な接続を図るためのキャリア教育（望ましい職業観・勤労観及び職業に関する知識や技能を身に付けさせるとともに、自己の個性を理解し、主体的に進路を選択する能力・態度を育てる教育）を小学校段階から発達段階に応じて実施する必要がある」[2]。

　けれども、新たな教科や科目としてキャリア教育の授業を設置するということではなかったので、さまざまな教科・科目の中で、キャリア教育に関連する内容を取り上げるというふうに対応せざるをえなかった。比較的関連が強いとみなされるのは、道徳教育や特別活動、総合的な学習の時間、家庭科教育、社会科教育などであろう。現在の学習指導要領では、「特別活動」の「内容」に「(3)一人一人のキャリア形成と自己実現」という項目があり、小学校版では、「ア　現在や将来に希望や目標をもって生きる意欲や態度の形成」、「イ　社会参画意識の醸成や働くことの意義の理解」、「ウ　主体的な学習態度の形成と学校図書館等の活用」などがあげられている[3]。また、「総則」には、「児童が、学ぶことと自己の将来とのつながりを見通しながら、社会的・職業的自立に向けて必要な基盤となる資質・能力を身に付けていくことができるよう、特別活動を要としつつ各教科等の特質に応じて、キャリア教育の充実を図ること」[4]と記されている。したがって、現状では、特別活動を要としながら、関連教科の中でもキャリア教育を行うことになっている。

　このキャリアの答申が出た段階では、道徳教育はまだ教科化される前であったが、小中学校ではすでに1958年から「道徳の時間」が設置されていた。したがって、それを中学校や高等学校での職業教育や進路指導と有機的につなぐことで、小学校段階からの生き方教育としての指導が可能ではないかと筆者は考えた[5]。当時の学習指導要領（平成10年版）によれば、道徳の時間では、働くということに関連して、「4-⑵父母、祖父母を敬愛し、進んで家の手伝いなどをして、家族の役に立つ喜びを知る」（小学校低学年）、「4-⑵働くことの大切さを知り、進んで働く」（小学校中学年）、「4-⑷働くことの意義を理解し、社会に奉仕する喜びを知って公共のために役に立つことをする」（小学校高学年）、「4-⑸勤労の尊さや意義を理解し、奉仕の精神をもって、公共の福祉と社会の発展に努める」（中学校）などの内容を学ばせるということになっていた[6]。道徳では、勤労という道徳的価値を教えることを前提としながら、同時に、働くことの社会的意義のようなものを取り上げることで、職業観や勤労観を形成しようというような試みが描かれているように思われる。

　義務教育段階であることを想定すれば、就きたい職業についての夢を語るというようなことも意味があると思う。しかし、子どもの頃の夢を追い続けて、それを職業としている人物はいったいどれくらいいるのだろうか。つまり、夢を描いても、さまざまな事情の中で、そのときどきに与えられる偶然の機会をとらえて、自分の好き嫌いや経済的な理由などで、与えられた選択肢の中から１つを選んでいるだけではないのだろうか。心理学の用語で言えば、理想自己と現実自己とのずれを調整しつつ、どこかで妥協せざるをえないという状況である。

　もう一方で、小学校段階では、職業やキャリアに関する情報量が少なすぎて、自己の理想に適合した職業やキャリアをイメージしにくい状況もあるように思う。たとえば、筆者が附属小学校の校長を務めていたとき、６年生が卒業記念誌に将来なりたい職業を記していたが、「パティシエ」と書いた児

童が男女ともに多くて驚いた。副校長や担任らに事情を尋ねると、職業教育の一環として、パティシエを招いて教室でその仕事内容を説明していただいたあと、半完成品のケーキを教室に持ち込み、仕上げを児童らと共に行い、皆で一緒に食べたそうである。その影響があったのではないかとのことであった。そのときの「なりたい職業の一覧」を見ると、パティシエ以外には、両親の職業か、テレビでよく見かけるアナウンサーやスポーツ選手などの職業が選ばれているようであった。小学校段階では、本人たちが自由に選択しているように見えても、けっきょくは、与えられた選択肢から選んでいるだけではないのか。そうだとすると、この段階では、さまざまな職種があるということ、そして、それぞれがどんな仕事内容なのかを知ることがまず重要になってくる。現在では、キッザニアやそれに類する職業体験施設が設置されているが、それでも、地方によってはそうした施設の利用が難しい地域もある。

　そうした施設がなくても、校区に職場体験をさせてくれるような企業があればたいへんありがたい。しかし、小学校での職場体験には難しい一面もある。もちろん、小学生の状態を理解したうえで協力していただける職場があれば、職場と学校が工夫してさまざまな取組を行える。だが、次のような事例を聞いたことがある。ある宿泊施設で小学生に職場体験をさせる際に、子どもたちに接客させるわけにはいかないと判断して、1日中、おしぼりをまるめる仕事をさせた、というのである。筆者は見ていたわけではないので、想像するしかないが、子どもたちにとって、さぞやつまらない体験だったのではないかと思う。もちろんそうした作業も職業上必要なことは理解できるし、そうした作業を体験の一部として取り入れるならわかる。しかし、単純作業の繰り返しのみを体験した子どもは、その仕事に就きたいとは思わないのではないか。こんな面白いことをやっているのだというような体験が入っていなかったなら、教育としては不十分なのではないか。

　だから、学校では、職場情報の提供を増やしたり、子どもたち自身による

調べ学習などを導入したりして、まずはいろいろな職業について、その職業の楽しさも含めたたくさんの情報・知識を与えることを試みるべきであろう。

⑵ 小中学校と高校におけるキャリア教育の違いと継続性

　文部科学省（2023b）には、「「4領域8能力」の表」というものが掲載されている。この表の出所は、国立教育政策研究所生徒指導研究センター（2002）である。そこでは、領域として、「人間関係形成能力」「情報活用能力」「将来設計能力」「意思決定能力」の4つが示され、それぞれの領域の中に、能力が2つずつ、すなわち、「自他の理解能力」と「コミュニケーション能力」、「情報収集・探索能力」と「職業理解能力」、「役割把握・認識能力」と「計画実行能力」、「選択能力」と「課題解決能力」が記されている。さらに、小学校の低学年・中学年・高学年と、中学校と、高等学校で、もう少し具体的に養成される能力や態度も示されている。いくつか例をあげれば、小学校低学年では、「自他の理解能力」として「自分の好きなことや嫌いなことを言う」「友達と仲良く遊び、助け合う」「お世話になった人などに感謝し親切にする」と書かれているし、高校では「自己の職業的な能力・適性を理解し、それを受け入れて伸ばそうとする」と記されている。

　能力論に関しては、他にも、社会人基礎力とか、就職基礎能力とかにも言及されているが、たとえば、先に挙げたような「友達と仲良く遊び、助け合う」というような例を、あえて、職業や就職と関連させて能力論の中で取り扱うという点に少し違和感を覚える。小学校からのキャリア教育の必要性は理解できないことではないが、あえてキャリア教育と言わなくても、たとえば、これまでも道徳教育や学級活動の中で行ってきたことなのではないかと思うからである。道徳教育では、学習指導要領の中で、その教えるべき内容は道徳的諸価値として整理されているが、それらとこのキャリアに関する能力はどのように関連するのだろうか。もちろん、2つ以上の教科で、重なる内容が教えられるということはありうることである。それぞれの教科の視

点で取り上げれば、その事項についての理解も深まることであろう。しかし、道徳教育とキャリア教育は、2つの教科ではない。教科ではないキャリア教育の視点から、教科を横断してそのような教育が必要であることを明示することが強く求められるのではないだろうか。

　また、表の中に記載された具体的な内容に関しても、小中学校では、それほど明確に、職業や就職につながっているとは思えない。むしろ、日常的な生活の中身に関連することのように思われる。しかし、さすがに高校段階では、就職は現実の問題として見えてくるからであろう。前述のような文言のほかにも、「卒業後の進路や職業・産業の動向について、多面的・多角的に情報を集め検討する」というようなことが記されている。だがそうであるとすれば、小中学校におけるキャリア教育と高校におけるキャリア教育との継続性についても、説明が求められるのではないだろうか。小学校低学年における生活指導と、高校の進路や職業の指導とのつながりは、どうとらえればよいのだろうか。

(3)生き方教育

　先ほど、「生き方教育」という表現を用いた。

　小学校学習指導要領では、「第3章特別の教科道徳」の目標の中に、「自己の生き方についての考えを深める」という表現がある。中学校学習指導要領では、同じく「人間としての生き方についての考えを深める」という表現がある。「自己の」と「人間としての」という表現の違いは発達段階の違いによるものであろうと推測される。自己の生き方としてのみ考えられていたものを、さらに広げて人間の生き方にまで拡張することが求められている。とはいえ、自己の生き方と人間としての生き方は、その都度行きつ戻りつ、スパイラル状に精練されていくものだと言えよう。

　高等学校では、道徳科の授業はない。しかし、高等学校学習指導要領の「第1章総則」の中には道徳教育を行うことが記されており、「人間としての

在り方生き方に関する教育」という文言がある。また「第2章各学科に共通する各教科」の「第3節公民」では、「人間としての在り方や生き方についての自覚」という文言がある。高校では、さらに発達に応じて、「在り方生き方」に触れる教育が求められていると言える。「在り方」が高校段階で初めて出てくることを考えると、「在り方」は、「生き方」を支える土台のようなものを意味すると解することができるだろう。

　他方で、キャリア教育に関しては、中央教育審議会（2011）では、キャリアの意味を説明する箇所で、次のように「自分らしい生き方」という表現がでてくる。すなわち、「人は、このような自分の役割を果たして活動すること、つまり「働くこと」を通して、人や社会にかかわることになり、そのかかわり方の違いが「自分らしい生き方」となっていくものである。このように、人が、生涯の中で様々な役割を果たす過程で、自らの役割の価値や自分と役割との関係を見いだしていく連なりや積み重ねが、「キャリア」の意味するところである」[7]。

　働くことをとおして、自分らしい生き方が成立し、それがキャリアと呼ばれるものになっていくとしたら、けっきょくのところ、道徳教育もキャリア教育も、小中学校における教育も高校における教育も、人間としての生き方教育という大きな枠組でくくれるのではないか。職業観や勤労観の形成も、その中の1ステップとしてとらえることができるのではないだろうか。それぞれの国や文化の中での違いはあっても、人にとってまず求められるのは、現在の経済システムの中で、どのように生きていくかであろう。いかに世俗的と批判されようが、食べるためには稼ぐということが必要である。そして、それを基盤として、人間としてどう生きていくかを個々人に考えさせるような生き方教育が求められねばならない。

　さて、2006（平成18）年に改訂された教育基本法の第一条には、「教育は、人格の完成を目指し、平和で民主的な国家及び社会の形成者として必要な資質を備えた心身ともに健康な国民の育成を期して行われなければならない」

と教育の目的が記されている。こうした観点に立てば、学力以前に、人格形成が求められるように思うのだが、現実問題としては、就職の際も学力が問われ、それを証するような学歴が求められたりする。本音と建前にずれがあるように思えて、もやもやした気持ちになるが、本来は、ずれてはいけない部分であろう。ただし、人格も、学力と同様に扱おうとすると、それをどう評価するかが大きな問題となる。

　この問題は、「在り方」や「生き方」の教育についても同様である。望ましい「生き方」を示すことは難しい。どのような職に就いたとしても、人間としての望ましい「生き方」をすべきであろう。しかし、それは、状況に応じて千差万別でありうる。また、「生き方」がさまざまであっても、それを支える揺るぎない信念のようなものとしての「在り方」はより確固としたものとして成立していてほしいが、しかし「在り方」もまた確定したものなどではなく、多様でありうる。生きるために稼ぐというような具体的な生活レベルから、自らの生を輝かせるような生き方をするというような理念的なレベルまで、何層にも重なる生き方を、私たちは成立させなければならない。いや、ときには忸怩たる思いをかかえ、矛盾を感じながらも、多様なレベルにまたがって社会的な役割も担いつつ生きている。教育の視点からは、それを子どもたちにいかに主体的に学ばせるかということが重要なのだと言えよう。

3．道徳教育の視点から

　以前に、あるガソリンスタンドでガソリンを入れてもらった。職場体験学習に来ていた中学生がガソリンを入れてくれたが、とても愛想が悪く、挨拶さえしない。こちらが挨拶しても挨拶を返さない。感じ悪いなと思いながらも、筆者自身が職業柄この近辺の学校にも様々な形でかかわっていたこともあって、「がんばりなさいよ」と声をかけて、スタンドを出た。

　別な機会に、また別なガソリンスタンドの社長と話をする機会があった。

彼も、職場体験の生徒を受け入れているが、職場体験のやり方について憤慨
している様子であった。彼は、「中学校が中学生に職場体験をさせたいのな
ら、きちんと挨拶できるように指導すべきだ」と言う。ガソリンスタンドは、
客商売なんだからお客様に対して挨拶するのが当たり前で、そうしたことま
で職場で指導しなければならないというのはどういうことだ、というのであ
る。数日しかない体験で、そんなことから指導しなければならないのでは、
仕事のことなんかなんにも教えられないし、体験もできないではないか、と
いうのである。

　挨拶もまた、小中学校の道徳科で教えるべき内容である。現行の小学校指
導要領では、[礼儀] として、[第 1 学年及び第 2 学年]「気持ちのよい挨拶、
言葉遣い、動作などに心掛けて、明るく接すること」、[第 3 学年及び第 4 学
年]「礼儀の大切さを知り、誰に対しても真心をもって接すること」、[第 5
学年及び第 6 学年]「時と場をわきまえて、礼儀正しく真心をもって接する
こと」を教えることになっており、中学校学習指導要領でも、[礼儀] とし
て「礼儀の意義を理解し、時と場に応じた適切な言動をとること」を教える
ことになっている。これを見るかぎりは、彼が中学 3 年生だとすれば、9 年
間にもわたって毎年、礼儀について学んできたはずなのである。

　ここにも、本音と建前のずれが見え隠れする。挨拶するのがよいというこ
とは、おそらくほとんどの小学生や中学生は知っている。ただ、恥ずかしい
とか、知らない人だし挨拶しなくてもよいのではないかとか、面倒だとか、
そうした理由で挨拶しないのではないか。これまで、小中学校の道徳授業は
教室の中で座学として行われてきた。具体的な行為や行動の指導ではなく、
これまでは、教材をとおして学ぶことが重視されてきたのである。現在の学
習指導要領では、「道徳的行為に関する体験的な学習等を適切に取り入れる
など、指導方法を工夫すること」と書かれているが、これは、授業の中での
指導方法について書かれているので、せいぜい、役割演技やスキルトレーニ
ング[8]のようなものを授業で使用するということであって、教室や学校を出

ての体験活動を意味しているわけではない。もちろん、道徳教育は、学校の教育活動全体を通じても行うことにもなっているが、指導者がよほど強く道徳教育について意識していないと日常的な生活場面の中で道徳的な指導がおこなわれることはないだろう。こうした点では、道徳教育は、体験を重視するキャリア教育と比べれば遅れをとってきたと言わざるをえない。

4．キャリア教育の視点から

(1)なぜキャリア教育なのか

　なぜキャリア教育が必要なのかということに関しては、中央教育審議会(1999) を見るかぎりは、2つのことが読み取れる。

　1つは、「生涯学習審議会の「学習の成果を幅広く生かす－生涯学習の成果を生かすための方策について－」の答申（平成11年6月）でも指摘されているように、だれもが、社会の中で生き生きと自分を生かすことができるようにするためには、いつでもどこでも学ぶことができ、その成果を生かすことができるような社会でなければならない。そして、自分の本当に望むところを明確な目的意識に基づき主体的に選択できるようになっていなければならないのである」[9]ということである。ここでは、必要に応じて、大学等に入りなおして目的に合致したことを学び直し、主体的に新たな就職先を見つけるということも可能なこととみなされていると言える。

　もう1つは「新規学卒者のフリーター志向が広がり」「新規学卒者の就職後3年以内の離職も、労働省の調査によれば、新規高卒者で約47%、新規大卒者で約32%に達している」ので、「学校教育と職業生活との接続に課題がある」から、「企業等における採用の改善」と「生涯学習の視点に立った高等教育」[10]が求められるということである。このことは、企業から離職する者が多いので、そうならないよう企業の採用を改善し大学の教育を行おうと述べているようにとらえることができる。

　両者ともにもっともな話だとは思うものの、前者は、就職の仕方が多様に

なっていることを前提にしたキャリア教育を求めているのに対して、後者は、従来の「終身雇用」「年功序列」「企業別組合」等の概念によって位置づけられるような日本型雇用を復活させようとしているかのようにもとらえられる。「生涯学習の視点に立った高等教育」にも言及されているので、そこまで強い要求ではないのかもしれないが、少なくとも、国の側に、若者が働かなければ少子化の時代にますます国力が落ちる、というような危機意識があるように感じ取れる。

(2)メンバーシップ型とジョブ型とキャリア教育

　今でも終身雇用や年功序列で経営されている企業組織は多くある。しかし、一方で、転職の情報誌などもたくさんあり、就業、就労に関しては、日本型雇用が少しずつ崩れているように思われる。説明するまでもないが、日本型雇用にみられるようなメンバーシップ型雇用では、組織への帰属意識が強いので、どの職種に就くかよりもどの企業に属しているかが重要だとみなされる。それに対して、仕事内容が前もって定められているジョブ型雇用の場合は、専門性を極めるような働き方が可能になる。転職しても同じ領域での仕事を継続できるからである。ところが、日本で、こういう形の転職をしようとすると、現状では、同じ内容の仕事をする場合でも企業によって収入が大きく変わることになる。大企業と中小企業とでは賃金格差があるからである。同じ人材を、仕事面で共通に評価するような基準が、日本では確立していないからである。こういう社会では、大学等でより高い再教育を受けて専門性を高め、転職しようという気持ちが生じにくい。メンバーシップ型の大企業に勤められれば、その中で職位を上げていく方が得策だと、多くの者が考えることであろう。

　そうした中で、ジョブ型に移行しようとする大企業が存在するのは、そのメリットがあるからである。最大のメリットは、優秀な人材を採用できるということだろう。国際的な競争力を高めるには都合がよいが、逆に、優秀な

人材が引き抜かれやすいということも言える。

　今後ジョブ型へ移行するとなれば、高等教育機関の在り方も変化していくことであろう。つまり、専門性の高い職業教育が求められるからである。中央教育審議会（1999）でも、「採用側は、採用に当たって学生に求める能力・知識・技術を具体的に示し、大学において当該能力等をいかに身に付けさせ、付加価値を高めさせたかを適切に評価した上で採用等を行うべきである。このことが、大学の教育の質の改善に向けての努力を促すことになると考えられる」[11]と述べられている。

　しかし、このことは、高等教育のカリキュラムを実務志向へと振り向けることにつながることはないのだろうか。そのことは、教養教育と研究を重視してきた従来型の高等教育から大きく離れることを意味することはないのだろうか。社会全体がそのような方向へ動き始めれば、それに合わせられない高等教育機関は淘汰されていくということなのだろうか。さらに、その実務志向は、小中学校段階での、どのような職業に就こうとも求められるような汎用的な能力の育成とはどうつながるのであろうか。

(3)資本主義体制の終焉

　キャリア教育の必要性が問われるのは、とうぜん、さまざまな社会の変化に応じてということである。戦後日本の高度経済成長期にみられるような、努力して働けば豊かになれるという夢を語れた時代の職業教育は、先に述べたようなメンバーシップ型雇用からジョブ型雇用への変化が始まっている現代日本のキャリア教育とは違っていて当然であろう。

　とりわけ最近では、資本主義経済そのものの在り方もさまざまに問われている。たとえば、購買意欲をあおり、無駄な消費を促すような資本主義社会の在り方は、けっきょくのところ、限りある地球資源の浪費や、大きな環境破壊にもつながっていると主張する論者もいる[12]。たとえば、現在起こっている温暖化などの気候変動も、人間の生き方そのものが地球環境に大きな負

荷を与えているがゆえであるというようなとらえを元に、地質学的な新しい時代区分として「人新世」というような用語も提案されている[13]。

　以前にもこうした考え方は、エコロジー運動の中に見られたものであるが、現在のこうした発想は、運動というよりも、人々の日々の生活の変化をとらえているような一面もある。たとえば、日本ではさまざまな片付け本が出版されているが、そうした中で、物への執着を断ち切って少ない所有物で生活するスタイルの提案が広く受け入れられている状況を見ると[14]、人々の所有欲が逓減しているかのようにも思われる。こうした事態は、資本主義の経済体制が終わりを迎え始めているのではないかという疑いをも抱かせる[15]。しかし、たとえ、資本主義が終焉を迎えたとしても、別な体制のもとでキャリア教育は続くことになるだろう。キャリアの形成は、人が生きる道筋の形成でもあるからだ。

⑷ウェルビーイングとキャリア教育

　「持続可能開発ソリューション・ネットワーク」が公開している2023年の「世界幸福度レポート」をみると、北欧のフィンランドが第1位である。6年間連続して1位を維持している。ちなみに、日本は47位である。フィンランドは、人口550万人ほどの国であるが、小学校から大学まで授業料は基本的には無料である。フィンランドでは優れた教育を行っているという評価もある[16]。岩竹美加子（2019）によれば、「フィンランドで、ウェルビーイングは権利と並ぶ教育の柱である」とある。

　ウェルビーイングは、古い概念でもあるが、近年では、OECD（2019）から出された「Learning Compass 2030（学びの羅針盤 2030）」によって、改めて教育の文脈における重要性が確認されている。

　古い概念だと述べたのは、それが、思想史上では、古代ギリシャの哲学者アリストテレスが最高善としてとらえたエウダイモニア（幸福）をめぐる議論とつながっていると解されているからである。OECD（2019）では、ウェ

ルビーイングは、個人のウェルビーイングと社会のウェルビーイングの双方に言及しており、個人のウェルビーイングは、11の要因と関連していると言う。その要因とは、①健康状態、②ワーク・ライフ・バランス、③教育と技能、④社会とのつながり、⑤市民参加とガバナンス、⑥環境の質、⑦生活の安全、⑧主観的幸福、⑨所得と資産、⑩仕事と報酬、⑪住居、である。

つまり、ウェルビーイングは、個人の幸せと社会の幸せの双方と関連した「よい状態」を意味しているのである。

内閣府に置かれた教育再生実行会議（2021）でも、「教育再生実行会議では、ポストコロナ期における新たな学びの在り方を考えていくに当たって、こうした課題を解決するためには、一人一人の多様な幸せであるとともに社会全体の幸せでもあるウェルビーイング（Well-being）の理念の実現を目指すことが重要であるとの結論に至りました」[17]と記されており、ウェルビーイングは、現在では日本においても教育において実現すべき理念だとらえられていると言える。

日本では、近年、学校制度そのものも、以前に比べれば柔軟に変更可能になっている部分もあるが、しかしそれでもなお、子どもたちを社会から分断するための装置のように見える部分もある。たとえば、先に言及したフィンランドでは、中学生や高校生もアルバイトができるようだが、日本では、多くの学校で禁止されている。職業について学ぶことが大事であると考えるのなら、社会との接点をもっと増やせばよいのではないか。日本では、まだまだ学校や教室だけが学びの場所だという先入観にとらわれすぎているのではないだろうか[18]。職場体験とは違ってアルバイトならば、お金を稼ぐということも体験できる。いったん関係を遮断しておいて、学校が児童生徒と社会を再度つなぐような試みをしているのだとすれば、なんと無駄なことだろう。

5．おわりに

自分のキャリアを振り返ってみると、中学生までは、理系の教科が好きだ

ったので、理工学系に進学するものと思っていた。パーソナルコンピュータの販売は1970年代後半からなので、まだ目にしたこともなかったが、SFや少年向け科学雑誌などで夢のようなコンピュータの発展が語られてもいたので、そうした領域への関心もあったし、天文学などにも興味があった。しかし、高校段階では、勉学は思うようにいかず、将来も見えない状態でいらいらしながら、学校を欠席する日が多くなっていった。そうした時期に読み漁った人生論や哲学書に影響されて文学部の哲学・倫理学専攻に進学した。大学を卒業する際には、父が新聞記者だったのでその職業に就こうかとも思ったが、思うようにはいかなかった。教員採用試験なども受けてはみたものの、けっきょく卒業後は博士課程にまで進学することになった。博士課程前期課程に在籍していたとき、教育学の講義を聴講したが、高校時代に思い悩んでいたことが思い出されて、言いたいことがあふれてきた。これをきっかけとして、道徳教育を中心にした教育学・教育哲学の研究に取り組むことになった。最終的に就職したのは、37歳のときで、道徳教育を教えるポストに就いた。

　定職に就いたのが遅かったので、それまでにさまざまなアルバイトを体験した。喫茶店やハンバーガーショップや釣具屋の店員、スーパーの値札付けやビラ配り、家庭教師、高校の非常勤講師なども経験した。しかし、筆者自身は、今では、自分が体験してきたそれぞれの職業について何も知らないように感じている。高校の講師は11年間、同じ私立高校に努めたが、授業を担当するだけの非常勤講師なので、11年間勤めても、学級経営などにかかわることはなく、組織の中でのごく一部の仕事しか知りえなかった。他の職業についても同様である。そう考えると、短期間の職場体験は何を学ぶことになるのだろうかと思う。筆者自身はもうすぐ定年を迎える。人生100年時代といわれる現在、まだまだ働かなければ食べていけないように思っているが、自分自身の「キャリア」の学びがうまくいっているとはとても思えない。この段階で、人間としての在り方を固め、これからの生き方を定め、残りの人

生を全うできるかどうかが自分自身に問われているように思う。

　人は、それぞれに、さまざまな興味関心や物事との出合いや人々との出会いを通じて、自らのキャリアを作り上げていく。個人の生き方ということを中心に考えれば、筆者にとってはこうしたことこそがキャリア教育のテーマなのだと思う。

　しかし、一方で、社会的な要請という一面もある。だからこそ、個人のウェルビーイングを目指しながらも、社会のウェルビーイングの実現も目指さなければならない。とりわけ、今後さらに子どもの出生者数が減少し、高齢化社会になっていく日本においては、国内の経済状況の改善にとっても、またさまざまな組織の維持についても、対外的な国力の保持という点でも、社会のウェルビーイングの実現は必要なものである。さらには、国内に限定せずに、地球環境の改善という目的のためにも、社会のウェルビーイングの実現は必要なものである。

　こうした個人的なものと社会的なものをめぐる問題は、道徳教育にも存在する。道徳教育で言えば、個人の資質や能力としての道徳性の獲得が求められるわけだが、その道徳性の中身は、社会で多くの人間が同意できる規範ということを想定せざるをえない。社会的なものを強調すれば、それは価値規範の教え込みになるし、逆にそこを明示しなければ、すべてが個人の自由になってしまい、集団の維持さえ難しいというような事態に陥りかねない。道徳教育においては「個人道徳」と「社会道徳」という用語が使われることもある。人によって定義が異なる概念だが、筆者なりに定義すれば、前者は、個人的で内面的な善悪の基準で、後者は、社会秩序の維持に関する規範である。

　先ほど、中央教育審議会（2011）の「自分らしい生き方」という表現に触れたが、これはほかの文書等でも取り上げられている概念である。たとえば、文部科学省のホームページに、「キャリア教育×Hero」というページがあって、「キャリア教育は、一言で言えば、自分らしい生き方を実現するための

力を育むことです」[19]と記されている。キャリア教育の重要性を広く周知するために作られた、2015年に公開された映画 Hero とのタイアップページだが、一言で言えば「自分らしい生き方教育」だと主張している点がたいへん興味深い。筆者には、道徳教育と重なって見えるからである。しかし、こういう言い方をすると、道徳関係者からは異論が出ると思われる。道徳教育では、道徳的諸価値を教えることが前提となっているからである。自分らしい生き方を取り上げたとしても、それが道徳的諸価値を教えることを前提としていないなら、道徳教育ではないということになる。けれども、道徳的価値を教えない道徳教育は可能である[20]。道徳教育はこの領域を扱い、キャリア教育はこの領域を扱うというよりは、子どもたちにとって必要なことを教える枠組を考えておけばよいのではないだろうか。

　本稿では、キャリア教育と道徳教育を中心にして述べてきたが、関連する諸領域はもっと広いと思う。究極的には、そうした諸領域のすべてに関連しつつ、人間としていかに生きるかという問題を中核に据えるような「生き方教育」が必要だと筆者は考えるが、皆さんはどう考えるだろうか。

注

1　中央教育審議会答申（1999）第1章第2節。
2　中央教育審議会答申（1999）第6章第1節。
3　文部科学省（2017）、p.184。
4　文部科学省（2017）、Pp.23-24。
5　そうした発想で書いたのが、林泰成（2006）、林泰成・白木みどり（2010）である。
6　文部科学省（1998）第3章。この当時も、現在も、道徳教育の内容は、掲載順は変更されているものの、大きく4つの柱に整理されている。当時の学習指導要領では、4つ目の柱は「主として集団や社会とのかかわりに関すること」であった。
7　中央教育審議会答申（2011）第1章1。
8　筆者は、具体的な行為や行動につながるような指導が大切だと考えており、具体的な行為から入る道徳教育の方法として、モラルスキルトレーニングを提案している。林泰成（2013）を参照。

9 中央教育審議会答申（1999）第1章第1節。

10 中央教育審議会答申（1999）第6章。

11 中央教育審議会答申（1999）第6章第2節。

12 ヒッケル（2023）を参照。

13 この概念は、日本国内では、斎藤幸平（2020）によってよく知られるようになった。

14 一例を挙げるなら、やましたひでこ（2020）。他にもミニマリスト系列の片付け本もあるが、多くの書物では、片付けるだけではなく、生き方の構えのようなものが説かれている。キャリア教育の中にもそうしたものを含めたいと筆者は考えるが、間口を広げすぎと言われるだろうか。

15 たとえば、水野和夫（2014）を参照。

16 たとえば、岩竹美加子（2019）、（2022）を参照。

17 教育再生実行会議（2021）p.1。

18 文部科学省（2023a）では、かならずしも学級に戻すのではない形での不登校支援機能の強化などが謳われているし、不登校特例校（学びの多様化学校）では、学習内容の削減なども可能になっているので、少しずつ多様な対応へと状況は変化している。

19 https://www.mext.go.jp/career_hero/index.htm

20 ここでは、その内容の説明は省くが、たとえば、林泰成（2022）を参照。

引用文献

中央教育審議会　1999　初等中等教育と高等教育との接続の改善について（答申）（平成11年12月16日）。

中央教育審議会　2011　今後の学校におけるキャリア教育・職業教育の在り方について（答申）（平成23年1月31日）。

林泰成・白木みどり　2010　人間としての在り方生き方をどう教えるか―小中高12年間を通した道徳教育・キャリア教育　教育出版。

林泰成　2006　道徳教育からキャリア教育へのアプローチ　三村隆男　2006　キャリア教育と道徳教育で学校を変える！　実業之日本社　Pp.15-20。

林泰成　2013　モラルスキルトレーニングスタートブック　明治図書。

林泰成　2022　道徳的価値の理解と道徳的価値観の形成　日本道徳教育学会　道徳と教育　341号 Pp.89-92。

ヒッケル　2023　資本主義の次に来る世界　東洋経済新報社　(Hickel, Jason 2021 *Less is more* Windmill Books)。

堀内都喜子　2022　フィンランド　幸せのメソッド　集英社。

岩竹美加子　2019　フィンランドの教育はなぜ世界一なのか　新潮社。

岩竹美加子　2022　フィンランドはなぜ「世界一幸せな国」になったのか　幻冬舎。

国立教育政策研究所生徒指導研究センター　2002　児童生徒の職業観・勤労観を育む教育の推進について（平成14年11月）。

教育再生実行会議　2021　ポストコロナ期における新たな学びの在り方について（第12次提言）（令和3年6月3日）。

水野和夫　2014　資本主義の終焉と歴史の危機　集英社。

文部科学省　1998　小学校学習指導要領　文部科学省。

文部科学省　2017　小学校学習指導要領　文部科学省。

文部科学省　2023a　Cocolo プラン　文部科学省。

文部科学省　2023b　小学校キャリア教育の手引き　実業之日本社。

OECD　2019　Learning Compass 2030

斎藤幸平　2020　人新世の「資本論」　集英社新書。

Sustainable Development Solutions Network（2023）*World Happiness Report 2023*
https://worldhappiness.report/ed/2023/

生涯学習審議会　1999　学習の成果を幅広く生かす―生涯学習の成果を生かすための方策について―（答申）（平成11年6月9日）。

やましたひでこ　2020　1日5分からの断捨離　大和書房。

米国と日本における私の人生とキャリアの旅

ダリル・T・ヤギ

翻訳：三村隆男、高野慎太郎

1．はじめに

　本稿は、日系三世である私のカリフォルニアと日本における人生とキャリアの旅を描くものです。みなさんご存知のように、キャリア教育やキャリア発達は生まれたときから始まり、生涯を通じて死ぬまで続きます。私の旅に関する話を始めるまえに、歴史と文化について簡単に触れておきましょう。

2．日系アメリカ人の誕生

　グローバリゼーションや人口移動は、個人、社会、経済、そして政治的な営みにますます重要な影響を与えようとしています。それはもちろん、私個人の旅にも同様の影響を与えています。移民国家と言われるアメリカ合衆国では、様々な国からの移住が続き、そうした人々は新しい生活、よりよい生活を営み始めます。日本からの最初の移民は労働者でした。その後、西海岸、つまり、ワシントン州、オレゴン州そしてカリフォルニア州に定住し、農場や果樹園を切り拓き、漁業を営み、小さなビジネスを始めるなど、様々な仕事に従事してきました。

　ご多分に漏れず私の祖父も、広島からカリフォルニア北部に移住しました。1900年代初頭のことです。祖父を含めた当時の日本人は、農民として働くことしか知りませんでした。農業が唯一の生涯キャリアだったのです。ただ彼らは、農業の知識や技能ばかりでなく、強い職業倫理や仕事への辛抱強さを新天地に持ち込みました。

　英語や米国の知識もろくに知らずにやってくるとは、彼らはなんと無謀な冒険を行ったのでしょうか。様々な困難を乗り越え、祖父も含めた最初の日本人開拓者である移民一世は、新天地で仕事を見つけ、新しい故郷で家族を作っていきました。当時の日本は大家族制でしたが、私の父は10人の兄弟姉妹の長男で、母親は10人の子どもの末っ子でした。

　父は農業で生計を立てました。高校生の時に母を亡くした彼は、一家を支えなくてはならなくなったのです。小学生だった一番下の妹は広島に帰国する叔父夫妻に預けられ、広島で育てられました。母の父親も、母が小さい時に亡くなり、長兄と母親が残りの 9 人の子どもを育てました。子どもの無い夫婦が、そのうち一人を養子として引き取りました。食事や医療が十分でなかった当時、大家族を養い、食べさせていくことがいかに困難であったかは容易に想像されます。家系を絶やさないように養子をとるといった日本の風習は、必ずしもカリフォルニアでは一般的ではありませんでした。父の母は、グロサリー・ストアと日本式の銭湯を営んでいました。

　仕事熱心な一世はこうした分野をはじめ様々な仕事に従事し、子どもたちは学校に行き、家族みんなで家計を支えたのです。私の両親は二世ですが、日系アメリカ人として体験する教育、職業、友人関係を通じて、社会に同化していきました。二世の多くは、バイリンガルであり二つの文化を背負っていました。当時の米国の法律によって米国籍取得が叶わなかった一世は、日本語学校や仏教寺院をはじめとする日本文化を継承する活動を継続していました。そのため二世は、日本語、仏教的信条、文化や伝統を維持することができ、大学や専門的な職業分野に関わる仕事につくことができたのです。

3．日米開戦と日系アメリカ人の収容所生活

　一世とその子どもたちにとって、予期せぬ、とてつもない出来事の発生が、その歴史と人生を一変させました。1941年12月 7 日、日本は真珠湾を攻撃し、フランクリン・デノラ・ルーズベルト大統領は12月 8 日に日本に宣戦布告。

この日は「屈辱の日」と名付けられました。

　1942年2月19日、ルーズベルト大統領は大統領令9066号（通称：防衛のための強制移動の権限）にサインしました。米国籍を取得している7万人の日系人を含む12万人の日系人に対し、フェンスで囲まれ軍隊に警備された10ヶ所の収容所への移動を命じたのです。タール紙の壁で作られたバラック建ての建物という劣悪な生活環境でした。米国政府からはこれといった罪状が示されず、法律の正式な手続きもなく収容された日系人は、人間として、また市民としての自由、家庭、財産、仕事、さらには貯えもが奪われたのです。

　これらの収容所はさながら小さな町のようでもありました。政府から医療、食事の供給があり、教育施設の提供がありました。成人は一か月につき12〜19ドルで収容所の仕事を提供され、収容された人たちは医療、教育や支援サービスを互いに提供し合いました。

　収容された人たちの中には、医者、看護師、歯科医、薬剤師などのヘルス・ケアの専門職の人たちがいました。小学校、中学校や高校の教師や、教室で支援員をやっていた人もいました。僧侶、郵便配達人、芸術家、写真家、農業従事者、大工、秘書経験者、貿易や通商分野での仕事に従事していた人たちなどが収容所の生活を補い合い維持し合ったのです。父は床屋として働き、月16ドルを稼いでいました。

　1943年9月23日、カリフォルニア州とオレゴン州の州境にあるツール・レイク収容所兼隔離センターで、私の旅が始まります。有刺鉄線の内側で収監されている18000人の人たちに囲まれて私は生まれ、人生を歩み始めました。

4．戦争の終結と学校生活

　戦争が終結し、1945年の末までには、収容されていた人たちは解放されました。私の家族はカリフォルニア州の首都サクラメントに戻り、他の家族と狭い住まいを共有しました。ジャパン・タウンにある二つの椅子を備えた床屋で、父ともう一人とで床屋を営んでいました。そこは、日本人が商売をし、

店舗や住居を所有している小さな共同体だったのです。当時は、人種差別や偏見が依然として残っており、通常のコミュニティで商売や居住をすることは困難でした。小学校の時、家族は町の中に小さな家を持つことができ、そこに移り住みました。

　成長期には、私は学校の友達とあまり変わらない時間を過ごしました。近くの小学校に通いましたが、クラスは様々な人種からの児童で構成されていました。一方、中学校は、ほとんどが非ヒスパニックであるうえ、アジア系、アフリカ系、ヒスパニック系の生徒はごく少数でした。対照的に高校は、3000人の生徒がいる多文化社会で、ほぼ同数のヒスパニック系、アフリカ系、アジア系、そして非ヒスパニックのアメリカ人がいました。学校生活を通して、私は生徒会と運動部の活動に打ち込みました。

　小学校では、自分と異なる民族性を持った級友から多くの文化を学びました。4年生の社会科の授業ではアジアに焦点が当たり、日本が題材となりました。それが日本について学んだ最初の機会でした。中学校には日本と同じようにクラスがありました。クラスでは職業検査を受け、担任の先生が検査結果を生徒に教えてくれました。その時初めてキャリア教育に携わるきっかけを得ました。高校はトラック・システム（コース制）の授業でした。大学進学と就職の二つのトラック（コース）です。生徒はそれぞれのトラックに所属し、主に試験の成績が重視されました。1948年から1961年が私の学校生活にあたり、幼稚園から12年生までをカリフォルニアで過ごしました。

　カリフォルニア大学バークレー校の学部を卒業した後、カリフォルニア州立大学チコ校に進学しました。チコ校はカリフォルニアで二番目に古い大学で、教師教育が行われていたため、教員にはなじみのある大学です。サクラメントから北に140キロのところにあります。この大学で、スクール・カウンセラー、及び、スクール・サイコロジストとして3年間の教育実習とインターンシップを行い、カウンセリング心理学の修士号、そして小学校と中学校の教員証明を与えられました。

5．スクール・カウンセラーとしてのキャリア

　大学のキャリアセンターでは、ジョブフェアや教員リクルートが行われていました。私の最初の雇用者は、サンフランシスコから72キロ北、ソノマカウンティのペタルマ学区にある小学校でした。生徒数1600人の小学校のスクール・カウンセラーとしてキャリアを開始しました。1968年のことです。カリフォルニアを除いて、まだその頃は米国にはスクール・カウンセラーはほとんど存在しませんでした。

　私がこの職に就くきっかけはいくつかありました。学校で指導的立場に立ったり、子どもたちのスポーツのコーチ役をしたり、仏教の寺院で日曜学校に参加したりと、さまざまな経験をしていました。私のキャリア形成はこうした経験に大きく影響されました。とりわけ私は人に興味があり、人を助けることが好きでした。心理検査を使って人を助けたいと強く思っていました。また、小学校のスクール・カウンセラーから仕事を始めることによって、子どもの成長と発達過程、思春期の成長と発達の段階、そして、小学校、中学校、そして高校に至る学校制度をよく理解し、知ることが出来るのではないか。私はこのようにも考えました。

　米国におけるスクール・カウンセリングには、①児童生徒の学習の発達、②キャリアの発達そして個人的、③社会的発達の三つの領域があります。大部分の学校ではスクール・カウンセラーは常勤です。スクール・カウンセラーは児童生徒のキャリア教育やキャリア発達の中心的な役割を果たします。私のスクール・カウンセラーとしての哲学は、「どんな児童生徒にも近づき暖かく接する」ということです。それは児童生徒にこちらから近づき、関係をもち、成長やキャリアにおいて可能性を十分に発揮できるように元気づけることなのです。キャリアに関する検査の場面で、私は教師とカウンセラーの両方の役割をよく担ったものです。私は教育現場に足場をおいたうえで、スクール・カウンセラーのプラットフォーム的な役割を担いました。そのた

め、幅広い視点から人々に寄り添うことができたのです。小学校のスクール・カウンセラーの仕事をしている間に、結婚・家族計画セラピストの資格をとり、学校管理職になる試験に合格しました。

6．初めての日本での生活

　小学校のスクール・カウンセラーになって3年目に結婚して職を辞し、夫婦で京都に移り住みました。当時はほとんど日本語も話せず、日本の文化や生活の知識も大変少ない状態でした。日本に来た目的は、自分たちのルーツを探り、文化と遺産について学びたかったからです。私としては、現在の自分や私自身が持つ感覚をよりよく理解するため、深いところで日本に由来しているはずの自分の過去を理解したかったのです。1970年代のことです。

　京都では日本語や日本の芸術を学び、英語を教え、典型的な日本社会の中で生活しました。京都市立カウンセリング・センターでカウンセラーとして、民間の葵橋ファミリー・クリニックではサイコセラピストや教師として非常勤で仕事をしました。日本でのキャリアはここから始まり、今でも続いています。心理学における自らの立ち位置を理解するため、臨床心理学者の河合隼雄博士からユング派分析心理学を学んだことも、興味深い思い出です。

7．米国でのスクール・カウンセラーのキャリアの再開

　京都で4年以上過ごした後、カリフォルニアに戻りペタルマにある中学校でスクール・カウンセラー及び心理学職としてのキャリアを再開しました。妻もサンタ・ローザにある大きな保険会社の経営アシスタントとしてのキャリアに戻りました。中学校で勤務している間、商工会議所と連携したキャリア教育のメンター／プロテジェ・プログラムを始めました。このプログラムでは、関心のある中学生が商工会議所のメンターとペアを組むのです。子どもたち（プロテジェ）は放課後にメンターの指導のもとで週に一度から月に一度程度、ジョブ・シャドウイングやインターンシップを行うのです。

　中学校で2年間働いた後、ペタルマの高校のスクール・カウンセラーとして27年間仕事をしました。高校ではキャリア発達やキャリア教育の分野のカウンセラーとして2003年にヘルス・ケア・パスウエイを始め、その後、他のキャリア・パスウエイへと広がっていくきっかけを得ました。ヘルス・ケアをパスウエイとして始めたのは、その高校があるソノマ郡では健康に関する職業人が少なく、高いニーズがあるという調査結果に基づいたものでした。高校生がヘルス・ケアの仕事への準備ができている必要があったのです。

　ヘルス・ケア・パスウエイを簡単に説明しますと、ヘルス・ケアの仕事に就いてみたいなと思った33人の高校生が、健康関連の職業に関連づけて授業を行う英語、社会科学、科学の共通の教師による学習集団に身を置き、学習を進めるのです。もちろんそれ以外の授業もとります。パスウエイでは、英語、社会科学、科学の三人の教員は33人の生徒とのラーニング・コミュニティを形成します。教師たちはヘルス・ケアの様々なキャリア（職業）と自らの教科を統合し、健康にかかわるキャリアにおいて教科における知識が重要であることを示すわけです。先行的に行われたヘルス・ケア・パスウエイは、その後に長年にわたって実践されました。ジョブ・シャドウイングやインターンシップのプログラムを含んだこのパスウエイは、コミュニティ・カレッジへの進学にも繋がっていきました。

　この間、夏季休暇中には、サンタ・ローザ・ジュニアカレッジで非常勤カウンセラーとして学生の就職支援を行い、ソノマ州立大学では非常勤講師として、スクール・カウンセリングや結婚と家庭のカウンセリングに関して、大学院の夜間講義を担当しました。

　高校のカウンセラーとして過ごした年月は、私のキャリアの大部分を作り上げ、もっとも創造的で豊かなものでした。1年間学校から離れ、カリフォルニア州教育省の訪問教育官として仕事をしたこともあります。キャリア・コンサルタントと一緒にキャリア教育における訓練プログラム（「学校から仕事/キャリアへ」）のマスター・トレーナーとして活動したのです。

　加えて、アメリカスクール・カウンセラー協会キャリア・ガイダンス委員会の座長を依頼されました。キャリア・ガイダンス委員会で座長の役目を果たし、大学入学試験の開発を主宰し、進学や就職のための情報を提供する非営利組織 the Council on Access Services committee for the College Board の議長となりました。このキャリアの旅で私は、アメリカ・スクール・カウンセリング協会、及び、アメリカ・カウンセリング協会の人権委員会の議長として社会正義を訴えることにもなりました。

　カウンセラーとしての高校でのキャリアの中で、カリフォルニア州知事が私を Commission on Teacher Credentialing（CTC）の一人に指名しました。この機関は、カリフォルニア州政府の重要な機関の一つです。CTC は公立学校における教員や特別支援学校教員、教育管理職、学校保健師、スクール・カウンセラーといった教育人材を育成するための期間であり、さらには、カリフォルニア州の教育に携わる職業の免許や資格などの州基準を策定する機関でもあるのです。

8．日本におけるスクール・カウンセラー制度の開始

　私の人生とキャリアの旅における大きな出来事は、1995年に、後に文化庁長官となる河合隼雄先生の指導のもとで、スクール・カウンセラー・パイロット・プログラムがスタートしたことです。そこで米国のスクール・カウンセリングが一つの参照先となったのです。それで、日本からの教育者や大学教員の一行が1995年の3月にジョージア州アテネにあるジョージア大学に集結しました。私はそこでスクール・カウンセリングの支援や学校訪問のお手伝いをしました。この訪問で、国立精神・神経センター精神保健研究所、児童思春期精神保健部長の上林靖子先生に会いました。先生は同じ年の1995年夏、市川市教育委員会で、児童生徒対象のメンタルヘルス・カウンセリングについて講演するように依頼してきました。ちょうど私は妻と結婚25周年を記念して日本を旅行している間でした。日本を離れてから20年の歳月が経過

していました。

　市川市教育委員会での講演のあと、上林先生は私に、日本に戻りスクール・カウンセリングの研究をするよう依頼し、科学技術庁の助成金を獲得してくれました。少しの休暇を取った後、私は1996年に日本を再び訪れ、研究を始めました。その結果として、スクール・カウンセリングに関する最初の書籍『カウンセリング入門』（勁草書房）が1998年に出版され、2000年には第二刷が出ました。本書では、キャリア教育やキャリア発達については触れていません。本書が目指したものは、スクール・カウンセリングとガイダンスにおける個人的／社会的領域を扱うことでした。その後毎年、教員、養護教諭、大学教授、臨床心理士、スクール・カウンセラー、メンタル・ヘルスの専門家などが日本からカリフォルニア州のソノマ州立大学にやってきて、そこで私は一週間の研修を組み立て、学校や専門機関の視察を調整しました。

　夏の間、上林先生と国立精神・神経センター精神保健研究所に招かれ、講演やワークショップを実施しました。カリフォルニア州立大学ソノマ校を訪問したいくつかの学校や大学から招かれ講演をしました。米国の学校には夏休みが2〜3か月あるため、日本でこうした機会を持つことができたのです。

9．日本キャリア教育学会（旧日本進路指導学会）との出会い

　2004年には夏季休暇を含めた半年の休暇をとったのち、兵庫教育大学の学校教育研究センターに招かれて教員のカウンセリング技能についての研究を行い、教員対象のカウンセリング技能研修の日本語出版物とビデオを作成しました。これらはみな、同大学教授の古川雅文先生のお招きによるものです。この間、東京の東洋大学で開催された日本進路指導学会（現、日本キャリア教育学会）第26回研究大会に招かれ、米国のスクール・カウンセリングとキャリア教育について講演をしました。現在は上智大学を退職された中野良顯先生が通訳を務めました。学会では新潟県立高田商業高校（当時）の内藤研一先生が、上越教育大学（当時）の三村隆男先生やほかの日本進路指導学会の

先生を紹介してくれました。

　2005年に夏季休暇を含めた三か月の休暇をとり、中央大学の横湯園子先生の招きで、同大学附属の杉並高校でピア・カウンセリング・プログラムの開発に際して、横湯先生や大学院生への指導や助言を行いました。私の背景にあるピア・カウンセリングやピア・サポートの経験により、高校のピア・カウンセリング・プログラムの開発に貢献でき、のちに、2010年に出版された横湯先生の『ピアカウンセラー養成プログラム─自分がわかり、人の話がきける生徒に』（かもがわ出版）の一つの章を執筆することになりました。短い期間でしたが、横湯先生の許可を得て上越教育大学の三村先生のところで、いくつかの講演とキャリア教育ガイドラインの英訳に携わりました。

10. スクール・カウンセラーを退職し、兵庫教育大学特任教授に

　2006年6月にカリフォルニア州のスクール・カウンセラーを退職し、2007年に特任教授として兵庫教育大学に新設される教職大学院に招かれました。そこでは、特別支援教育やオルタナティブスクールをはじめ、学校におけるカウンセリングとガイダンス、そしてキャリア教育やキャリア・カウンセリングの経験が活かされました。私は二度目の修士を特別支援教育で取得しました。学習障害における重症心身障害に関する教員証明を持っていたためです。日本キャリア教育学会の会員の皆様や、古川先生、三村先生のおかげで、2007年から2011年の4年間を過ごした兵庫教育大学では、私のキャリアの旅の中では高度に専門的で、豊かで実り多い日々を送ることができました。

　日本における4年間の大学教員としての日々は、期待を上回るたくさんの出来事が起こりました。このキャリアの旅で香港、韓国、ラオス、カンボジア、ベトナム、そして中国で講演の機会を得ました。それに加えて、イタリアとフランスのIAEVG（国際キャリア教育学会）の国際大会においては、日本のキャリア教育やキャリア発達を題材としたワークショップの機会を持つことができました。

　キャリアセンターで働いている方はご存知のように、学生たちにキャリア
センターを利用することの有用性を理解してもらう必要があります。兵庫教
育大学の新しいキャリアセンターでは学生たちをセンターに呼び寄せ、教師
やそれ以外の仕事への就職を支援する新しい考え方や方法を紹介しました。
大学のキャリアセンターの機能について学ぶため、米国とヨーロッパの国々
を2つの小さなワーキンググループで訪問しました。私は、米国のキャリア
センターを訪問する支援をしました。スタンフォード大学のキャリアセンタ
ーを訪れた際には、ジョン・クランボルツ博士と面会して話す機会を得まし
た。私は、ジョン・クランボルツ博士とノーマン・ガイスバース博士とは知
己であり、キャリア発達理論やキャリア教育について議論をしましたが、一
緒に仕事をする機会を得ることはありませんでした。しかし、キャリア発達
理論のリーダーの一人であるハリィ・ジェラット（H. B. Gelatt）博士とは、
いくつかの研究プロジェクトで直接一緒に仕事をしました。

　日本では、私自身のキャリア発達に影響を与える何人かの人に会いました。
ある時、インドネシアから来た当時のアジア地区キャリア発達学会
（ARACD）会長であったスルヤ博士が、ARACDと日本キャリア教育学会と
の連携について東京で会合をもったことがありました。そのときに、三村先
生と一緒だった佃直樹先生にお会いしました。関西大学教授の川﨑友嗣先生
は、日本のキャリア教育やキャリア・デザインについて学ぶ支援をしてくだ
さるとともに、様々なセミナーや大阪の高校のキャリア・コンサルタント・
プロジェクトを私に紹介してくれました。奈良教育大学の川﨑智恵先生は、
キャリア教育における教員の役割の理解を助けてくれました。その他名前が
多すぎて感謝しきれませんが、キャリア教育、キャリア・カウンセリング、
キャリア発達について、私の理解を促進してくださり、また、日本の学校や
機関を訪問する機会を与えてくださった方々がたくさんおります。

　兵庫教育大学でキャリア教育を教えていた時のハイライトのひとつが、シ
ンポジウム「日米のキャリア教育―学校と仕事／キャリアをつなぐ」です。

労働政策研究・研修機構の上級研究員の下村英雄先生が私を招き講演の機会を与えてくれたのでした。そこでの話は、学校を地域の共同体や事業を結び付ける、学校の幅広いアプローチに関するものでした。講演後のシンポジウムでは、日本の訪問団としてソノマ郡に渡りキャリア教育を学んだ小境幸子先生が登壇し、どのように学校が地域社会と結びつくかについて発言しました。日本キャリア教育学会の名誉会長である仙崎武先生とお会いし楽しい時を過ごしたことも忘れられません。先生のお宅に招かれ、日米のキャリア教育について議論できたことは大変光栄なことでした。

　文化や遺産が私に与えたものを日本にお返しすることが私の長年の夢でした。国立精神・神経センター、兵庫教育大学、日本キャリア教育学会は、日本のスクール・カウンセリング、キャリア教育そしてカウンセリングに貢献する機会を与えてくれました。心から感謝に堪えません。

　そしてまた、こうして私の人生とキャリアの旅を振り返るとき、いまは亡き先生方の魂に哀悼の意を捧げずにはおられません。私の旅を導いてくださった3人の先生方はスルヤ先生が2018年11月、川崎友嗣先生が2020年6月、仙崎武先生が2020年10月に、ご自身のキャリアを全うされ、天に旅立たれました。ここに心から哀悼の意を表するとともに、ご冥福をお祈りいたします。

11.　日米間でのキャリア教育研究における連携

　2011年にカリフォルニアに戻るとすぐ、京都の私立女子高校と南カリフォルニアの大きな統合学校区との学校交流を開始し、それを継続することが私のキャリア・パスウエイとなりました。この日本の高校が開発したプログラムでは、南カリフォルニアでのホームステイが行われます。12年生（高校3年生）の生徒が南カリフォルニアの4つの高校のうちのひとつを訪問し、自分たちのキャリアやゴールに関係するキャリア・パスウエイに所属する機会を持つのです。この仕事は2014年まで続きました。

　また、編集者からの依頼で、三村隆男先生と私で日本のキャリア・カウン

セリングというタイトルで一つのセクションを共著で執筆しました。これは、2013年に出版されたアジア太平洋地域のカウンセリング・ジャーナルに収録された「アジアの国々におけるキャリア・カウンセリング」という特別な章の一部となりました。執筆にあたっては、日本キャリア教育学会、日本キャリア開発協会、日本マンパワー、日本産業カウンセリング学会、そして、進路指導教員、キャリア・コンサルタント、キャリア・カウンセラー、産業カウンセラー、キャリア関連の実践者たちの組織に掲載の許可を得ました。

　2015年、つくば市で開催された IAEVG 研究大会では、ARACD と JSSCE（日本キャリア教育学会）の共催による JILPT（労働政策研究・研修機構）の特別なイベントとして、アジア 4 か国からのキャリア教育のプレゼンテーションに対するモデレータ及びコメンテーターの役割を果たすことができました。これは下村英雄先生の招きで実現したことです。研究大会では、下村先生をはじめ、愛知教育大学（当時）の京免徹雄先生にお会いすることができ、また筑波大学教授の藤田晃之先生との念願の再会、そして古川先生にお会いすることもできました。

　2017年にソウルで開催された ARACD 大会では、各国のキャリア教育や若者たちへの職業訓練について、東南アジアの国々からのカントリー・レポートの発表に対するモデレータ、コメンテーターとして貢献することができました。また、三村隆男先生のお導きで上越市のキャリア教育に関する研究が始まり、それは2022年に『多様化する学校：シンガポールにおける教育革新の組織的推進』という書籍に「日本の上越市における優れたキャリア教育の諸実践」という特別な章を共著で執筆するかたちで公表されました（Mimura & Yagi, 2022）。国立教育政策研究所の主任研究官の宮古紀宏先生とは「日米オルタナティブ教育比較」という論文を共著で書きました。それは、2018年初頭に『カリフォルニアの少年裁判所、地域、オルタナティブ学校管理職紀要』に掲載され出版されました（Miyako & Yagi, 2018）。

　キャリアの旅は終わることなく展開を繰り返していきます。その具体的な

場面には、小学校、中学校、高校、コミュニティ・カレッジ、大学に対する視察の要請、地方の学区、ソノマ郡教育研究所、カリフォルニア州教育省の職員との面談、及び地域基盤の組織や、非営利組織の人々との面談など、キャリア教育やキャリア発達についての具体的な学びを求める声があります。

12.　むすび

　私の人生とキャリアの旅は岐路に立っています。有名な俳優のロバート・レッドフォードはこう言いました。「キャリアを生き、常に前進し続ける人生を歩むと、ある地点に到達する」。さらに彼は続けて、「前進することは引退することを意味しない」と言っています。振り返ってみると、私のキャリアには3つの段階があるように思えます。これは私の造語ですが、「生きるために働く段階」、つまり、自分と家族を養う段階、そして「働くために生きる段階」、自分の情熱を見つけ、それに熱中する時期、そして「生きるために生きる段階」、単に生きるのではなく、自分自身を超えた真に意味のある人生を生きる段階の3つです。

　私の人生とキャリアの旅は、それぞれが排除し合うものでなく、折り重なって一つになっています。本稿では、カリフォルニアと日本におけるキャリア教育やキャリア発達と、私自身の関りや貢献についてお話してきました。私の人生とキャリアの旅を通して、皆さんはそこに共通したテーマを読み取られるでしょう。つまり、日本文化や日本の遺産と、私が結果的に到達することになった私自身のあり方や専門性とのあいだにある関係性です。それは分かちがたく結びついているのです。

　キャリアの旅を続けるなかで、人生の岐路に私を導くのは、相互依存的な無数の原因と条件です。私という人間は、人生におけるすべてのものと相互にリンクし、つながり合い、関係し合っています。そのなかでも重要な人物のひとりが三村隆男先生です。私は三村先生と20年にわたり、日本、カリフォルニア、そして世界中で共に働く機会を与えられました。私たちはカリフ

ォルニアや国際的な学会で共同発表し、日本では学術論文を共著してきまし
た。彼の存在と協力によって、私のキャリアと人生の旅がより充実したもの
になったことに感謝します。

　三村先生が日本のキャリア教育における教育、研究、指導者としての仕事
から引退されるにあたり、引退後には、個人的な興味や趣味、最愛の奥様で
ある景子さんとの時間、ご家族やご友人との時間など、充実した引退生活を
送られることを祈っています。間違いなく、彼は今後もキャリア教育の分野
で何らかの形でリーダーシップを発揮していくことでしょう。私たちの友情
と同僚としての関係が、彼の引退後も、そしてその先も続きますように。

文献

Miyako, Norihiro & Yagi, Darryl Takizo（2018）A Japanese Educator's Perspective: Journey to Learn Alternative Education in California and its Contrast to Alternative Education in Japan, *Juvenile Court, Community, and Alternative School Administrators of California Journal*, vol. 31, pp. 27-31.

Mimura, Takao & Yagi, Darryl Takizo（2022）Exemplary Career Educational Practices of Joetsu City in Japan, *Diversifying Schools: Systemic Catalysts for Educational Innovations in Singapore*,（Hung, D., Wu, L. and Kwek, D.（eds.））, Springer, pp. 283-301.

注記

　本稿は、2018年に日本キャリア教育学会第40回研究大会において語られた基調講演
My Life and Career Journey in the US and Japan を基盤としている。講演原稿は三
村隆男先生の翻訳により『早稲田キャリア教育研究』第10巻（早稲田キャリア教育研
究会、2019）に掲載され、その後『キャリア教育』第28巻第1号（日本キャリア教育
学会、2019）に採録された。本書への収録にあたり、著者による全面的な修正と加筆
が行われた。加筆・修正部分の翻訳は、本注記を著している高野慎太郎の責による。

日韓横断キャリア教育の旅：縁の広がり

キム・ヒョンチョル

1．韓国キャリア教育の革新からの縁と学びの旅

　2009年、韓国では、日本の学習指導要領にあたる国家教育課程の改正（「2009 改正教育課程」と呼ばれる）が行われ、2010年から、日本の「総合的学習の時間」にあたる「創意的体験活動」という非教科課程が始まった。「創意的体験活動」は、自立活動（日本の特別活動にあたる）、クラブ活動、奉仕活動、進路活動という4つの活動に分けて学校ごとに実施する仕組みで、「2009 改正教育課程」以前の教育課程と比べて最も違う点は、それが義務になったということである。それ以前、韓国のキャリア教育は、進学指導が中心となり、キャリア教育を改善しようとした試みは、ほとんど効果を持たなかった。「創意的体験活動」の導入が、大きな転換点となった。何より全ての中高にキャリア教育を担当する進路進学相談教師を配置するという政策の影響が大きかった。この政策が、私と三村先生との出会のきっかけとなった。

　韓国の教育部は、できるだけ早いうちに、中学校と高等学校にキャリア教育を担当する教師を配置するために、さまざまな教科を教える教師が600時間のキャリア教育の研修を受けると、キャリア教育担当教師としての副専攻を認め、進路進学相談教師資格をも認め、中高に配置する政策を進めていた（現在は、教育大学院の修士課程を通じた資格認定も行なっている）。この時、韓国青少年政策研究院も進路進学相談教師の養成事業に参加し、中学校や高校の教師や校長向けの研修会を行った。研修会は、各地域を巡回して行われたが、2012年ごろ、慶尚南道という地域で行なった校長向けの研修会で私の講義が終わった直後、呉（オ）という高校の校長が私に近づき、三村先生を紹介し

てくれた。私は、三村先生に連絡をとり、日本のキャリア教育への最初の旅に出ることになった。

　旅は、東京都の中学生職業体験推進協議会の視察から始まった。この協議会は、まさに三村先生のおかげでないととてもできない体験であった。その東京都の担当者へのインタビューから都の施策を学び、「キャリア・スタート・ウィーク」の地域事例として視察した東京荒川区立諏訪台中学校や第三中学校の「勤労留学」からは、施策が現場でどのように実現できるかのカギがわかってきた。単なるプログラムではないということであり、校長のリーダーシップや学校組織の変化そして地域との連携などの体系的なアプローチが必要であるということである。いわゆる「地域の教育力」を高めることであるが、上越市を視察した時、初めて耳にした「地域の教育力」という言葉は、現在、韓国教育部の「教育革新地区事業」の目的としても使われていることは、とても不思議なことである（残念ながら、現在の政権は、「教育革新地区事業」の予算をほとんど削減している）。

　上越ならでの「キャリア・スタート・ウィーク」である「夢チャレンジ」の視察は、強く印象に残っている。地域コミュニティ・スクール政策の一環として捉えるだけでは語れない地域の強さを感じた。「上越カリキュラム」という伝統がどこから生まれてきたのかわからないが、教育委員会の皆様や先生たちと出会った感じた熱情や伝統は、言ってみれば、「上越物語」といえようか。その後、大田区職人町の視察では、職人文化と中学生職業体験事業との遭遇による「地域の教育力」を直感することができた。東京、兵庫県、横浜、新潟、北海道、鹿児島、沖縄など旅にでたあらゆる地域で、地域とのつながりの強さを感じた。

　逆に、日本から韓国へ訪問も相次いだ。2017年からはじまり、研究者や現場の専門家そして学生たちとの交流が絶えず行われた。自由学期制の実践を視察するために訪れた中学校やさまざまな中高や大学、多様なオルタナティブ・スクール、進路職業体験支援センターなど、顧みると、さまざまな場所

の視察に同行した。私も多くのことが学べた。日韓交流の旅からの学びは、いつも楽しい。

　三村先生との縁から始まった日韓の交流は、キャリア教育にとどまらなかった。最近は、学校外青少年（日本での不登校にあたる）の支援策の比較をめぐる交流も行った。2023年5月、三村先生が参加している学校外青少年研究（不登校青少年研究）の一環として、研究チームが韓国に訪れ、11月は、韓国から日本を訪問し、両国の学校外青少年支援策を比較することができた。2021年には、「2021 P4G（the Partnering for Green Growth and Global Goals 2030）Seoul Summit」を記念に韓国で行われた「Youth Voice Festa for P4G」というオンライン行事に、自由学園の高野慎太郎先生をはじめ、ゼミの生徒たちが参加したのも三村先生との縁から生み出されたもう一つの成果である。三村先生との縁から始まった日韓交流は、今からも広がり、続くだろう。

2．ARACDとキャリア教育の日韓交流

　こういった三村先生との縁から私は、2015年、筑波大学で開かれたIAEVG（International Association for Educational and Vocational Guidance：国際キャリア教育学会）の国際会議に参加した。ARACD（Asian Regional Association for Career Development：アジア地区キャリア発達学会）は、IAEVGとの共催で、ARACDのメンバーシップを持つアジア諸国のセッションを組んでおり、私は、このセッションで、韓国の中学校の教育課程として導入されたばかりの「自由学期制」を中心に、「韓国におけるキャリア教育の現状や課題」をテーマに発表した。これを機にキャリア教育に関する日韓の交流が本格的に始まったといえよう。

　この大会で、インドのギデオン先生、インドネージアのスルヤ先生、シンガポールのHsiu-Lan Tien先生などアジアへの縁が広がった。2015年のARACD大会では、次回の大会を韓国のソウルで開くことを決め、2017年、

第12回の ARACD 国際大会がソウルで開かれた。この大会の主催は、韓国青少年政策研究院であった。韓国と日本以外に、シンガポール、台湾、香港、マレーシア、インド、インドネシア、イラン、パキスタンの10か国が参加し、それぞれの国におけるキャリア教育の現状を比較することができた。アジアの10か国が参加しただけで、非常に意味の高い成果と言えようが、何より日本と韓国の間、深い絆ができたという意義も大きい。

　第一回の日韓ラウンドテーブルが行われたのもこの場である。日本と韓国で行われていたキャリア教育の事例が発表された。その後も日韓ラウンドテーブルは継続し、2023年11月には、早稲田大学で第6回の日韓のラウンドテーブルが行われた。第2回の日韓ラウンドテーブルが、2018年に早稲田大学で開かれたが、このラウンドテーブルには、韓国教育部のキャリア・コンサルタント事業に参加していたキャリア・コンサルタント・グループとともに参加した。私もその1人として参加したわけである。第2回の日韓ラウンドテーブルが特に意義が多かったのは、早稲田大学で開かれた日韓ラウンドテーブルに参加したキャリア・コンサルタントのグループが日韓ラウンドテーブルを機に帰国してから、2019年、ARACD の韓国支部を結成したことである。後ほど、ARACD の韓国支部を「未来進路開発学会」と名前を変更した。さらに、「未来進路開発学会」と別に「進路の森」という意味の「Jinrosoop」という団体を結成した。「Jinrosoop」は、「進路の森」という意味で、第2回日韓ラウンドテーブルの時見学した「一新塾」（東京都港区所在）の名からヒントを得た経緯がある。その後、「未来進路開発学会」は、「Jinrosoop」と共に幾つかの研究やキャリア教育関連事業を行っている（「未来進路開発学会」と「Jinrosoop」は、会員を共有している）。こうした団体の会員は、その後の日韓ラウンドテーブの韓国側のメイン・メンバーになっている。

　コロナ禍の影響で、2020年、第3回の日韓ラウンドテーブル、2022年の第4回の日韓ラウンドテーブルは、オンラインで開かれた。やっとコロナ禍がおさまり始め、第5回の日韓ラウンドテーブは、2023年ソウルで再び対面で

開かれた。2015年の IAEVG 国際カンファレンスと同様、ARACD との共催
となった。2023年の IAEVG 国際カンファレンスが韓国で開かれたのも
ARACD の名の下で日韓の交流が活発になったおかげである。ARACD の
国際カンファレンスは、2017年のソウル大会以来、5年ぶりであった。しか
し、アジアの10か国が参加した2017年とは違って、韓国、日本、マレーシア
の3か国しか参加できなった。しかも、2017年のように各国の発表が同じテー
マで行われたわけでなかったのは、残念なことである。2017年の ARACD
の国際カンファレンスに遡ると、この時は、10か国がそれぞれの国における
キャリア教育の現状というテーマで、各国の研究者がカントリーレポートを
発表したので、10か国のキャリア教育のデータを揃えることができ、非常に
意義のある成果となった。

　これに基づいて、情報を積み重ねていけば、アジア国々を比較するかつて
のない研究ができたはずだが、残念ながら、その継続は叶わなかった。成果
があり、限界もあったのである。ただ、2019年、スロベニアで開かれた
IAEVG 国際カンファレンスで、私と三村先生は、カントリーレポートに基
づいて10か国のキャリア教育を比較する論文を発表し、後に「Indian Jour-
nal of Career and Livelihood Planning」に “A Preliminary Comparison of
Career Education for Youth among Ten Asian countries: A Synthesis of
Country Reports from the 2017 ARACD Conference” をテーマにした論文
を掲載した。この論文の筋は、次頁の図で縮約的に表現される。キャリア教
育の段階は、中等学校の進学率と正の相関関係があるとみなされる。これに
よって、大きく3つのグループに分けられる。インドやパキスタンは、中等
学校進学率が低く TVET（Technical and Vocational Education and Training：技
術教育及び訓練並びに職業教育及び訓練）中心の政策を施し、中等学校進学率の
高いマレーシア、インドネシア、イランは、TVET を超えたキャリア教育
への転換を模索する段階として位置付けられ、中等学校進学率がほぼ100％
に至る台湾、香港、シンガポール、韓国、日本は、キャリア教育を本格的に

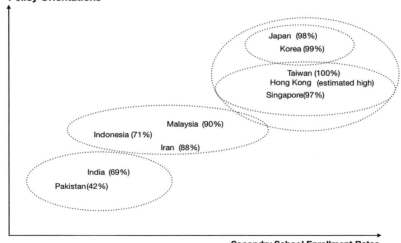

図：Mapping of secondary school enrollment rates and policy orientations
資料：Kim & Mimura（2019）. IJCLP. Vol 8, Isssue 1, p. 26.

取り入れている国として位置つけられる。だが、台湾や香港、そしてシンガ
ポールに比べて韓国と日本は、職業体験活動をキャリア教育として強調して
いるグループである。

　このように日本と韓国は、キャリア教育として職業体験を充実する政策を
施しているという類似点がある。その歴史が30年以上となっている日本と比
べて、韓国は、やっと10年を超えるぐらいであるが、両国は、非常に似てい
る道を歩んでいくに間違いない。韓国と日本、そして私と三村先生の交流は、
主に両国の類似点となるキャリア体験活動に関わっている。

3．自由学期制とキャリア・スタート・ウィーク

　すでに述べたように私は、2015年筑波大学で開かれた ARACD カンファ
レンスで韓国の「自由学期制」を紹介した。韓国では、日本の学習指導要領
にあたる国家教育課程の改正（2009 改正教育課程と呼ばれる）が行われ、2010

年から、日本の「総合的な学習の時間」と似た「創意的体験活動」という非
教科課程が始まった。「創意的体験活動」は、自立活動（日本の特別活動にあ
たる）、クラブ活動、ボランティア活動、進路活動の四つの活動に分けられる。
「自由学期制」が導入されたばかりの時には、大勢の人が「自由学期制」を
進路活動として理解していた。「自由学期制」のモデルになったアイルラン
ドの「転換学年制（Transition Year）」が職業体験を大事にすることから、そ
ういう認識が広がった。その後、韓国では、「キャリア教育法」が定められ、
キャリア教育がもっと広がるようになった。2016年ごろ、早稲田大学大学院
生の韓国視察団が「自由学期制」を行なっていた中学校や学校のキャリア教
育をサポートする地域の「進路職業体験支援センター」を視察したのもその
時の潮流に乗った背景があった。

　逆に、私は、「キャリア・スタート・ウィーク」の実践事例を見学するた
めに、何回も日本を訪れた。私は、2009年、すでに兵庫県に行って、「トラ
イ・ヤル・ウィーク」の事例を視察し、子どもの「心の教育」のために、地
域がどのように動いているか、日本における地域のパワーがどこから生まれ
てきたのかを感じ取っていたから、「トライ・ヤル・ウィーク」の成功事例
が影響を及ぼした「キャリア・スタート・ウィーク」への関心は、特に高か
った。ついに、東京発の「キャリア・スタート・ウィーク」への旅にでたの
である。

　2016年、東京都の「中学生職業体験推進協議会」をはじめ、東京の諏訪台
中学校や荒川区第三中学校、大田区の職人の街、「日本キャリア教師協議会」
などを見学し、上越市にも訪れ、「キャリア・スタート・ウィーク」の上越
版である「夢チャレンジ」の事例を視察するために、上越市教育委員会や中
学校を訪問した。小学校や学校のコーディネーター会議を視察し、「地域コ
ミュニティー・スクール」の現状を視察しながら、上越カリキュラムという
上越ならでの柔軟なカリキュラムの営み方を学んだ。

　こういった日本キャリア教育への旅には、三村先生が同行していただいた。

2017年の第1回の日韓ラウンドテーブルの際、発表された沖縄のケイオーパートナーズの事例に惹かれ、2018年には、沖縄を訪れた。沖縄でのキャリア・コディネーターの事業から、地域の資源がどのように学校とうまく協力するかを学べた。沖縄で、さまざまなキャリア教育の事例を視察する間、独特な事例を見ることができた。子どもだけではなく、校長を含めて教師に対する職業体験活動を行うイオンモールの体験プログラムであった。生徒だけではなく、教える側も体験をすることは、今まで、あまり考えたことがなかったから、印象に残った。もう一つは、沖縄には包括補助金が与えられるということである。私は、特に強い省庁間あるいは政策間の障壁という現象の強い韓国の問題を打開する方便として、包括補助金の事例を紹介する時が多い。

　時を超え、韓国では、「創意的体験活動」の導入、キャリア教師の養成、「キャリア教育法」の策定、「自由学期制」の導入、「進路職業体験支援センター」の設置、ジョブワールド（日本の「私のしごと館」にあたる）や大規模の職業体験施設の建築、様々なオンラインシステムの構築などの大きな変化があった。かつてはなかった、いやかつては全く作動してなかったキャリア教育に対する認識が広がり、今は、当然なことになっている。しかし、「キャリア・スタート・ウィーク」のような五日間の職業体験活動は、行われたことがない。五日間の職業体験活動が必ず理想だとは言い難いといえども、韓国で五日間の体験活動ができないことは、それほど地域連携が難しいという地域の状況を語ってくれるのだ。

　最近、韓国においても村づくりや村での教育共同体というような事業や政策があらゆるところで行われているが、道のりはまだ長い。しかも現在の政府は、このような政策の予算を削減している。2016年、東京で日本キャリア教師協議会に参加し、韓国のキャリア教育の現状を発表した後、日本のキャリア教師から受けた質問は今も記憶に残っている。「韓国のキャリア教師は、そもそも教科の教師だったが、キャリア教育を受け、副専攻の資格でキャリア教師となったのは、結局、教科を諦めたということではないか？」

　胸が痛い質問であった。実際、教科教育の道を諦める選択としてキャリア教師となった教師もあるだろう。しかし、皆そうであるとは言えないし、キャリア教師の養成から10年以上がたった。三村先生との縁も時を重ねた。成果があれば、当初からの問題も依然としてある。現在は、キャリア教師の養成方法にも変化がある。また、問われる質問は山ほどある。ちょうど、2023年11月、第6回目の日韓ラウンドテーブルの翌日、早稲田大学大学院の三村先生のゼミで、大学院生と日韓におけるキャリア教師の状況に関して議論が行われた。すぐ結論を出すことはできないが、両国の政策を比較することで、一歩ずつ進化し合うだろう。縁の深みを増しながら。

4．今からの交流とキャリア教育

　突然訪れたコロナ禍で、全てのことが冬眠に入った。キャリア教育も、キャリア教育にまつわる全てのことも、交流も。しかし、そのままではまずいという声から、反作用としてニューノーマルの戦略が動きはじめた。「未来進路開発学会」と姉妹組織である「Jinrosoop」は、結成した途端、コロナ禍に直面した。日韓ラウンドテーブルも中止となった。「未来進路開発学会」と「Jinrosoop」は、zoom を利用し、キャリア教育の専門家同士のフォーラムを開いた。日韓ラウンドテーブルも2年間 zoom で2回の日韓ラウンドテーブルを無事に済ませた。2年のあいだ、凍っていたわけではない。学校と現場も同じであった。何らかの戦略を探りながら、成長もしただろう。

　コロナ禍というトンネルを抜け出したら、デジタル転換ははるかに進み、ChatGPT をはじめ、AI の時代が迫っている。AI が、仕事や労働市場に大きな影響を及ぼすことは確かである。にもかかわらず、AI を教育のネタに加えるとか、AI を利用したキャリア教育を開発するなどの試みは大事であるとはいえ、別に体験活動を中心とした政策が大きく影響を受けることはないと思われる。ただし、AI という手段を無視してはいけない。AI を利用する体験も積極的に取り入れるべきである。仮想の現実は、どんどん現実の体

験に近づいていき、いずれ、スピルバーグの映画『レディ・プレイヤー1』のように、現実と仮想を区別しにくくなる時代が訪れるかもしれない。しかし、スピルバーグも最後のセリフで述べたように、「現実だけがリアル（Reality is the only thing that's real!）」だろう。キャリア体験活動を大事にする日韓の政策も、日韓を横断するキャリア教育の旅も、AI時代を超えて、今からもずっと続けられるだろう。

　コロナ禍でも、オンラインで2回の日韓ラウンドテーブルを行ったことから、今からの交流は気軽にできるし、日韓だけではなく、交流をさらに広げることもできるという希望が持たされる。2022年、ILOなどの国際機構が開いたGCM（Global Careers Month）の東アジアセッションをARACDが担ったわけだが、あまりにも急に企画し、4か国のアジア国しか参加できなかったが、オンラインで開かれたこの会議の経験から、今後のアジア諸国間の交流の幅を広げていくことが図られる。2017年以来止まっているアジア国々のカントリーレポートを発展させることが可能かもしれない。このような想像は、現実感に乏しいだろうか。

　今までの三村先生と私の縁は、2023年に、早稲田大学と韓国青少年政策研究院との覚書を結ぶところまで至った。ちょうど、三村先生と私は、2024年にそれぞれの職務を同時に退職する。しかし、これで私たちの縁が幕を下ろすことはないだろう。これで日韓の交流を終えるわけにはいかない。そう思う。そう信じる。そうすべきである。また、新しい縁の物語を描きたい。

文献

Hyuncheol Kim, Takao Mimura 2019 A Preliminary Comparison of Career Education for Youth among Ten Asian countries: A Synthesis of Country Reports from the 2017 ARACD Conference. *"Indian Journal of Career and Livelihood Planning"*, Vol. 8, Isssue 1, pp. 23-28.

キャリア教育と特別活動のクロスオーバー
－学校文化史からみた日本型教育としての特質－

京免徹雄

1．日本型教育としてのキャリア教育を問う

　日本のキャリア教育はアメリカからの輸入であるというのは、ある意味で正しい。1915年に日本に紹介された「職業指導」は、入澤宗壽による voca-tional guidance の翻訳であり（三村, 2004）、その理論も長らくパーソンズ（F. Parsons）の職業選択法から発展した特性・因子論に依拠してきたとされる（藤本, 1985）。実際のところ、戦後に文部省によって発行された各種『進路指導の手引き』に記載されてきたいわゆる6領域は、①自己理解と②進路情報理解との認知的マッチングを③啓発的経験、④進路相談、⑤進路決定支援、⑥追指導で補うという手法であり、「洋物」を象徴しているようにもみえる。1999年に登場した「キャリア教育」の名称の由来もアメリカのキャリア・エデュケーションにあり、その概念はスーパー（D. E. Super）のキャリア発達理論に基づいている（文部科学省, 2023）。

　しかし、教育の海外移転にあたっては、移転先の社会的・文化的土壌のもとでの「現地化」（カスタマイズ）が必然的に生じる。実際、明治期に輸入された学制や戦後に輸入された民主的教育制度は日本の文化的志向、特に集団の概念と折衷され、日本化されてきた（島原, 1979）。教育制度の一角を占めるキャリア教育も、同じ流れを辿ったと考えるのが自然であるが、そのプロセスはこれまで十分に解明されてこなかったといってよい。筆者の見解は、教科外活動である特別活動においてキャリア教育が行われるようになった

1960〜1970年代に、現地化が顕著に進行したのではないかというものである。この時代は、高度経済成長をとげた企業の日本的経営が脚光を浴びており、その基盤となった学校教育の特徴を少なくない海外研究者が論じてきたが、その内容のかなりの部分を特別活動が占めている（京免, 2022）。また現在、特別活動は Tokkatsu としてエジプトや東南アジアなどに海外展開されており、日本型教育を代表する実践とみなされている（京免, 2021）。アメリカから輸入されたキャリア教育は、日本の文化的志向を強く反映した特別活動と融合することで変容し、日本型に進化したのではないか。

　そこで本節では、進路指導（現在のキャリア教育）が、特別教育活動（現在の特別活動）の1領域である学級活動に初めて位置づけられた1960年代に焦点を当て、中学校の実践を分析することで、その特徴を解明したい。その上で、日本型教育としてのキャリア教育の特質について、歴史的視点から考察する。実践に着目する理由は、現在の学校教育の抱えている問題性を明らかにし、改革の方向性を探るためには、学校文化の意味をみすえた「事実史」（教育慣行史）によらなければならないからである（佐藤, 2005）。教育実践は学校文化の一部であり[1]、その内容および成立の背景を探ることは、今日の「特別活動を要」とするキャリア教育の方向性を論じる際の重要な手がかりとなるであろう。

2．分析枠組みとしての方法論的間人主義

⑴キャリア形成における2つの人間観

　本節では、分析の枠組みとして、濱口恵俊の「間人主義」（contextualism）を用いる。濱口（1979）によると、個々人の生涯経歴（personal career）は、自分の意志や力だけで生み出されるわけではないという点で必然的に社会的である。対人関係の側からみた interpersonal なキャリアのことを社会経歴（social career）と定義するならば、それは2つの概念タイプに区別される。すなわち、私有生活空間に占める共有生活空間の割合が低く、自他間の相互

作用によって自己が変容しにくい「個人型」と、自己と他者との共有生活空間が広く、他者の自己に対する影響力が大きい「間人型」である。西洋人によくみられる個人型は、自律性を備えた独立的な行動主体として人間をみる個人主義を基盤としており、ego identity 中心、自律と他者不信、対人関係の手段視といった特徴をもつ。他方で日本人に典型的である間人型は、対人関係の中に身を置くことによって自己存在を認識し、親密な他者との間柄そのものに行動主体性が認められる間人主義の価値観に根差している。その特徴は、相互依存、相互信頼、対人関係の本質視、である。

　55名の伝記を用いて分析した間人型キャリア形成の傾向において、特に個人型と大きく異なっていたのが、人生の転機におけるレファレント・パーソンの存在である（濱口, 1979）。それは、進むべき道を示したり支援を行ったりする、当人にとっての重要人物のことを指し、日常的な交流の中で影響を与え続ける他者、主観的・内的キャリア（アイデンティティ）を変容させる他者、リアルな支援を提供するスポンサーとしての他者、の3つのパターンが確認されている。

　個人型と間人型は、人間を捉える際に個人を軸とするか関係性を軸とするかといった視点の違いであり、二元論的に対立するものではないし、まして優劣をつけることなどできない（濱口, 2003）。従来、欧米では「個人」対「集団」という二元対立図式において、自律的に振る舞う「個人」が「集団」に優越することを想定し、日本人に集団主義者としてのレッテルを貼ってきたが、間人主義の立場に立つことで、この構図は崩れるという[2]。

　しかしながら、西洋は個人主義で、東洋や日本は間人主義の社会であるとの主張には、反論もある。高野（2008）は、同調行動と協力行動に関して日米を比較した実証的研究に基づき、欧米の個人主義に日本の集団主義を対置する日本人論を批判している。また濱口（2003）が晩年に行った10か国の国際比較調査でも、日本において個人主義よりも間人主義が優位であるというデータは確認できず、各国に2つの人間観が共存していることが示された。

これを受けて従来の主張は軌道修正され、個人と集団の関係を分析する方法論（視点）として間人主義は位置づけられた。それは、方法論的個人主義と相補連関をもつとされている。

⑵個別の文化事象の分析への応用

　上記のことをふまえるならば、文化を心の性質あるいはその発露としての行為として捉え、その影響を過大視して社会全体のマクロな特徴を断定してしまうことは、避けるべきであろう。一方で、よりミクロな次元で個人型と間人型のどちらを相対的に重視するシステムなのか比較することは、十分に可能ではなかろうか。例えば、パーソンズが提唱した個人と環境との合理的なマッチングは、どちらかといえば個人型の人間観に依拠している。また、アメリカの心理学者ジェラット（Gelatt, H. B.）の「連続的意思決定プロセス」も同様である。個人は「予測システム」において、選択可能な行動とそれがもたらす結果を予測する（藤原, 2007）。次に、「価値システム」において、予測される結果がどのくらい自分にとって望ましいか判断する。その際に、主観的可能性による誤った判断を避けるため、客観的なデータを収集し、情報を「燃料」として結果の有用性を実証的に検討する。最後に、「基準システム」において、先の 2 つのシステムから生まれた決定基準に従って、選択する。このように、ジェラットはキャリア発達に向けて合理性と一貫性に基づいて意思決定する理論を構築しており[3]、個人型のキャリア形成が志向されている。

　それに対して、2017年に改訂された中学校学習指導要領によると、特別活動は「集団や社会の形成者としての見方・考え方を働かせ、様々な集団活動に自主的、実践的に取り組み、互いのよさや可能性を発揮しながら集団や自己の生活上の課題を解決する」活動である。学校・学級という小さな社会において、児童生徒が「人と人との関係性」を自治的に構築していくプロセスを通して成長することが重視されており、その理念は間人型との親和性が高

い。また、学級活動の「(3)一人一人のキャリア形成と自己実現」では、「将来の生き方を描くために意思決定」する活動が行われることになっているが、ここでいう意思決定とは「話合いを通して、相手の意見を聞いて、自分の考えを広げたり、課題について多面的・多角的に考えたりして自分に合った解決方法を自分で決める」(文部科学省, 2018, p.43) ことである。集団思考を通した協同的な意思決定が強調されており、間人主義の精神が読み取れる。

　特別活動に対して様々な評価を下してきた海外の研究者も、他者と協力する力を育てることで、児童生徒を社会化する機能を発揮してきたという認識は共通している (京免, 2022)。日本のように教科外活動を全ての地域・学校で活発に実施している国は、日本の影響を受けた東アジアの一部を除いて見られないことから (京免ほか, 2023)、間人主義的な性質を備えた特別活動は、日本特有の学校文化といってよいだろう。以下では、アメリカから輸入されたキャリア教育が、1960年代に特別活動に結びつけられることでどのような変化が生じたのか、方法論的間人主義の視点から検討してみたい。

3．教科外活動におけるキャリア教育事始め

　学校文化としての実践に目を向ける前に、教科として開始された職業指導 (進路指導) が、特別教育活動で実施されるようになるまでの政策の推移を確認しておきたい。

(1)前史：教科を通した職業指導

　1947年に刊行された『学習指導要領一般編 (試案)』では、中学校に「職業科」が設置され、各学年に必修科目として週4時間、選択科目として週1〜4時間が配当された。必修科目は、農業、商業、工業、水産、家庭の5科目の中から1科あるいは数科を選択履修する方式であった。一方で職業指導は、「個人が職業を選択し、その準備をし、就職し、進歩するのを援助する過程」(文部省, 1947) と定義され、職業科と融合して実施する可能性が示さ

れたが、実際には両者の関係は不明確で、校長の裁量に委ねられていた（藤田, 1997）。

　1949年5月には、家庭科および職業指導それぞれの独自性を強調する立場から、職業科から家庭科が分離され、「職業及び家庭科」として各学年に必修・選択科目ともに週3〜4時間が配当された（文部省, 1949）。この教科はわずか6か月しか存在せず、1949年12月には「職業・家庭科」に再編成され、発達段階に沿って徐々に職業興味をしぼって学んでいくしくみが確保された（文部省, 1951）。しかし、職業指導と職業・家庭科の関係は依然として不明確なままであった。この曖昧性を大きく改善したのが、中央産業教育審議会（産業教育振興法によって1951年6月に成立）による、1953年と1954年の2回にわたる建議である。その結果を受けて改訂された1956年の学習指導要領では、「職業・家庭科」の内容が4類12項目から6群22項目に整理された（文部省, 1956）。このうち、「産業と職業」、「職業と進路」、「職業生活」の3分野6項目で構成される第6群は、従来の4つの類に対応しない新たな領域であり、まさに職業指導そのものであったといえる。さらに、配当時間数は各学年105時間〜140時間が維持されたが、第1・2・3・5・6群について3年間でそれぞれ最低35時間が必修とされた。こうして、職業指導はようやく教科の中に確固たる位置を得るに至ったのである。

　しかしながら、1958年の学習要領改訂によって「職業・家庭科」が「技術・家庭科」に改められたことで、職業指導としての第6群はほとんど実践の蓄積をみないままに廃止される（文部省, 1958）。新たな科目では男女別の学習領域が示されたが、男女必修で学ぶべき内容である第6群は、どこにも位置付けられることなく宙に浮いてしまった。その背景には、高校進学率の上昇に伴う進学指導の重視に加えて[4]、教育行政プロセスの歪みがあったとされる（藤田, 1997）。文部省職業教育課の所管する中央産業教育審議会によって第6群が創設されたのに対して、1958年の学習指導要領の全面改訂は、初等・中等教育課の所管する教育課程審議会のもとで行われた。第6群の意

義を理解していなかった教育課程審議会がとった選択は、進路指導を学級担任が行う学級活動に位置付けることであった。

⑵学級活動を通した進路指導

　1958年以降、進路指導の実践領域は教科から特別教育活動（生徒会活動、クラブ活動、学級活動）に移行された。具体的には、学級活動において「学級としての諸問題の話合いと処理、レクリエーション、心身の健康の保持、将来の進路の選択など」（傍点は筆者）を実施することが学習指導要領で定められ、進路指導が内容の一角を占めることになったのである（文部省, 1958）。学級活動は毎学年35時間以上実施されるが、うち進路指導は３年間で40時間を下回ってはならないとされた。その具体的な内容は、⑴自己の個性や家庭環境などについての理解、⑵職業・上級学校などについての理解、⑶就職（家事・家業従事を含む）や進学についての知識、⑷将来の生活における適応についての理解、の４分野で構成されている。自己および進路に関する知識・理解の獲得が中心となっており、間人主義との関連性は特にみられない。ただし、学級活動の性質をふまえて、「一方的な知識の注入に陥らないように留意し、生徒の自主的な活動を促す」（文部省, 1958）という留意事項が示されている。

　それに対して、1960年に作成された『中学校特別教育活動指導書』では、学級活動が進路指導の実践に適した時間である理由として、「学級担任の教師を中心としながら、相互に励まし合い、助け合って、共同生活を展開していくのであるが、このような暖かいふんい気こそ、生徒が将来の進路を選択する場合にも助けとなる」（文部省, 1960, p.88）とされており、間人主義との共通点を読み取ることができる。また、学級活動が「生徒の自発的自治的な活動の場」であることも、「みずからの自由意志と責任において」進路を選択・決定させるのに適している理由とされている（p.88）。４分野の内容について解説した箇所では、主に学校行事として実施される諸検査・諸調査を

通した自己理解・職業理解に言及されているが、結果を個人で分析するのみ
ならず、学級活動においては「共通的な傾向その他について話し合ったり、
検討したりする活動を主」（p.111）とすることが強調されている。

　さらに、1961年には『中学校進路指導の手びき〔学級担任編〕』が刊行さ
れた。内容の大半は進路指導の6領域の解説で、パーソンズの名前こそ登場
しないが、特性・因子論に依拠していること明らかであり、進路選択に向け
た検査・調査の利用について詳しく説明されている（文部省, 1961）。間人主
義を象徴するような記述は、特別教育活動指導書の転載箇所以外にはみられ
ない。しかし、付録として収められている5つの学習指導案には、いずれも
話合い活動が盛り込まれており、他者との協同が重視されている。

　以上のように、1960年代前半は教科を通した職業指導が終わり、担任教員
によるガイダンスを通した協同的なキャリア形成が初めて模索された時期で
あり、日本型教育の発展過程を解明するのに適している。なお、1960年の高
校進学率は57.7％（大学進学率は10.3％）であり、卒業後に就職する生徒と進
学する生徒、両方への対応が求められた時期でもあることも付け加えておき
たい。

4．1960年代における進路指導実践の特質

(1)方法

　日本職業指導協会（1963）『学級活動における進路指導の効果的実践』に
所収された13編の実践を分析し、その背景にある要因について考察すること
で、日本型教育としての特徴を明らかにする。対象とする実践は、同協会が
創立35周年記念事業として、中学校教師を対象に募集した「学級活動におけ
る進路指導の効果的実践」の64編から優秀作品をまとめたものである。13編
の実践が行われた地域は、新潟県と秋田県が多いものの、多様性がみられる
（表1）。分析枠組みに照らし合わせて、これらの実践記録の記述から間人主
義と親和性が高いと思われるキーワードを抽出し、その意味を解釈する。

表1　『学級活動における進路指導の効果的実践』にみる間人主義との関連

実践者	地域	タイトル	間人主義につながるキーワード
a．野瀬吉栄	新潟	進路指導の事例を中心にして	事例協議会法、小グループでの話合い、学級集団の雰囲気、個と集団の調和的指導、相互評価
b．堀内　務	和歌山	学習指導案の作成まで	卒業生との合同座談会、グループ別研究
c．浅利成和	秋田	指導における10の観点	学級の雰囲気、学級づくり、教師と生徒が共に考える、愛情
d．中沢邦造	新潟	3年間の実践を通して	自主的活動、発表・話合い、価値葛藤、相談による進路決定
e．井手尾喬	熊本	進路指導計画と教科外学習	―
f．石出恵豊	埼玉	効果的な実践例	学級づくり、日記・作文、自主性、グループ・ガイダンス
g．渡辺孝義	愛媛	学級づくりと進路指導	学級の雰囲気、生徒との信頼、集団思考、日本的ガイダンス
h．川田直信　船山次郎	秋田	学習と指導法について	集団方式、学年学習、全校学習、自主的・自発的学習、記録と掲示
i．小谷秀高　木内清芳	東京	自己理解の指導計画と資料の活用	相互評価、友人との比較、人間関係の調整、他者を通した自己理解
j．本間正道	新潟	進路に対する目的意識を高めるための実践方法	主体性に基づく活動、討論、教師と生徒の話合い、発言の雰囲気、記録
k．西田富一	京都	自己分析表による解釈と指導	―
l．佐藤淳一郎	新潟	進路指導の問題点と打開策	討議、友だち、学級ぐるみの解決、道徳との融合、事例協議
m．佐々木宏明	秋田	1年半の実践をかえりみて	自主的活動、話合い、家庭的雰囲気、ゲーム、代理学習

出典：日本職業指導協会（1963）より筆者作成。

⑵結果

　13編（a～m）の実践記録を分析したところ、間人主義の特性である「相互依存」、「相互信頼」、「対人関係の本質視」に関わる記述があるものは、eとkを除く11編（84.6%）に及んでいる（**表1**）。以下に、代表的なものを列挙してみたい。

　a．野瀬報告では、自己理解のために自己分析表を活用することを提案しつつも、記入するという静的な方法だけでは不十分であり、「真の自己理解は、集団生活の中で怒ったり悲しんだり成功したり失敗したりする経験、そのような集団との相互作用によって、次第に形成されていく動的プロセス」（p.18）であるとしている。そのため、学級集団が人間形成にふさわしい雰囲気をもつことが基本であるという。野瀬は、進路指導は個の指導であるといわれるが、「個はあくまでも集団の中における個であり、進路に対する自我概念が集団との相互作用によって適応し発展する」ものであるため、「集団そのものをつくることも、大切な個の指導に連なるもの」であり、「個と集団と、その調和的指導の上に、進路指導の花が開く」と指摘する（p.18）。よって実践においては、生徒の相互評価による進路選択のケース・スタディや、生活ノートの記録に基づく小集団での話合いを重視しており、教師は「個々の悩みを把握しながらも、集団の中で相互に自力で解決の方向を見出せるように努力」（p.20）させることが望ましいとしている。

　c．浅利報告は、教師の指導の在り方を提言しているが、その冒頭にあげられているのが学級の雰囲気づくりであり、「気楽に話し合える楽しい時間であり、自分達の時間だ」（pp.34-35）という気持ちをもつことが第一の要点であるとしている。その理由は、「進路指導はあくまでも集団の中の個人指導であって、皆の話し合いの助けを得て、自分の志向力を深めていく学習」（p.39）だからである。よって教師は「考える生徒」「話し合って解決していく生徒」を育成していくため、発問、教材、教室環境などを工夫する必要があり、特に「講義式の授業という観念を投げ捨てて、生徒と共に諸問題を話

し合い、考えてみよう」（p.39）という姿勢が求められるという。換言する
ならば、生徒間の協同を促進するためには、「教師対生徒の人間関係の深ま
り」が鍵であり、「教師の研究態度は、教師個人のパーソナリティを育てる
ことになり、そのパーソナリティが生徒の心に燃え移る」（p.40）という連
鎖の発生が重要であると、浅利は主張している。

　d．中沢報告では、教師主体の進路指導が自己閉鎖的な時間になってきた
ことへの反省から、自発的・自主的活動を重視し、自由に話し合える雰囲気
の学級において、「互いに抱く将来への悩みや問題を、共通の話題として理
解し合い、解決しようする」（p.42）実践が提案されている。共通課題につ
いて集団で話し合うことで、「各自が異なった葛藤の場として内面化しつつ、
将来への眼を開き、適応性を高めていく時間」（p.43）にする必要があると
いう。実践結果を評価する3年間の追跡調査では（p.44）、自分だけの意志
で進路選択すると回答した生徒は52％から42％に、家族が一方的に決めると
回答した生徒は22％から1％に減少した。それに対して、進路決定にあたっ
て家族と相談するという回答は25％から41％に、友人と相談するは0％から
4％に、教師と相談するは0％から11％に増加しており、協同的な意思決定
が促進されている。

　g．渡辺報告は、生徒の能力や適性の発見・測定とそれに基づく個別相談
による進路指導が、一定の成果をあげつつも、学歴中心の社会へ一方的な進
路選択をさせてきたとの反省に立っている。その上で、「学級という雰囲気
の中で、特定の学級集団内において、信頼し信頼される学級主任と共に行わ
れる新しい進路指導」を通して、「人間的モラルのきずなとして、個人の生
きる喜びと共に、人生の意義づけを助長」することを目指している（p.82）。
そのためにまず必要なのが、「生徒も教師もしんけんになっていたわり合い、
助け合う雰囲気」をつくり、「集団思考の態度を培う」ことである（p.85）。
そのためには、学級主任（担任）には「自信をもって、すべての生徒の懐に
積極的にとび込み、生活を共にする決意」が求められ、「ガイダンスはここ

から出発しなければ、日本的なものにならない」(p.85) という。このような学級づくりの先に効果的な進路指導があり、「学級という雰囲気の場において、尊敬と信頼につながる民主的な師弟関係を保ちつつ」(p.86) 指導をすることに価値がある。ただし、放任はよくないが指導の行き過ぎも問題であり、生徒の集団思考を促進する「影にかくれた、しんけんで自信に満ちた、示唆的な指導」(p.87) が大切であるとされる。そして、そのプロセスを、教師の「資料整備」、生徒の「調査・研究」、生徒の「集団思考」、教師の「集団指導」といった4段階に配列して構造化している (p.91)。

1. 佐藤報告では、職業や学校について生徒が研究する際に、各人の進路によって対象を固定するのではなく、グループ単位で分担して作業している。「すべての問題を学級ぐるみで解決し、互に励まし合おうとする機運を醸成する」(p.152) ことによって、進路の違いに起因する対立感情や劣等感をなくすことができるという。生徒はこのような集団活動を肯定的に捉えており、「いままで考えたこともなかった将来の問題について、先輩の事例や先生の経験などをきいたり、友だち同志〔原文ママ〕で討議し合っているうちに、自分の進むべき方向がわかってくるような気がする」(p.141) という感想を寄せている。

このような間人主義的なアプローチに基づく実践がある一方で、個人主義を重視する実践も少数ながらみられる。K. 西田報告では、学級担任の行う進路指導とはガイダンスとしての進路指導であり、「ガイダンスは個人的で、個人個人が特殊の目標・問題をもっているのに対する個別指導で、進路指導は進路に関する個別適応の指導である」(p.124) と断言されている。そこには、個人の問題を学級全体の共通テーマとして話合い、集団思考をふまえた上で個人として意思決定するといった視点は全くない。活動内容として具体的に提示されているのは、知能検査、労働省適性検査、クレペリン作業検査、適応性診断テスト、職業興味検査、家庭環境診断テストであり、1人1人の生徒の自己分析表を作成し、自己理解をはかることで進路とのマッチングに

つなげるというものである。「生徒により正しい進路が指導されること」
(p.137) が理想として掲げられ、適性が低かったり性向が偏ったりしている
場合は、家庭教育や学校教育を改善して「根気よく治療すること」(p.137)
が必要とされている。このことから、キャリア発達理論の発想とも異なり、
出口指導を重視しているといえる。

　以上の分析から、1960年代において、他者との関係性や集団のダイナミズ
ムを活用した進路指導が、全国で少なからず実践されていたことが示唆され
る。ただし、13編のうちcとgを除く11編（84.6%）で心理検査の使用に言
及されているように、パーソンズ流の個人と環境の合理的接合が無視されて
いたわけではない。個人主義的アプローチ（マッチング理論）と間人主義的ア
プローチとの融合が試みられていたと解釈するのが妥当であろう。

5．学校文化史からみた進路指導と学級活動のクロスオーバー

⑴制度的交差の背景にある日本的学級集団

　分析結果について、学校文化史の視点から考察してみたい。特別教育活動
に含まれる学級活動において進路指導が開始された1958年は、制度的交差点
である。この時から自己と進路のマッチングに、個人と個人の相互作用や学
級集団のダイナミズムを活かしていこうとする方向性が強化されていった。
日本特別活動学会初代会長も務めた宇留田敬一は、職業・家庭科において実
施された職業指導が教師の講話を中心とする一方的な進路情報提供に陥り、
生徒にとって不評であったことをふまえ、学級活動における集団活動は生徒
の「探求―自己改善過程」（宇留田, 1981, p.185）であり、「本来的に個人の自
律化や社会化を目指す個人の指導」(p.193) であるとしている。また同じく
教科外活動の研究者である宮坂哲文は、客観的な進路情報を獲得した際に、
「同一問題に面している生徒たちは、相互に意見や判断を交換し、相互にそ
れを比較し合う」ことによって、「かれら各自の自主的な進路計画の立案に、
たがいに寄与しあう」ことができるとしている（宮坂, 1956, p.193）。このよ

うに集団活動を通した進路指導の意義の1つは、各生徒が自己の課題や条件に照らして情報や知識を討議することで、それを個人の進路に適切に生かせることにあるといえよう。

　ここで注目すべきは、分析した実践の多くが集団的思考のみならず「学級の雰囲気」に言及していることである。つまり、この集団討議は、教師や級友といった他者を合理的意思決定のための単なる情報源として利用することを目的とするものでなければ、個と個のぶつかり合いの中で自律性を鍛えていくことを目的とするものでもない。それは間人（関与的主体）の集合である互恵的な学級集団の中で支え合い、進路選択に対するモラール（志気）を高め合って、協同的に意思決定していくための話合いである[5]。ａ．野瀬報告の引用を再掲するならば、「個と集団と、その調和的指導に上に、進路指導の花が開く」のであり、「連帯的自律性」（濱口, 1982, p. 21）の育成が目指されているといえよう。つまり、自己実現はどこまでも個人の努力と責任によって達成されるものではなく、集団を通して達成されるものであり、学級の成員は互いにレフェラント・パーソンとしての役割を果たす。

　このような日本型教育の実践が、制度的交差とともに突如出現するはずもなく、既にインフォーマルなレベルで職業指導と日本独特の学級集団の融合が進行していたと考えるのが自然だろう。1872年に学制とともに日本の小学校に導入された「等級」は、海外でよくみられる多様な年齢で構成されるクラスであり、半年ごとに試験によってメンバーが入れ替わる不安定な児童集団であった（佐藤, 2005）。しかし、徳育の強化を理由に、1891年の第二次小学校令に付帯された「学級編成等ニ関スル規則」によって、等級制は学級制へと移行された。集団生活および集団訓練を通して道徳性を身につけるために、学級は単なる学習の拠点ではなく、安定した生活の拠点である必要があり、徐々に1年をサイクルとする学年制が進行していった。

　学級が生活空間として成立したもう1つの背景として、地域社会との関係性がある（柳, 2005）。教師というよそ者によって統治され、村を越えた学区

の同年齢の子どもで構成される学級は極めて異質な集団であった。したがっ
て、学級を児童の準拠集団として機能させるためには、生活機能を包含した
村落共同体の論理によって解釈する必要があったのである。それゆえ、学級
はイエ制度（一次集団）を持ち込んだ二次的集団である「イエモト」（濱口,
1977, p.184）としての性質をもっており、本来は役割＝機能関係で相互間が
結ばれるような空間に、縁約（血縁＋契約）の原理に基づく情緒的関係が導
入された。1930年代（大正期）になると、新教育の影響下で「生活綴方」運
動とともに、学級文集・新聞・通信、学級誕生会、学級ポスト、学級歌とい
った学級文化活動が導入され、学級を感情共同体へと変容させていった（柳,
2005）。こうした学級の特質は、1927年の文部省訓練第20号「児童生徒ノ個
性尊重及職業指導ニ関スル件」によって本格的に導入された職業指導に大き
な影響を及ぼしており、北方教育はその象徴といえる。

⑵文化的交差点としての生活綴方

　北方教育は、1929年～1940年にかけて東北地方で展開された生活綴方運動
であり、作文および討議の内容を生活指導（生き方の指導）に活かすリアリ
ズム論を重視した。初期の「赤い鳥」綴方が、生活環境に対する能動的・主
体的働きかけを伴わない静的な生活傍観者として子どもをみなしたのに対し
て、北方教育では、子どもを現実の地域社会における生活者として捉え、自
己と環境との相互作用を通して自らの生き方をつづらせた（宮坂, 1977）。そ
のことを通して子どもの「概念くだき」を行い、封建主義や村落共同体的思
考・行動から子どもを解放すること、ファシズムとの対決のために「集団的
生活性」を確立することが試みられたのである（杉山, 1964）。したがって、
北方教育においては、学校外部のムラ社会の構造をそのまま学級内部に持ち
込むのではなく、個の解放を通して子どものリアルな生活に基づく集団を形
成することを志向していたといえる。
　こうした生活指導は、教科としての「綴方」にとどまるものではなかった。

1938年 5 月発行の雑誌『教育』の「生活教育」座談会で、綴方教師の 1 人である佐々木昻は、「綴方では解決が出来ないから、皆で相談して、どういふ職業に就けてやるか、その子供を何とかしてやらなければならないといったやうな、綴方以外にはみ出した問題」が起こり、「斯ういう『本質』でないやうな所に、生活綴方の根本」があり、「その結果はみ出して行くものこそが本當の教育」だと述べている（岩波書店「教育」編輯部, 1938, pp. 78-79）。このように、一部地域に限定された実践であるとはいえ、職業指導と教科外活動（はみ出て来た所）の結びつきの萌芽を、北方教育にみてとることができる（三村, 2013）。

　さらに、戦後に民間教育運動として復活した生活綴方は、学級活動との関連も深い。民間情報教育局（CIE）が教育指導者講習（IFEL）を通じて導入した、個人の生活適応指導を重視するガイダンスに対抗して、生活綴方は全人的人間形成を目指す生活指導との結びつきを強め、学級づくりへと発展していった。小西健二郎の『学級革命』はその代表であり、小学校での静かな話合いによる「ボス退治」を「子どもの社会の暴力なき革命」として描いている。従来は「ワクに入れられるような」特別教育活動であったが、綴方作品の相互批評やその内容に基づく話合いが「いきいきとした真剣」なものになることで、「真の子どもの声」が出るようになったことが報告されている（小西, 1955, pp. 66-67）。この運動の帰結として、1959年に「全国生活指導研究協議会」（全生研）が発足した。そのリーダーであった宮坂哲文は、学級づくり（仲間づくり）の方法論として生活綴方を採用し、「学級のなかに、何でもいえる情緒的許容の雰囲気をつくること」「生活を綴る営みをとおしてひとりひとりの子どもの真実を発現させること」「ひとりの問題を皆の問題にすることによる仲間意識の確立」（春田, 1978, p. 33）という形で定式化している。

　以上のような経緯をふまえると、個人の生き方指導のための方法でもあり、集団形成の方法でもあった生活綴方は、進路指導と学級活動の文化的交差点

として位置付けることができよう。この第1のクロスオーバーが起きていたからこそ、フォーマルな形での第2のクロスオーバーは実質化されたのであり、「情緒的許容の雰囲気」の中で互いに対話しながら意思決定する実践が開花したのである[6]。

6．日本型キャリア教育の意義と課題

　本節では、1960年代の中学校における実践の分析から、海外から輸入された個人型の進路指導が、間人主義の理念を備えた特別活動とクロスオーバーすることで現地化され、間人型の進路指導が成立していたことを明らかにした。その特徴は、個人と環境をマッチングする過程で、互恵的な雰囲気をもった学級集団の中で、集団思考を通して協同的に意思決定し、助け合いながら進路の自己実現を達成することにある。さらに、制度的交差のもとでの実践を支えたのが、生活綴方を交差点として既に起きていた学校文化のクロスオーバーであったことを指摘した。

　1960年代は、高校・大学進学率の低さ、日本型雇用の定着、集団就職の慣行など、現代の状況とは大きく異なっており、今日も全く同じ実践が行われているわけではないだろう。しかし、話合いを通した協同的意思決定という精神は引き継がれており、2020年度から導入された「キャリア・パスポート」を用いて過去を振り返り、将来を見通す活動でも、相互評価が重視されている。各生徒は級友の物語の共著者として、より望ましいストーリーを一緒に構築することが期待される（京免, 2023）。実際、中学校3年生の学級活動「(3)一人一人のキャリア形成と自己実現」の授業を発話分析した清水ほか(2021) は、自分のことをよく理解している他者からのフィードバックが、自己評価を補完・強化するとともに、否定的な自己評価を和らげるモニタリング機能を発揮することを明らかにしている。このように、教師のみならず共同で日々生活する学級の構成員がレファレント・パーソンとしての役割を果たしており、間人主義に根差したキャリア教育の存在を確認できる[7]。

　本節の結びに、日本型キャリア教育の意義と課題について展望してみたい。まず意義としては、独立的自己観に立ったキャリア教育理論・実践に対するオルタナティブを提供することがあげられる。個人主義、知性主義、合理主義、物質主義、機能的唯物主義といった価値を重視する西洋文化とは異なり、東洋文化は集団主義、直観的・情緒的、家族的価値観、社会的・文化的規範、宗教・信仰、コミュニティ主義といった特徴をもっており、それがキャリア形成に与える影響は小さくないとの指摘がある（労働政策研究・研修機構, 2016）。冒頭で述べたように、筆者はオリエンタリズムの立場には与しないが、文化支配的な欧米のキャリア教育論が本当に適切なのかについては、慎重に検討すべきであろう。近年、日本の子ども・若者のキャリア形成は急速に個人化しつつあり（労働政策研究・研修機構, 2017）、それに呼応するように社会的・職業的自立に向けて「強い」個人を育成するキャリア教育政策が推進されてきた。しかし、現実には自立できている若者は一部にすぎず、中退者、若年無業者、早期離職者などメインストリームから外れ、孤立している者も少なくない。このような状況だからこそ、意思決定を個人の自由と自己責任に全面的に帰するのではなく、1人1人の意思を相互理解した上で、ケアし合いながら間人として「ともに歩む」キャリア教育の価値を再認識する必要があるのではないか。

　他方で、日本型キャリア教育は、学級の雰囲気と人間関係の影響を全面的に受ける。そのため、間人主義ならぬ全体主義（collectivism）的な集団や、過度に競争を重視する集団が形成された場合には、生徒の意思決定や自己実現が阻害されてしまうリスクもある。キャリア教育の要としての特別活動のもつこうした2面性は、国内外の多くの研究者から指摘されてきた（京兔, 2021; 2022）。日本型キャリア教育が効果を発揮するためには、支持的風土や心理的安全性を備えた学級づくりが不可欠である。このことをふまえるならば、将来に向けて個人（間人）が意思決定する学級活動(3)と、よりよい学級生活に向けて集団が合意形成する学級活動「(1)学級や学校における生活づく

りへの参画」を、異なる実践として峻別してしまうことは望ましくないだろう。前者は教師によるガイダンス、後者は生徒主体の自治的活動と杓子定規に解釈するのではなく、自己実現と社会参画の緊密な結びつきを意識し、生徒と教師で意思決定のための活動と合意形成のための活動を一体的に創りあげていくことが、「ともに歩む」キャリア教育につながるであろう。

謝辞：本研究は JSPS 科研費 JP20H00093の助成を受けた。
付記：本章は、Kyomen, T. 2022 Characteristics of the Japanese career education model based on contextualism: analysis of the practice of class activities in junior high school, *Collection of Papers of AASVET 2022 (18th Conference in Korea)*, 201-223の邦訳を、三村隆男先生から受けた薫陶をふまえて、大幅に修正・加筆したものである。

注

[1] 本章では、添田（2019）の教育文化の定義を援用して、学校文化を「学校に関わる人々によって習得され、共有され、伝達される、学校における行動・実践様式、学校に対する感じ方、考え方、価値観の総体、学校に関する有形・無形の成果」と定義する。

[2] 集団主義（collectivism）とは、「成員の組織への全面的な帰服」を意味しており、間人主義とは異なる。間人主義は、「他の成員との協調や、集団への自発的なかかわり合いが、結局は自己自身の福利をもたらすことを知ったうえで、組織的活動にコミットする」日本的集団主義（corporativism）という見方を成立させる（濱口, 1982, p. 5）。

[3] ただし、その後ジェラットは、「積極的不確実性」（positive uncertainty）の概念に基づき、理論を補正した。合理的方略に主観的・直感的方略を統合することを主張し、合理性を前提にしつつも、柔軟性かつ主体的な意思決定が重要であるとしている。

[4] 1957年に「職業指導」に代わり「進路指導」の文言が初めて公式に用いられた。背景には、高校進学率が上昇する中で、進学指導がこれまで以上に必要とされるにもかかわらず、職業指導は学校卒業後に就職する生徒に対する職業紹介であり、進学希望者への指導は含まれないと誤解される傾向があったからである（文部省, 1961）。

5 レヴィン（2017, p.239）は、「相互に依存していると考えられる共在する事実の全体」である生活空間としての「場」（field）の雰囲気（atomosphere）が個人の行動や性格を決定し、生き方に大きな影響を与えることを明らかにしている。
6 1960年代に入ると宮坂の学級づくり論は、権力に抵抗できる子どもを育成できないとして、全生研内部から批判される。代わって、大西忠治を旗手とする集団づくり論が主流となり、ソ連の教育学者マカレンコの思想を基盤とする、集団の「きびしさ」を中心に据えた実践が広がっていった。しかし、時期的な問題もあるのか、本節で分析した実践には、大西（1964）の「班・核・討議づくり」で重視される、競い合い、規律に基づく点検、相手を論破する討議などは、全くといってよいほど登場しない。
7 中学生ではなく高校生のデータではあるが、「最終的な進路決定をする際に重視する意見」は、「自分自身の希望」（79.5%）、「保護者の意見」（88.4%）に次いで「友人や先輩の意見」（14.8%）が第3位となっており、ホームルーム担任や進路指導担当教師よりも高くなっている（室山・深町・小菅, 2017）。

引用文献

岩波書店「教育」編輯部　1938　「生活教育」座談會　教育、**6**(5)、70-87。

宇留田敬一　1981　特別活動論　第一法規。

大西忠治　1964　集団教育入門　国土社。

京免徹雄　2021　アメリカ人研究者からみた日本の特別活動の特質－日本型教育モデルの発信を視野に入れて－　日本特別活動学会紀要、**29**、41-50。

京免徹雄　2022　海外の研究者からみた Tokkatsu の機能とメカニズム－学校のエスノグラフィで特別活動はどう描かれてきたか－　筑波大学教育学系論集、**47**(1)、1-14。

京免徹雄　2023　子どもと社会のウェルビーイングに向けた「ともに歩む」キャリア教育　兵庫教育、**74**(11)、4-7。

京免徹雄・下島泰子・西野真由美・山田真紀・林尚示・田中光晴・馮楠　2023　海外の教科外活動の国際比較　京免徹雄・川本和孝・長谷川祐介編　特別活動がつくる学校の未来　IPC 出版センター　Pp.163-189。

小西健二郎　1955　学級革命　牧書店。

佐藤秀夫　2005　教育の文化史2　学校の文化　阿吽社。

島原宣男　1979　教育と人類学的研究　田浦武雄編　教育人類学　福村出版　Pp.11-36。

清水克博・胡田裕教・角田寛明　2021　キャリア形成型コンピテンシーの育成を図る
　　指導要素の検討―小中一貫学園のキャリアノートを用いた実践の授業分析を通じ
　　て―　愛知教育大学教職キャリアセンター紀要、6、27-36。

杉山明男　1964　日本における集団主義教育の歩み　宮坂哲文編　集団主義教育の本
　　質　明治図書　Pp.7-34。

添田晴雄　2019　文字と音声の比較教育文化史研究　東進堂。

高野陽太郎　2008　「集団主義」という錯覚　新曜社。

日本職業指導協会　1963　学級活動における進路指導の効果的実践　実業之日本社。

濱口恵俊　1977　「日本人らしさ」の再発見　日本経済新聞社。

濱口恵俊　1979　日本人にとってキャリアとは　日本経済新聞社。

濱口恵俊　1982　日本的集団主義とは何か　濱口恵俊・公文俊平編　日本的集団主義
　　有斐閣　Pp.2-26。

濱口恵俊　2003　「間の文化」と「独の文化」　知泉社。

春田正治　1978　戦後生活指導運動私史　明治図書。

藤田晃之　1997　キャリア開発教育制度研究序説　教育開発研究所。

藤本喜八　1985　進路指導の定義の歩み　進路指導研究、6、1-13。

藤原美智子　2007　ハリィ・ジェラット：キャリア発達における意思決定　渡辺三枝
　　子編　新版キャリアの心理学　ナカニシヤ出版　Pp.91-105。

三村隆男　2004　キャリア教育入門　実業之日本社。

三村隆男　2013　書くことによる生き方の創造　学文社。

宮坂哲文　1956　生活指導　朝倉書店。

宮坂哲文　1977　集団主義と生活綴方　明治図書。

室山晴美・深町珠由・小菅清香　2017　高等学校の進路指導とキャリアガイダンスの
　　方法に関する調査結果　労働政策研究・研修機構。

文部省　1947　学習指導要領―職業指導編（試案）。

文部省　1949　新制中学校の教科と時間数の改正について（学校教育局通達261号）。

文部省　1951　中学校学習指導要領　職業・家庭科編（試案）。

文部省　1956　中学校学習指導要領　職業・家庭科編（試案）。

文部省　1958　中学校学習指導要領。

文部省　1960　中学校特別教育活動指導書　光風出版。

文部省　1961　中学校進路指導の手びき〔学級担任編〕　日本職業指導協会。

文部科学省　2018　中学校学習指導要領解説　特別活動編　東山書房。

文部科学省　2023　中学校・高等学校キャリア教育の手引き　実業之日本社。

柳 治男　2005　〈学級〉の歴史学　講談社。

レヴィン, K　猪俣佐登留訳　2017　社会科学における場の理論　ちとせプレス。

労働政策研究・研修機構編　2017　「個人化」される若者のキャリア　労働政策研究・研修機構。

労働政策研究・研修機構　2016　国際社会におけるアジアのキャリア教育　労働政策研究・研修機構編　キャリア形成支援の国際的な理論的動向の紹介　労働政策研究・研修機構　Pp. 69-88。

キャリア形成における高校の機能を考える

辰巳哲子

１．プロローグ〜個人のキャリア形成に学校は何ができるのか

　小学校5〜6年生になると急に周囲の大人から「大人になったら何になりたい？」と聞かれる。子どもの頃は聞いた大人に、「どのようにして、今の自分になろうって決めたのですか？」と質問していた。昔のことなので、細かいことは覚えていないが、子どもにそう聞かれた多くの大人が言葉を濁したことについての違和感は今でも覚えている。どう生きるのか─明治期の文豪たちの作品にも出てくるこの問いを、どうすれば解決できるのだろうか。1990年代にはまだ日本語で「キャリア教育」と検索しても情報を得ることは難しかった。そんな時、アメリカの友人との出会いがあった。どうやらアメリカには、キャリア教育というものがあり、その中で、自分のキャリアを考える方法を学ぶことができるらしい、高校に将来のことについて考えるためにキャリアカウンセラーという人がいるらしい。それがキャリア教育との最初の出会いだ。

　各州の調査を進めると、学校から社会への移行法の際に、ノースキャロライナ州、コネチカット州が連邦政府の予算を積極的に獲得していたことがわかった。そこで、すぐにこの2州にコンタクトをとって現地に向かい、州としてどのような支援を行ったのか、学校現場ではどのようにキャリア教育を実施しているのか。現地に飛んでヒヤリングを開始した。ノースキャロライナ州では教科の中で実施することができるように、小学校教員向け、中学校教員向けのキャリア教育授業集を作成していた。コネチカット州では地域の商工会議所と一緒に、職場見学・インターンシップ・ジョブシャドウイング

などのガイドブックを作成して実践していた。その後訪問したオレゴン州で
は、カウンセリングをコアにしたキャリア教育を展開しており、スクールカ
ウンセラーとキャリアカウンセラーの連携強化を課題としていた。州ごとに、
地区ごとに、生徒のニーズは異なっていて、例えばノースキャロライナ州で
は academic development、career development、personal／social develop-
ment という3つの発達を目標に掲げ、治安があまりよくないある地域の中
学校ではキャリア教育の中でギャングとの付き合い方について学んだり、ア
ンガーマネジメントを学んだり、学校から社会に移行するために必要なスキ
ルを学んでいた。オレゴン州では以前の教育長が推進していた Contextual
learning という教室での学習を、将来の役割や現実社会とつなげる教授法を
ベースにしたキャリア教育授業を展開するなどしていた。連邦政府によって
提唱された、「学校でのキャリア教育」「職場でのキャリア教育」「学校と職
場を統合するキャリア教育」という3つの枠組みの形は守りながらも、州ご
とにまったく違う取り組みをしていたのが印象的だ。中でも特に印象的だっ
たのは、①生徒の課題（ニーズ）から方法の検討が始まっていること②学校
が既に持つ資源・資本を基にしたキャリア教育を考え、展開していたという
ことだ。

　その後、2011年の中教審のワーキングに加わり、いくつかの高校とも共同
研究をおこなったが、常に意識していたのは、この時に学んだ、①生徒の課
題（ニーズ）はどこにあるのか。ということと、②学校は生徒のキャリア形
成のために、現有資源の何を活用できるのか（例えば校長のリーダーシップ、
地域の人や企業との関係資本、教員のキャリア教育へのコミットメントの状況など）。
ということだ。

　後述のように、高校キャリア教育は、高校の持つ社会化機能と選抜・配分
機能が大きく関係している。本稿では、これら高校の社会的機能について社
会学の知見を紹介した後、個人のキャリア形成およびキャリア選択における
高校の機能についてこれまでの研究成果を引用しつつ、紹介したい。

2．学校の社会化機能と配分機能

　学校の代表的な役割としては、社会化機能と選抜・配分機能がある。医学
や心理学では個人の内部プロセスを強調するが、社会学では環境の影響を強
調し、子どもの発達を社会化（socialization）という概念で理解する。社会化
は、個人が他者との相互作用を通じてある社会に適した行動パターンを習得
するプロセスである、学校や家庭など、その社会にあわせた知識や文化を子
どもに伝える機能をもつものを「社会化エージェント」と呼び、社会化エー
ジェントとしての学校から一定の影響を受けることによって、生徒は技術や
能力、価値観や態度、アスピレーションを獲得するという見方をとる。高校
キャリア教育の視点では、高校という環境を通じて生徒がどのように変化す
るのか。という見方になる。

　一方、選抜・配分機能とは、学校が集団から子どもたちを選抜しながら、
その適性や能力に応じた様々な社会的地位や社会役割に配分していく機能で
ある。具体的には入学者選抜や本稿で取り上げる高卒就職の際の選抜メカニ
ズムがそれにあたる。順に見ていこう。

3．高校の社会化機能とキャリア教育

　日本の学校の社会化の特質については、70年代から80年代にかけて活発な
議論がおこなわれてきた。従来の社会化概念とは、「制度的価値ないし文化
のパーソナリティへの内面化」（山村, 1973）あるいは、「社会化とは社会がそ
の価値、規範、目標、役割内容、慣習、知識、生活様式などを個人に内面化
させ彼をして社会の期待するような役割を演じ行動をとるようなメンバーに
形成していくこと」（橋爪, 1975）とされる。こうした「機能主義的社会化論」
では、個人が役割を学習することによる社会の価値・規範の内面化が行われ
る一方で「社会から見ればシステムの維持・存続や同調と統合が基調となっ
ている」（安居, 1999）とされ、これを三沢（1985）は、「社会本位の社会化」

としている。「社会本位の社会化」は、社会成員の選択や主体性は考慮され
ていない。

　そこで、社会成員の選択や主体性を考慮すべく、柴野（1989）らの相互作
用論アプローチが「個人本位の社会化論」として提示された（安居, 1999）。
個人本位の社会化論とは、主体性の形成を、個人の個性・交渉性・自律性の
獲得に求めており（柴野, 1989）、「受動的な社会化過程の産物たる社会性」
（安居, 1999）と区別している。さらに、「個人本位の社会化論」を展開するに
あたり、社会化論の再検討における三原則を示している。第一に、社会本位
の社会化とは異なり、社会学的個人主義の立場に立つこと、第二に、能力性
の獲得という意味でのパーソナリティの形成、第三に、個人のライフサイク
ルに応じた発達課題に注目することである。このような個人のパーソナリテ
ィの形成や発達課題への着目は、個人の主体性・自律性を求めたキャリア教
育の考え方とも一致しており、キャリア教育は、「個人本位の社会化論」で
説明することができると考えられる。平たく言うと、キャリア教育は、その
社会において教師が持つ社会の規範や慣習、知識を生徒に伝達することによ
って成立するのではなく、生徒を取り巻く他者との対話や環境との相互作用
によって成立するものであり、個人が何を学んだのか、個人がその経験をど
う意味づけするのかということによって成立する学びであると言えよう。川
喜多（2014）の定義を参照すると、キャリアは「個人がその人生を通じても
つ一連の経験であり、内的には本人の意味づけである」とあり、キャリア形
成に対する高校の役割を捉えるには、こうした経験を通じて得られた内的な
本人の意味づけを取り出す必要があると考える。

3-(1).　高校キャリア教育は、働くことの意味づけに影響するのか

　では実際に、高校キャリア教育は個人のキャリア形成にどのような影響を
持っているのか。ここでは、個人の働くことの意味づけにどのように影響し
ているのかを探索するため、リクルートワークス研究所によって実施された

インターネット調査のデータを用い、数量的な二次分析を行う。調査は大学生の学習状況の実態把握を目的としておこなわれており、首都圏の学力中位から高位の4年制大学に在学する2〜4年制の25歳以下の社会科学系・人文科学系の男女を対象に2018年2月23日から2月27日にインターネットモニター調査としておこなわれた。データクリーニングをおこなった後、有効回答数1298名中、普通科高校出身者である1103名を分析対象とした。

3-(2). 高校のキャリア教育が、働くことの意味づけにもたらす影響

　調査ではキャリア教育で実施されている事柄について、「あなたは高校時代に学校で以下のことを経験しましたか？　経験したものをすべてお選びください」と聞き、各項目について「1．受けなかった」「2．受けた」で回答を求めた。調査項目については、国立教育政策研究所で調査された項目に

表1　高校で受けたキャリア教育

	受けなかった		受けた	
	N	%	N	%
インターンシップを取り入れた授業	795	95.6%	37	4.4%
オープンキャンパスを取り入れた授業	643	77.3%	189	22.7%
自分の個性や適性（向き・不向き）を考える学習	535	64.3%	297	35.7%
将来の進路・職業を設計・計画することを目的とした授業	408	49.0%	424	51.0%
資格取得・就職支援を目的とした授業	731	87.9%	101	12.1%
勤労観・職業観（なぜ働くのか等）について考える授業	743	89.3%	89	10.7%
社会課題などをグループで討議し、解決策を考えるディスカッション型の授業	637	76.6%	195	23.4%
社会・経済の仕組み、業界や職業などを学ぶ授業	672	80.8%	160	19.2%
労働者としての権利や義務について学ぶ授業	741	89.1%	91	10.9%
進学にかかる費用や奨学金について学ぶ授業	729	87.6%	103	12.4%
社会全体のグローバル化（国際化）の動向について学ぶ授業	639	76.8%	193	23.2%

表 2　個別のキャリア相談

	受けなかった		受けた	
	N	%	N	%
偏差値重視	610	55.3%	493	44.7%
国立優先	688	62.4%	415	37.6%
やりたいことにあった大学選び	257	23.3%	846	76.7%
決定先送り	841	76.2%	262	23.8%
やりたいこと探し	337	30.6%	766	69.4%
やりたいことにあった学部選び	467	42.3%	636	57.7%

準拠した。結果は**表 1**の通りである。対象者が首都圏の学力中位校以上出身の社会科学・人文科学系のであることもあり、同年の国立教育政策研究所のデータと比べると一連のキャリア教育について「ある」と回答した比率は低い。

　個別のキャリア相談は 6 項目（**表 2**）を作成した。「あなたは、高校での進路指導において、先生から下記のような指導を受けましたか」という問いに対し、「少しでも偏差値の高い大学に入れるよう努力しなさい」（偏差値重視）、「私立よりも国公立の学校に進学した方が良い」（国立重視）、「自分のやりたいことにあった大学選びをしなさい」（やりたいことにあった大学選び）、「将来のことは進学してから考えなさい」（決定先送り）、「自分のやりたいこと・向いていることを探しなさい」（やりたいこと探し）、「将来やりたい仕事につながる学部選びをしなさい」（やりたいことにあった学部選び）を提示し、「1．受けなかった」「2．受けた」で回答を求めた。記述統計の結果から、もっとも多く指導されていたのは、「やりたいことにあった大学選び」であり、次に「自分のやりたいこと・向いていることを探しなさい」であり、荒川（2009）が指摘した、「生徒の興味・関心や将来の夢に関連付けた学習・進路選択を促すかたちでの指導」の結果であると考えられる。

　次に、高校において「働くこと」を、個人がどのように意味づけたのかを

表3　高校授業を通じて得られた働くことの意味づけ

	N	%
働くことは辛いことだ	38	3.4%
2	84	7.6%
3	301	27.3%
4	210	19.0%
働くことはおもしろいことだ	60	5.4%
高校では働くことについて学んでいない	410	37.2%

把握するために、「高校で、働くことはどういうことだと学びましたか？」
と尋ね、「1．働くことは辛いことだ」から「5．働くことはおもしろいこ
とだ」までの5件法に加え、高校で働くことについて学んでいない場合の選
択肢として「6．高校では働くことについて学んでいない」を設けた。その
集計結果を表3に示す。この結果からは、対象が首都圏の中上位高校となる
と、働くことについて学ばないまま卒業する生徒が一定数存在すること、高
校という場を通じて「働くことは辛いことだ」と学んでいる生徒も存在する
ことが明らかになった。

　次に、働くことに対する意欲では、高校時代と大学生になった現在で働き
たいと思っているかどうかを尋ねた。高校時代については「高校時代に将来
「働くこと」についてどのように考えていましたか」と尋ね、大学時代につ
いては、「あなたはいま、将来「働くこと」についてどのように考えていま
すか？」と尋ね、それぞれ「1．できることなら働きたくない」「2．どち
らでもない」「3．はやく働きたい」の3件法で回答を求めた。

　そして、高校の社会化機能を明らかにするため、生徒の既得情報、高校で
受けた授業（高校環境）、学生時代になってからのアウトプットで構成される
モデルを検証することとした。

　インプットの違いによって環境の影響がどのように異なるのか、仮説モデ
ルのアウトプットとして設定した現在（大学生）の働く意欲を目的変数とし

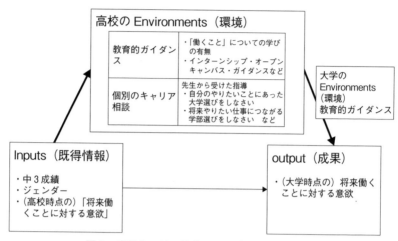

図1　高校キャリア教育・インパクト仮説モデル

た分析を実施した[1]。

　この結果からは、働く意欲への直接的な影響が確認されたのは「将来の進路・職業を設計・計画することを目的とした授業」「労働者としての権利や義務を学ぶ授業」であった。ともに、大学でのキャリア教育授業の影響を統制してもなお、大学段階での働く意欲に対して負の影響が確認された。

　次に、「働くことについて習っていない」場合と習った上で「辛い」という意味づけを得た場合とで、どのように大学段階での働く意欲に対する影響が異なるのかを明らかにすることを試みた。表3で得られた分析の結果をもとに、「高校授業を通じて得られた働くことの意味づけ」の3グループを作成した。具体的には、「高校授業を通じて得られた働くことの意味づけ」の回答のうち、①働くことへの嫌悪を示す1と2の選択肢を選択した学生を嫌悪群、②働くことへの好意を示す4と5を選択した学生を好意群、③「6．働くことについて習っていない」を選択した学生を未学習群に分類し、大学での働く意欲について、分析をおこなった[2]。この結果からは、高校で「働くこと」について「おもしろいことだ」と学ぶことは、大学入学後の働く意

表 4　大学での働く意欲に影響する高校キャリア教育授業 （N=693）

		step1 β	step2 β	step3 β
input	中3成績ダミー（1：上のほう、0：下のほう）	.219*	.178	.206
	性別ダミー（男1、女0）	.034	.034	.091
統制変数 大学でのキャリア授業	受講_インターンシップ		.064	.116
	受講_将来の進路設計授業		.028	.130
	受講_資格取得・就職支援授業		-.119	-.104
	受講_なぜ働くのか学ぶ授業		.153	-.097
	受講_社会課題をグループ討議		.048	.074
	受講_社会・経済の仕組みを学ぶ		-.102	-.096
	受講_労働者としての権利		.055	.107
	就職活動経験		.028	-.059
	高校での働く意欲		.339**	.283*
Environ-ments （環境）	働くことについての学習状況（1：働くことは辛いことだ～5：働くことは面白いことだ）			.219*
教育的ガイダンス	高校_働くことの学び有無			.173
	高校_キャリア授業インターンシップを取り入れた授業			.036
	高校_キャリア授業オープンキャンパスを取り入れた授業			.082
	高校_キャリア授業自分の個性や適性（向き・不向き）を考える学習			.036
	高校_キャリア授業将来の進路・職業支援・就職支援を目的とした授業			-.248*
	高校_キャリア授業資格取得・計画することを目的とした授業			.057
	高校_キャリア授業勤労観・職業観について学ぶ授業			.023
	高校_キャリア授業社会・経済の仕組み（なぜ働くのか等）について考える授業			-.001
	高校_キャリア授業労働者としての権利や義務について学ぶ授業			-.221*
	高校_キャリア授業業界や職業などを学ぶ授業			-.114
	偏差値重視			-.029
個別のキャリア相談	国立優先			-.080
	やりたいことにあった進路選択			-.078
	決定先送り			-.125
	やりたい仕事にあった学部選択			-.041
R²値（調整済）		.029	.132*	.209*
⊿R²		.048	.179**	.193*

欲を上昇させる傾向があるが、高校で「辛いこと」だと学ぶと働く意欲を低下させる傾向にある。しかもこの意欲の低下は、大学入学後も影響し続けており、高校時代に働くことについて学んでいない場合に比べても大学時代における働く意欲を有意に低くさせる傾向にあることが示唆された。

　以上の結果からは、高校入学時点で既に個人が持っている「働くこと」についての印象も無視できないものの、高校教育の効果として「働くことをどのようなものとして伝えるか」ということについても同様に、無視できないことが示された。

3-(3). 結果のまとめ

　第1に、高校の教育的ガイダンスにおいて、働く意欲への直接的な影響が確認されたのは「将来の進路・職業を設計・計画することを目的とした授業」「労働者としての権利や義務を学ぶ授業」であった。ともに、大学でのキャリア教育授業の影響を統制してもなお、大学段階での働く意欲に対して負の影響が確認された。第2に、これら一連の「教育的ガイダンス」および「個別のキャリア相談」を通じて生徒が「働くことの意味」を、「働くことはおもしろい」なのか「働くことは辛いことだ」のどちらにより近い意味として受け取っているかということが、大学進学後の「働く意欲」と関連を有していることが認められた。第3に、高校時代に「働くことについて習っていない」者よりも授業を通じて「働くことは辛いことだ」という意味を受け取った者のほうが、大学入学後の働く意欲が低い傾向にあることが確認された。第4に、生徒の働く意欲が高いか低いかによらず、高校の授業が働くことの個人の意味づけに対して介入できる可能性があり得ることが示された。

　高校キャリア教育は個人の仕事観に中長期の影響を与えていた。生徒らの「働くこと」の意味づけにどう関わるか、方法について更なる議論が必要だ。

４．高校の選抜・配分機能とキャリア教育

　続いて、２つめの高校の機能、「選抜・配分機能」に目を向けよう。ここでは高卒就職者に対する支援を取り上げる。高校生の就職者数は約20万人で、20年ほど横ばいが続いている（文部科学省学校基本調査）。３年以内の離職状況では、大卒が31.5％であるのに対して、35.9％である（厚生労働省、2022）。高校生の就職には、関係者の申し合わせで作られたルールが存在している。就職スケジュール、求人票および提出書類の様式など多岐に渡っているが、もっとも影響が大きいとされるのが「１人１社制」だ。選考開始後の一定期間は応募者１人につき面接を１社しか受けられないとされる。2018年に閣議決定された「経済財政運営と改革の基本方針2018」では、この１人１社制について、「高校生の職業選択の幅を狭めているのではないか」という懸念からその在り方自体を検討することが示された。しかし、申し合わせ以前の問題として、高卒就職の全体像はいまだ明らかになっていないことが多い。高卒就職の仕組みはどのようか。どこに問題があり、高校でできる打ち手にはどのようなものがあるのか、若手高卒就職経験者・高校・企業の調査結果[3]を概観し、考察したい。

4-(1).　9人に1人が最初の会社を半年以内に辞める、「超早期離職」

　少子高齢化で人手不足が進む中、特に企業は今、高卒人材の獲得が困難になってきており、高卒就職者の就職後３年以内の早期離職率は低下傾向にある。そのような環境においても引き続き問題なのは、入社後半年以内に離職する超早期離職者の存在だ。初期の離職はミスマッチの問題であると考えられるが、さらに問題なのは、このミスマッチがその後の非正規雇用の比率や無業期間の長期化を促進しているということだ。

　どうすればミスマッチは防げるのか。それには就職活動での情報収集が有効だ。分析結果からは、調べた企業の数、仕事内容や労働環境についての情

表5　離職時期とその後の就職状況の関係

		就職状況		
		現職の非正規雇用割合	3年以上の非正規雇用期間があった割合	3年以上の無業期間があった割合
離職時期	半年以内離職者	35.6	31.7	8.0
	3年以内離職者	31.5	26.9	7.2
	3年以内離職せず	11.1	17.9	3.6

(%)

報量が十分な状態になるほど、半年以内の離職率が改善されることが明らかになっている。

　高卒就職者のうち55.4%は、1社だけを調べ、1社だけ見学し、1社だけ受け、1社に内定している。このように「1社限定」で就職した生徒と、キャリア教育や就職活動の機会を通じて入社前に「2～3社」を調べて就職した生徒との間では、入社後に感じる事前イメージのギャップが大きく異なっている。職場見学などで事前に「2～3社」を見ることについて、現職の教員からも、「職場見学は必ず2社以上行かせる。ある程度職種が決まっている子は同じ職種で2社。まだ迷いのある子は同じ職種で2社と別の職種でもう1社。1社しか見ないと入社後に他に行ったほうがよかったのではないかと迷うから、必ず複数社見たうえで決めさせる。(公立・普通科)」といったコメントがみられている。大卒のように何10社も比べる必要はない。このように2～3社をくらべて就職することで、自分で選んで決めたという実感が増し、その後の超早期離職が防げるなら企業にとってもメリットは大きい。

4-(2). 就職活動の在り方が、長期のキャリア形成に影響する

　近年、会社が将来のキャリアを用意するのではなく、キャリア自律やキャリアオーナーシップなど、仕事と働くことの関係を自分で再構築したり、自

表6　入社前に調べた企業数と入社後のイメージギャップの関係

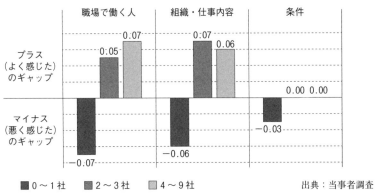

■ 0～1社　　■ 2～3社　　□ 4～9社　　　　　出典：当事者調査

①	就職理由	特になし
②	成績	高校3年生の時の成績
③	入社動機	自己実現重視
④	高校授業	働くことに対してポジティブなイメージをもった
⑤	自己決定	就職活動（就職先・応募企業・業種・進め方）

「自分のキャリアを自分でつくる」の質問項目

「大事な決断は自分の信念に従って行う」　　　「自分自身の成長につながるチャンスを探している」
「自分の将来については自分でかじを取る」　　「世の中の変化や自分を取り巻く環境に関心をもっている」
「決める前には、いろいろな選択肢を検討するほうだ」「物事を粘り強くやり遂げることができる」

図2　「自分のキャリアを自分でつくる」ことに影響する高校時代の経験

分のキャリアを自分でつくることの重要性が増している。「自分のキャリアを自分でつくる」とは、キャリアのセルフマネジメント、好奇心、未来志向、問題解決に対する自己効力感から構成される[4]。高卒後に働く若者たちが主体的に「自分のキャリアを自分でつくる」には、高校でどのような経験が必

要なのだろうか。高校での学習や就職活動の影響を分析したところ、以下のような結果が得られた。

　就職理由「特になし」は、キャリアを自分でつくることにマイナスの影響を与えていた。高校 3 年生での成績はプラスの影響が、やりがいや自己成長を重視した入社動機もプラスに影響している。高校の授業を通して「働くことに対するプラスのイメージをもった」こと、就職活動の自己決定感は、自分のキャリアを自分でつくることにプラスの影響がみられた。高校在学中の経験が長期のキャリア形成に影響していることが示された結果となった。

5．相互作用の場としての高校キャリア教育への期待

　本稿では、個人のキャリア形成に高校はどのような機能を果たしているのかという問いに応えるため、高校を通じた働くことの意味づけがその後の働く意欲に与える影響、高校でのキャリア教育や就職活動の機会が中長期のキャリア形成に影響することを示した。高校で「働くこと」について「おもしろいことだ」と学ぶことは、大学入学後の働く意欲を上昇させる傾向があるが、高校で「辛いこと」だと学ぶと働く意欲を低下させる傾向にある。この意欲の低下は、大学入学後も影響し続けており、高校時代に働くことについて学んでいない場合に比べても大学における働く意欲を低くさせていた。高卒就職者については、高校 3 年生での成績はプラスの影響が、やりがいや自己成長を重視した入社動機もプラスに影響している。高校の授業を通して「働くことに対するプラスのイメージをもった」こと、就職活動の自己決定感は「自分のキャリアを自分でつくる」ことに対してプラスの影響がみられた。

　冒頭で紹介したように、キャリア教育は教師や大人たちから一方的に正解を教わるものではないため、学校という場における仲間や教師、企業人などとの相互作用の機会を通じて個人が自分自身の仕事についての主観を育んでいく必要がある。そのために魅力的な相互作用を起こす場をどうつくること

ができるのか、引き続き高校キャリア教育への期待は大きい。

注

[1] 階層的重回帰分析を実施した。分析の説明変数には、step1 にインプットである中学 3 年生の成績と性別を、step2 には統制変数として大学段階のキャリア授業と就職活動、高校の働く意欲、step3 には、高校の環境変数を強制投入法により投入した。環境変数には、活動単位での効果を確認するため、活動項目をそのまま変数として投入した。自由度調整済みの R^2 値を確認すると決定係数は step2 で.194（$p < .05$）であり、有意なモデルが示された。

[2] 一元配置の分散分析をおこなった。平均値はそれぞれ好意群が2.13、嫌悪群が1.53、未学習群は1.78であり、一元配置の分散分析の結果、0.1％水準で有意となった（$F_{(2,799)} = 25.69, p < .001$）。さらに多重比較（Bonferoni）の結果、すべての組み合わせにおいて 5 ％水準で有意な差がみられた。

[3] 高校卒就職当事者に関する定量調査（当事者調査）。高校卒者の就業後課題の実態、および在学時の就職活動・就職指導等の状況を把握するため以下の通り実施された。2020年 9 月10日〜 9 月14日。インターネットモニター調査（平成27年国税調査による性別×年代×居住地域別での人口動態割付にて回収。就業年数 2 年以上、初職が正規雇用者である39歳までの就業者で最終卒業校が高校の者。回答者数4,068名。

[4] 「自分のキャリアを自分でつくる」とは、持続可能なキャリア論で指摘されている、キャリアの決定が個人に委ねられていることを意味する。

引用文献

辰巳哲子、古屋星斗（2021）高卒就職の実態、課題、展望 どうすれば高校生は「自分で選んで決めた」実感をもって働き始められるのか。Career guidance ＝ キャリアガイダンス、53(1)、35-43。

辰巳哲子（2020）キャリア形成における高校キャリア教育の役割、お茶の水女子大学、博士論文。

参考文献

荒川葉、2009、『「夢追い」型進路形成の功罪：高校改革の社会学』、東信堂。

橋爪貞雄、1975、「中学生の社会化と学校－二つの価値志向をめぐって－」、『人間の発達と学習』現代教育講座 5 、第一法規、pp.121。

北村雅昭、2022、『持続可能なキャリア―不確実の時代を生き抜くヒント』、大学教育出版。

柴野昌山、1989、『しつけの構図―理論的枠組―。しつけの社会学』世界思想社。

三沢謙一、1985、「社会化研究の課題」『評論・社会科学』、第26巻、pp. 46-66。

山村賢明、「社会化研究の理論的諸問題」、日本教育社会学会編『教育社会学の基本問題』1973、東洋館出版社、pp. 97。

安居哲也、1999、「社会化論の展開―再社会化の視点から」『同志社社会学研究』、3号、pp. 87-99。

私の研究事始め
―少年院の矯正教育研究から学校の生徒指導研究へ―

宮古紀宏

はじめに

　本書は、早稲田大学教育・総合科学学術院教授である三村隆男先生のご退職を記念した論文集である。本書のタイトルにもある「事始め」とは、「始発から現在まで」という含意がある。寄稿のご依頼をいただき、その趣旨については、どのようにキャリア教育に出会い、そして、多様な要素を含むキャリア教育という概念を、どのように解釈され、研究・実践をしてきたか、これまでの研究・実践の来し方とともに、自身のキャリア教育観の現在地点を執筆するというものであった。正直に申し上げ、筆者のような研究歴も浅く、浅学なものが執筆するには、難しいテーマであり、手に余るものであった。

　だが、筆者の研究キャリアにおいて、三村先生との出会い、三村先生からいただいた薫陶はとても大きなものである。筆者は、米国のオルタナティブ学校研究を行ったことがあるが、そのきっかけは、三村先生にいただいたものであった。現在、筆者は、日米の学校風土研究をしているが、三村先生にもお関わりいただき、お力添えをいただいている。振り返れば、三村先生には、実に多くの学びの機会をいただき、その深謝の思いを少しでも表したいと思い、執筆させていただくことにした。

　なお、筆者の専門は生徒指導である。生徒指導とキャリア教育は密接な関係にあるものの、上記の趣旨についてはキャリア教育を生徒指導と読み替えて、寄稿させていただくこととした。本稿は、「私の研究事始め」と題し、

筆者がなぜ生徒指導に関心を持ち、時期によっては研究の対象を異にしつつ
も、その主軸としては、生徒指導を据えて研究を続けてきたのかについて、
述べていきたい。そして、その振り返りを通して、あくまで自身の生徒指導
観について、現在地点を述べて結びとしたい。本稿は、あくまで自身のこれ
までの拙い研究とそれを通して得られた雑感等を記したものに過ぎないもの
であることをあらかじめお断りしておく。

1．研究キャリアの契機－少年院の法務教官の経験と矯正教育研究－

　大学を卒業し、2002年4月から筆者は、短期処遇課程（当時）の少年院に
て、法務教官として勤務することとなった[1]。だが、筆者は2003年3月に法
務教官を退職したため、在職期間はわずか1年間であった。このわずか1年
間の経験について触れるのは、筆者の研究事始め上、ターニングポイントと
なる1年間であったためである。

　退職の理由は、いくつかあるが、おそらく最も大きかったのは、当時、自
分の中で生じた問題意識について、自分なりに消化することができなかった
ことであろう。その問題意識というのが、生活指導の在り方であった[2]。

　少年院の生活指導は、法務教官と在院少年との「人格相互の切り結び」[3]と
も表現されるように、その仕事において最もタフであり、かつ、やりがいを
感じる醍醐味の一つである。要保護性と非行事実から、家庭裁判所の少年審
判を経て、保護処分としての少年院送致となるのは、『令和4年版犯罪白書』
によれば、家庭裁判所の終局処理のうちわずか3.5%（終局処理38,914人のう
ち少年院送致1,377人）であり、短期処遇施設といえども、いわゆる一般の子
どもに比して、在院少年は様々なリスクとニーズを抱えているといえる[4]。

　当時、教育部門に配属された筆者は、寮担当の教官となった。少年院は、
複数の寮で構成されており、筆者が勤務していた少年院は、一つの寮に20名
程度の少年を収容していた。一寮あたり5～6名の寮担当の法務教官で、チー
ムを組み、この一つの寮の在院少年20数名を、生活指導していくのである。

在院少年と寝食をともにするとまではいかないものの（在院少年の食事を教官が食べるようなことはあってはならないため、また、少年の食事中は教官は食事をとらず監督）、寮担当の教官は、ローテーションを組み、当番制で寮に泊まり、当直をするため、寝食の「寝」については一部ともにしているともいえる。

　少年院では、個別担任制が敷かれているが、この5〜6名の教官それぞれに、寮内の在院少年が割り当てられ、日頃の細かな生活上の指導や助言からはじまり、少年院での課題に取り組ませ（日記や作文、内観、教科学習、実科実習、問題群別指導など）、過去の非行に向き合わせつつ、これからの生き方について丁寧に根気強く考えさせていく。

　日中は、出寮し、その少年院が有する実科実習（当時の勤務先では、集団行動訓練（探索課程）、工芸、農園芸等があった）ごとに分かれて、進級等に応じて寮を横断して編成されるメンバーで、各活動に取り組む。夕方に在院少年が帰寮すると、夕食指導、日によってグループ協議（非行のテーマ別の学習）の指導や入浴介助（週3日程度）がある。在院少年には、仮退院までの間、進級の程度に応じて相当な量の作文をはじめ、多くの課題が課せられる。毎日、日記を書くことも求められる。そのため、21時過ぎの消灯後も延灯学習申請をして各自の課題に取り組むものが多くいた。

　わずか1年間の勤務経験ではあったが、それでも筆者は、厳しい在院生活の中で、まさに法務教官が蓄積してきた経験知の集積ともいえる「他律から自律へ」と変貌していく在院少年の姿を目の当たりにすることができた。少年院という統制された環境の中で、今まで十分にしてこなかった勉強や運動に打ち込むことで、自らのポテンシャルを開花させる者もいた。これほど伸びるのか、変わるのかと思う在院少年ばかりだった。そういう少年を目の当たりにするたびに環境（家庭、学校、就労先等）の大切さを実感した。少年院は厳しい場所であり、規律違反をすれば出院時期が延期されるため、在院少年は本心を隠して、従っているふりをしているという指摘や意見もある。確かに、そういう者もいるであろう。だが、体育館で行われる仮退院式で、教

官と在院少年が見守る中、仮退院する少年の誓いの言葉と涙、担当教官の贈る言葉のあの瞬間に、筆者は、嘘偽りはないように感じた。

　少年院の教育力、感化力を目の当たりにした1年間であったが、生活指導の在り方は、当時、自分なりにうまく消化できなかった。先に述べたように、これは筆者の退職の主な理由の一つである。端的に言えば、矯正教育の目的のもと、生活指導において、在院少年の態度や行動、価値観に対して、どこまで介入を行うことが妥当であり、また、許容されるのかという判断基準の難しさを、自分なりに消化することができなかった。少年院の矯正教育は、在院少年の改善更生、すなわち、犯罪的傾向の矯正や非行性の除去、少年の健全育成を目的に行われる。そのため、生活指導は、非行につながる考え方や信念、態度、行動、さらには、交友関係にも及ぶ。

　また、在院少年は、必ずしも更生へと動機づけられている者ばかりではないため、入院初期の探索課程時には、少年院での生活の規則や行動様式を習得させるために、厳格な集団行動訓練が行われる。当時、大学を出たばかりの筆者は、集団行動訓練のあまりの厳しさに衝撃を受けたことを覚えている。まさに一挙手一投足、行動を統制する強力な他律から、生活を通して、在院少年本人の更生意欲を喚起させることが目指されるのである。

　こういった実践が功を奏してきた面は、多分にあろう。少年院の大変厳しくも、あたたかい環境の中で、変容する少年がいることは先に述べたとおりであるが、初任の筆者は、矯正教育の生活指導は、どこまでの介入が正当化されるのか、強力な行動への統制ないしは訓練と体罰との線引きをどう考えるのか等、危ういバランスの中で、行われているようにも感じていた。

　この時の問題意識が、その後の筆者の研究者生活を方向付けたと考えている。悩んだ末に退職した筆者は、教育学部に学士編入し、大学院に進学した。特に修士課程の研究は、矯正教育の日米比較であった。米国の矯正教育が日本よりも優れているというつもりはないが、米国に着目したのは、実践にエビデンスを重視しているという点にあった。非行や犯罪の要因の解明とアセ

スメントへの応用、認知行動理論に基づいた処遇プログラムは、当時の筆者には新鮮に映った。特に、犯罪心理学の研究により、効果的な処遇プログラムの原則（リスク原則、ニーズ原則、反応性原則）が明らかにされていた（Andrews et al., 1990）[5]。アセスメントによって明らかにされたリスクをいかに低減させるかを目的とする処遇理論は、過剰な介入を予防することや実践に正当性を付与しうることになるのではないかと考えた。米国の矯正教育研究は、筆者の問題意識であった生活指導の望ましいあり方を考える上で、エビデンスベースという視点を提供するものであった。

２．学校と関係機関との連携に関する研究

　矯正教育の研究からスタートした筆者は、その後、学校を基盤とした関係機関との連携に関する研究を行うことになった。そのきっかけが、2009年から2012年に行われた「独立行政法人科学技術振興機構社会技術研究開発センター研究開発プログラム〈犯罪からの子どもの安全〉研究開発プロジェクト『犯罪から子どもを守るための多機関連携モデルの提唱』」（研究代表者：石川正興）への連携研究者としての参加であった。

　この共同研究は、子どもの被害者化と加害者化の防止をテーマに、子どもに関わる各関係機関が行政のセクショナリズムを超えて、どのように適正かつ効果的に連携・協働できるかを探求することであった。筆者は、大学院の指導教授であった石堂常世先生（現在、早稲田大学名誉教授）と大学院の研究室の後輩である帖佐尚人先生（現在、鹿児島国際大学准教授）と一緒に、学校・教育委員会を起点とする連携の研究を担当することとなった。本共同研究では、北九州市、札幌市、横浜市といった政令指定都市を調査対象として、学校・教育委員会、警察・少年サポートセンター、児童福祉関係機関の実務家の方々と連携し、インタビューや訪問調査、意見交換会等を行った。

　この共同研究を通して、学校を基盤とした関係機関との連携を適正かつ効果的なものとする上では、学校自体が連携に開かれている等、連携の準備性

に関する学校内の生徒指導体制の整備（例、生徒指導主事の専従化）、学校外の
関係機関のサポート体制の整備（例、連携ニーズに対するアクセスの容易さ）、
学校と関係機関との接続体制の整備（例、SSWや教育委員会指導主事等のコー
ディネーター機能）、関係機関連携のためのコンプライアンスの整備（例、学校
警察連絡制度）といった4つの観点が要点になりうることを明らかにした[6]。

　この共同研究に携わっていた時期の筆者は、教職大学院の助手、そして、
助教という立場にあり、矯正教育だけでなく、学校教育を研究する必要性を
感じていた。この共同研究では、学校や教育委員会をはじめ、警察や児童福
祉といった各分野へのフィールドワーク等を行うことを通して、学校におけ
る生徒指導、警察における補導、児童福祉のケースワークといった子どもに
関わる各関係機関の支援の実際に触れることができ、自らの視野を広げるこ
とにつながったと捉えている。

3．米国のオルタナティブ学校の研究

　学校を基盤とした関係機関連携の研究の後、筆者は、米国のオルタナティ
ブ学校の研究を行った。このきっかけを与えてくださったのが、三村隆男先
生である。助教として勤めていた教職大学院に、三村先生がいらっしゃり、
大学院生の引率を兼ねた米国出張のお誘いをいただいたのである。これが、
筆者にとっての初めての渡米であり、2012年のことである。その後、筆者も
いくつかの大学を異動し、環境の変化があったが、米国に現在（2023年12月）
までに6回出張し、そのうち、5回は三村先生と渡米している。筆者の米国
研究は、三村先生の御支援なくしてはあり得なかったと考えている。

　渡米は、主にカリフォルニア州であるが、三村先生が長年にわたり交流を
深めてこられたDarryl Yagi先生が丁寧なコーディネートをしてくださり、
これまでに、州教育省や郡教育委員会、学区教育委員会、小学校、中学校、
高校、州立大学、コミュニティカレッジ、CBO（community based organiza-
tion）など、実に多くの学校や教育行政機関、非営利組織などを訪問させて

いただいた。

その中でも、筆者が研究対象として惹かれたのは、カリフォルニア州のオルタナティブ学校であった。オルタナティブ学校に関心を寄せることになったのは、筆者に少年院法務教官の経験があったからかもしれない。

ここでいうオルタナティブ学校とは、新教育系の流れをくむ学校のことではなく、学区や郡が設置するニーズを抱えた生徒を対象とする公立の学校群のことである。ここでいうニーズとは、薬物や暴力、怠学をはじめとする何らかの行動上の問題を抱えた生徒への支援ニーズであり、一般の学校では十分な支援が提供できないと判断された場合、オルタナティブ学校に転校させられることになる。

転校の手続きは、オルタナティブ学校の種類によるが、生徒のリスクレベルによって多層化されており、リスクレベルの高い学校ほど、転校の手続きは厳格である。オルタナティブ学校の種類は、生徒のリスクレベルの低い順から、継続高校（continuation education）、コミュニティデイスクール（community day school）、郡コミュニティスクール（county community school）、コートスクール（court school）となっている[7]。

継続高校は、学区教育委員会が設置するもので、高校までが義務教育であるカリフォルニア州の生徒に対して、何らかの形で一般の学校を離脱した生徒に、高校卒業資格を取得させることが目指される。オルタナティブ学校の中でも最も数が多い学校種である。

郡コミュニティスクールは、学区レベルのオルタナティブ教育を用いても生徒の行動上の問題が改善されない場合等に用いられ、学校教育と並行して、有資格のCBOによるエビデンスに基づく薬物乱用防止プログラムなど、他の関係機関と連携した専門的な支援も組み込まれている[8]。

この郡コミュニティスクールの設置コンセプトには「多機関的資源」（multi-agency resources）という言葉が掲げられているが、これは、つまり、多様なリスクやニーズを抱える在校生に対して、郡コミュニティスクールと

いう学校を場に、多様な専門職や地域の関係者が、それぞれの専門性と、知恵や技を持ち寄って、連携・協働することで、生徒の最善の利益の達成を目指すというものである。日本のチーム学校のコンセプトとも相通ずるものといえよう。

　コートスクールとは、少年鑑別所や少年院といった少年矯正施設の中に、郡教育委員会が設置する学校（少年矯正施設内の一区画などを使用）のことである。少年裁判所により、少年矯正施設に身柄を移された者に対する学校教育を保障する機能を果たしている。少年矯正施設とコートスクールは、場を同じくしているため、矯正職員と学校の教員が連携することになる。日本においても矯正教育と学校教育の連携の制度的なあり方として、一考に値するのではないかと考える[9]。

　何度かの渡米を経て、各種のオルタナティブ学校を訪問するとともに、郡コミュニティスクールやコートスクールの重要な連携先であるプロベーションオフィス（Probation Office）にも訪問し、インタビューを行うことで、カリフォルニア州のオルタナティブ学校の実態を研究することができた。

　プロベーションオフィスのスタッフへのインタビューで、所管している矯正施設に子どもを収容するよりも、むしろ、できる限り、学校（オルタナティブ学校）を場に、プロベーションスタッフや関係者が訪問して、教員と一緒になって、子どもを支援することで、学校教育というコミュニティから離脱させないようにすることが重要とのお話は、とても印象に残った。オルタナティブ学校から一般の公立学校へ復学させ、中等後教育であるコミュニティカレッジへの進学を目指させているとのことであった。学校教育からの早期の離脱を防止し、学びの履歴を積み重ねさせることで、子ども自身による将来への意思決定に質と厚み、選択肢の幅をもたせられるような支援が目指されていた。

4．学校風土の研究

　筆者は、2017年度に国立教育政策研究所生徒指導・進路指導研究センター（以下「生徒指導研究センター」とする。）に着任し、現在に至る。生徒指導研究センターに着任後は、筆者の前任者であり、長きにわたり総括研究官として活躍され、いじめ追跡調査や生徒指導支援資料、生徒指導リーフを手がけてこられた滝充先生（現在、国立教育政策研究所名誉所員、フェロー）に御指導をいただく機会に恵まれた。また、日本生徒指導学会長である八並光俊先生（東京理科大学教授）とも当センターの共同研究でご一緒し、御指導をいただいている。もちろん、三村先生からも引き続きの御指導をいただいており、ありがたいことに、大御所の先生方3名から薫陶を賜っている。大変贅沢なことであると深謝している。

　生徒指導研究センターのこれまでの研究成果からは、児童生徒にとっての安心・安全の場づくり（居場所づくり）と、児童生徒と教職員との関係づくりや児童生徒同士の関係づくり（絆づくり）の意義が示されている[10]。そして、居場所づくりと絆づくりを軸に、児童生徒のデータ（例、不登校の新規数と継続数）を活用して、PDCAサイクルを実施していくことで、学校の組織改善を促すというアクションリサーチ型の事業が行われてきた[11]。

　これは学校風土（School Climate）に関する研究や学校改善（School Improvement）、職能開発（Professional Development）といった研究とも通底している。筆者は、生徒指導研究センターに着任後、小学校や中学校、高等学校の管理職や生徒指導主事（生活指導主任）、教務主任、学年主任、新任の教員へのインタビュー調査等を通して、学校風土の重要性を認識していった。そして、2019年から2021年にかけて行われた「生徒指導上の諸課題に対する実効的な学校の指導体制の構築に関する総合的調査研究」（以下「学校指導体制調査研究」とする。）の主担当者となり、40校の公立中学校の生徒と教員に学校風土に関する質問紙調査を実施した。その調査結果の一部については、2022年3

月に「『生徒指導上の諸課題に対する実効的な学校の指導体制の構築に関する総合的調査研究（令和元年度調査）』中間報告書」として刊行した[12]。

この学校指導体制調査研究は、企画の段階で、小・中・高校の教員に行ったインタビュー調査で得られた知見を参考にするとともに、米国の学校風土に関する先行研究の知見も参照した。カリフォルニア州では、1997年にカリフォルニア州教育省とシンクタンクの WestEd と共同で、CalSCHLS（California School Climate, Health, and Learning Surveys）という学校風土測定ツールを開発し、現在も改良が続けられている。この CalSCHLS は、児童生徒用調査の CHKS（California Healthy Kids Survey）、教職員用調査の CSSS（California School Staff Survey）、保護者用調査の CSPS（California School Parent Survey）の3種類の調査で構成されている。

児童生徒の学力や健康、社会性といったアウトカムには、学校とのつながり意識（School Connectedness）やレジリエンスが関係するが、これらを適切に育むための学校や家庭、地域の保護要因が明らかにされている。この保護要因とは、「思いやりのある関係性」（Caring Relationships）と「高い期待」（High Expectations）、「参加と貢献の機会」（Opportunities for Participation and Contribution）であり、学校や家庭、地域の努力で変容可能なものである（Benard 2004）[13]。つまり、学校への愛着である学校とのつながり意識や、困難な状況にも圧倒されずにしなやかに対処するレジリエンスという資質・能力を子どもの内面に育むには、価値伝達的な指導では難しく、一方で、これらが、学力や健康、社会性の育成に関与するとすれば、どのように育むことができるのか、それが保護要因として明らかにされているのである。子どもが、学校や家庭、地域のそれぞれにおいて、大人からのあたたかみや思いやりを実感し、その実感の上に、期待をかけてもらっていること、そして、学校や家庭、地域の活動に参加し、何かしらの影響を与えている（貢献している）という実感を得ていることが、間接的に学校とのつながり意識やレジリエンスを育むことになる。これらの諸概念を CalSCHLS では、測定しているので

ある。

　学校とのつながり意識や保護要因等、複数の概念で構成される学校風土を良好にすることは、まさに、日本の学校教育が長らく学級経営や集団づくりとして大切にしてきたことであり、積極的な生徒指導、開発的な生徒指導といえる。2022年12月に文部科学省により生徒指導の基本書とされる『生徒指導提要』が約12年ぶりに改訂されたが、そこで示された「発達支持的生徒指導」は、まさにこの良好な学校風土形成の要となる機能と捉えることができ、学校教育の基盤といえる[14]。

　カリフォルニア州の学校改善や学校アカウンタビリティに活用されているCalSCHLSを参考に、学校指導体制調査研究でも学校とのつながり意識といじめ加害との関連、学校とのつながり意識に関連する学校保護要因について検討した。その結果、学校とのつながり意識を育むことが、生徒をいじめの加害に向かわせない可能性が示唆された。また、肯定的な学校とのつながり意識には、生徒が、学校の教員からあたたかみや思いやりを感じていること、そして、学校の大人は自分を守ってくれる存在であると感じていることと関連していることが示唆された。この結果は、生徒指導の取組を振り返る上で、まずは子どもから大人側がどのように認識されているのかが大切であるという視点を提供するものである。学校の教職員には、子どもが大人側を肯定的に認識できるような支持的な態度が求められ、教職員による教育実践やプログラム等は、良好な学校風土が形成された後に、ようやく意義を持つことになるのであろう。

おわりに

　筆者は、上述してきたとおり、矯正教育から、学校と関係機関との連携、米国のオルタナティブ学校といった研究をし、最近では、学校をフィールドに全ての児童生徒を対象に、全ての教職員が関わることで実現する良好な学校風土の形成への支援に関する生徒指導研究を行っている。これらの研究は、

それぞれ、非行からの立ち直り支援、被害や加害の未然防止、行動の課題からの回復、良好な教育環境の形成といったテーマであり、その根底には、子どもの最善の利益の達成に向けて、どのように子どもの支援を構想していくかといった関心が横たわっている。

　筆者の研究キャリアの契機は、少年院の法務教官の経験である。そのときは、どこまで在院少年の考え方や価値観、行動、態度、交友関係等に、生活指導として踏み込むべきか悩んだが、筆者もある程度の年齢となり、それなりに人生経験を重ねていく中で、現在であれば、当時のような悩みは抱えずに、自分なりに消化できるように思う。子どもの行動や態度、考え方や価値観に迷いなく介入できてしまうかもしれない。

　だが、それは、もしかすると、子どもと向き合う上で大切な、子どもの視点に寄り添うこと、それに必要な繊細さや敏感さ、そして、自分を振り返るということに対して、鈍くなったがゆえに、「指導」の有する強権さに、疎くなったためかもしれない。「指導」の本質ともいえる「人格相互の切り結び」は、本来、子どもの人格を尊重した上で、それでもその子どものことを真摯に思い、身を切る思いで向き合い行う営為であろう。「指導」を行う者には、相手に思いを馳せる繊細さや細やかさが必要であり、それを失っての「指導」は、時に暴力になるのかもしれない。

　現在遂行している学校風土研究では、児童生徒の総合的な発達を促すためには、何よりも子どもが学校や家庭、地域をどのように認識し、経験しているかを重視している。大人からのあたたかみや思いやりが子どもを加害に向かわせない可能性があることを肝に銘じたい。また、我々、大人同士も、相手への配慮、相手を慮ること、尊重すること、大切にすることを通して、良好な職場の文化・風土が形作られていき、その結果として、仕事の質にも影響するのであれば、学校風土の重要性は、教職員同士にもいえる。厳しい毎日だからこそ、今一歩の気配り、心配りを忘れないようにしたい。

　なお、筆者は、子どもの考え方や態度、行動、価値観への指導や介入につ

いて、決して否定的な立場ではない。むしろ肯定的な立場である。子どもが
大人からあたたかみや思いやりを実感する中で行われる、大人としての教育
的なお節介の大切さも合わせて強調したい。

　末筆ながら、三村先生の退職記念論文集に寄稿させていただいたことへの
御礼と、三村先生のご退職を心よりお祝い申し上げます。

注

1 本節で述べている少年院の矯正教育に関する内容は、あくまで2002年度のものであ
　り、その後、少年院法等、法改正が行われ、少年院の教育課程等の名称も変更され
　ている。
2 矯正教育の分野では、生徒指導ではなく生活指導と表記されるため、以降、本稿で
　は矯正教育の文脈では生活指導と表記することとする。
3 法務省矯正局編『現代の少年非行を考える―少年院・少年鑑別所の現場から―』財
　務省印刷局, 1998.
4 法務省法務総合研究所『令和4年版犯罪白書』, 2023.
5 Andrews, D. A., I. Zinger, R. D. Hoge, J. Bonta, P. Gendreau, and F. T. Cullen. "Does
　Correctional Treatment Work? A Clinically Relevant and Psychologically Informed
　Meta-analysis." *Criminology*, 28, 1990, pp. 369-404.
6 石川正興編著『子どもを犯罪から守るための多機関連携の現状と課題―北九州市・
　札幌市・横浜市の三政令市における機関連携をもとに―』成文堂, 2013.
7 宮古紀宏「「多機関的資源」としてのオルタナティブ学校に関する制度的考察：米
　国カリフォルニア州を例に（特集 排除される若者たちとその支援）」『社会学年誌』
　第55号, pp. 51-65.
8 宮古紀宏「カリフォルニア州における薬物乱用防止教育の制度的事例研究：オルタ
　ナティブ学校と Community based Organization との連携」『日本特別活動学会紀
　要』第22号, 2014, pp. 47-54.
9 宮古紀宏「カリフォルニア州におけるコート・スクール制度に関する一考察：リス
　クを抱えた青少年への学校教育の保障」『アメリカ教育学会紀要』第24号, 2013,
　pp. 16-29.
10 国立教育政策研究所生徒指導・進路指導研究センター「生徒指導リーフ」シリーズ.
11 国立教育政策研究所生徒指導・進路指導研究センター「第Ⅲ期『魅力ある学校づく

り調査研究事業』（平成26〜27年度）報告書 PDCA×3＝不登校・いじめの未然防止－点検・見直しの繰り返しで、全ての児童生徒に浸透する取組を－」2017.

12 国立教育政策研究所生徒指導・進路指導研究センター「『生徒指導上の諸課題に対する実効的な学校の指導体制の構築に関する総合的調査研究（令和元年度調査）』中間報告書」2022.

13 Benard, B. (2004). *Resiliency: What we have learned.* San Francisco, CA: WestEd.

14 文部科学省『生徒指導提要』2022.
「発達支持的生徒指導」は、「特定の課題を意識することなく、全ての児童生徒を対象に、学校の教育目標の実現に向けて、教育課程内外の全ての教育活動において進められる生徒指導の基盤」（p. 20）であり、その具体は、これまでも生徒指導において重視されてきた「日々の教職員の児童生徒への挨拶、声かけ、励まし、賞賛、対話、及び、授業や行事等を通した個と集団への働きかけ」（p. 20）等とされている。

高校教師から教育学研究者への移行
―理論と実践の統合から民主主義へ―

岡部　敦

１．はじめに

　2023年7月2日に早稲田大学国際会議場井深大ホールにおいて開催された、日本キャリア教育学会国際交流セミナー2023「つながる学びと探究学習～学校と社会、教科と教科、現在と未来をつなぐ～」の締めくくりの言葉として、同学会元会長である三村隆男先生は、キャリア教育なしに受験指導のみを施した若者は、やがて大企業や権力に操られるままになる危険性を孕んでいると発言した。何のためにその進路を選択するのかを考える機会が与えられないまま、有名大学を目指して進学することの危険性について指摘したこの発言は、日本のこれまでの高校教育の課題を端的に示したものであり、キャリア教育の重要性について述べたものであったと解釈する。

　筆者は、1990年4月に、新卒教員として、北海道の小さな高校に英語教師として赴任し、以後22年間、公立高校教員として勤務し、2012年に小規模私立大学の教員となり今日に至っている。最初の赴任校では、思うようにならない教室の中で、どうやったら生徒の関心を英語の授業に向けさせることができるのか、また、どうやったら生徒を動かすことができるのか、どうやったら、教室の中を静かにできるのか、といった悩みを抱えながらもがき続けた。自らの教師としての力量不足が根底にあったことは確かではあるが、学校が提供する教育内容は、必ずしも彼らが学ぶ意味を見い出すことができるものではなかったのかもしれない。何のために学ぶのか、なぜその進路に進むのかといった視点を見失うことは、自立した学習者、あるいは労働者とし

て自らが主体として社会に生きる力を弱めてしまうことになる可能性がある。

　2023年9月4日、日本の隣国である韓国では、全国の2万人の教員が事実上のストライキを行なった。生徒指導をめぐって、保護者から激しいクレームを受け対応しきれなくなった若い教師が自ら命を立った日から49日が経過した日のできごとであった。子どもの権利が守られる中、教師が安心して教育を提供する環境を保障すべきであるというのがデモの主な主張であった。当初、参加する教員を処分すると宣言していた韓国政府は、そのデモの大きさをみて、教員へ謝罪と今後の対応を約束したということである。2023年11月26日に日本キャリア教育学会日韓ラウンドテーブルでのシンポジウムの席上、韓国側からの話題提供者は、この日を韓国では「公教育が停止した日」と呼び、若い教員が政治的な中立性を保ちながら平和的なデモを行い、政府を動かした一連の行動を、模範的なデモと評価されたと述べていた。

　日本では、教師の過酷な労働環境に対する動きが目立っており、メディア等の注目も高い。それが理由なのかどうかは明らかではないが、各都道府県が実施する教員採用試験の受験者数の減少、現職教員の精神疾患や退職者の増加などの事態が発生している。そして、学校現場における教師不足という新たな課題が生じ、教員としての資格要件を緩和する動きさえでている。こうした課題は学校だけではなく社会全体に深刻な影響を及ぼすものである。しかし、韓国のような組織的な行動は見られない。

　2006年に改訂された教育基本法の第1条には「教育は、人格の完成を目指し、平和で民主的な国家及び社会の形成者として必要な資質を備えた心身ともに健康な国民の育成を期して行われなければならない」と規定されている。これは、改訂前の1947年成立の教育基本法の前文に記載された、「日本国憲法の精神は、（中略）根本において教育の力にまつべきものである」という言葉を引き継いだものであり。日本の学校教育において最も重要な目的は、民主主義社会の形成者の育成ということを意味する。しかし、ここでいう民主主義とは何だろうか？　また、1946年の日本国憲法成立以降、日本が目指

してきた民主主義国家は、成立しているのだろうか。また、日本の学校教育は、その実現にどのように寄与してきたのだろうか。こうした問いは、学校教育に携わる全ての教職員および教育学者が持ち続けなければならないものであると考える。そして、本書のテーマであるキャリア教育は、学校教育において、学習者が学びの意味を認識し、既存の価値観に依拠するのではなく、主体的な進路選択を行うという点において、重要な役割を果たすものであると考える。

　さて、本書はキャリア教育との出会いをテーマとしている。以下では、キャリア教育の民主的側面を意識しつつ筆者の個人的なキャリアを振り返りながら、なぜ自分がキャリア教育に関わったのか、また、自分の研究が今後どんな可能性を持つのかについて考える。

２．筆者の経験から：教員としての取り組みと課題

⑴荒れた教室からカナダ留学引率へ

　大企業の歯車となるより、北海道の高校で理想の英語教育をしようという志を持って、全校生徒150人ほどの僻地の小規模高校に赴任した。しかし、その夢は初めて教室に入った初日から一瞬にして砕け散った。教室の中の40名近い生徒のうち、授業の内容に関心を持って教壇の方向に顔を向けているのは３〜４人、残りの生徒は思い思いの活動に興じているという状態の中で、教師である自分の怒りに任せた叫びだけが虚しく響き渡るという光景は今でも鮮明に記憶に残っている。細かな工夫をしながら、少しずつ授業の秩序を作り出すことができたが、生徒の英語学習に対する意欲や関心を高めることはできていなかった。もしかすると、彼らにとっては高校を卒業することが目的であり、英語学習の必要性は感じていないのではないかという疑問が生じてきた。こうした疑問は、自らの英語教師としての存在意識を問うものになった。

　この状況の中で、教師であり続けることができたのは、地元自治体の国際

交流活動にかかわることで自分の有用性を感じることができたことが大きな
理由のひとつであった。当時の勤務校のある自治体は、カナダ・アルバータ
州の小さな町との間に姉妹都市締結を結んでおり、お互いに訪問団が行き来
していた。筆者が着任してすぐに、町の首長部局の方から連絡があり、町長
の自宅に呼ばれ町の姉妹都市交流を推進するための通訳およびコーディネー
ターとして参加することを要請された。こうして、教室の外で、国際交流に
欠かせない人材として活躍する場を与えられたことにより、なんとか1年目
を乗り切ることができた。振り返ってみると、この時の経験から、社会にお
いて自分の存在意義を感じることがいかに重要なことであるかを理解するこ
とができたように思う。2年目からは、町の国際交流を教室内の英語教育に
活かすべく、勤務校にて、国際理解教育を立ち上げ、生徒が実際に英語を使
ってコミュニケーションを図る機会を設けることに力を入れた。少しずつ、
積極的に国際交流活動や英語学習に興味を示す生徒が増えてきたことを感じ
た。また、筆者から町への提案が受け入れられ、姉妹都市から英語指導助手
を採用して高校の英語教育に活用する計画も進められた。国外からの英語教
員の採用とそれにともなう就労許可の発給申請の手続きなど高校教師として
の業務以外の仕事が増え忙しかったが、こうなってくると、仕事が楽しかっ
たことを覚えている。さらに、自分が面白いと感じると、生徒の反応も違っ
てくることも感じた。

　着任後3年目、カナダ・アルバータ州の姉妹都市へ、町内の2名の教員と
中学生、高校生合計15名の訪問団を引率する機会を得た。ここで初めてアル
バータ州の学校教育の現場を訪問しカリキュラムや教育制度、職員の構成な
どについて知る機会を得た。そして、この経験こそが筆者を教育学研究者へ
導くきっかけとなった。訪問した高校は、人口6,000人の町に位置し、高校
1年生から3年生までの全校生徒1,000人ほどの、コンポジット（Composite）
高校という総合制の高校であった。ここでは、普通科目に加えて、自動車整
備、美容、建築など、日本の専門高校に相当するような専門科目が開講され

ており、すべての生徒がそうした科目を選択することができるような仕組みになっていた。実際に街の人たちの車を預かって修理したり、学校の外に家を建てたりするリアルさのある授業が展開され、積極的に参加する生徒の姿を見ながら、ほとんど座学ばかりで構成される日本の高校の教室との違いを強く感じた。

　こうして最初の赴任校で過ごした6年間は、大学の教員となり研究者となった現在の自分の基礎となったと考える。第1に高校での学びが生徒にとってどんな意味を持つのかという問題意識、第2に学校教育における国際交流の重要性、第3にカナダの高校教育と日本の高校教育の比較の3つの視点を持ち、その後の人生において追求し続けることになった。

(2)アルバータ州への派遣教師から大規模進学校へ

　初めてカナダを訪問してから3年後に、文部省外国教育施設日本語指導教員派遣事業（REX計画）への派遣教員として選抜され、アルバータ州南東部のメディスンハット市の公立高校で日本語教師として勤務する機会を得た。東京外国語大学日本語教育センターにて3か月間のかなりハードな日本語教師としての研修を受け、最終認定試験を経ての派遣であった。国外の教育機関における日本語教育の位置付けには、派遣国によってかなりの違いがあるが、アルバータ州では、期限付き教員として高校における選択科目として開講されていた3つのレベル（初級から上級）の日本語クラスを担当した。履修する学生は、南米出身者、アジア系、先住民をルーツに持つ生徒などで、彼らの日本語や日本に対する関心は高かった。授業以外では、カリキュラムの全体構成や校務分掌の仕組みなどを体験的に学ぶ機会を得た。特に、印象に残っているのは、教員は教科指導に専念し、できるだけそれ以外の仕事は他のスタッフが分担するという仕組みをとっていることであった。生徒の進路指導は、専任のガイダンスカウンセラーが担当し、さらにそれぞれのカウンセラーは教頭と連携し、生徒指導および進路指導の課題に対応していた。

　また、カリキュラムは、先の姉妹都市訪問で視察した時と同様、専門科目の選択の幅が広く、市内の職場との連携により校外での実習をカリキュラムに組み込んだ授業が展開されていた。この2年間の派遣教師としての経験により、普通科目と職業科目を一つの学校で提供することの有用性に関する関心が高まった。

　帰国後、新たに着任したのは、都市部大規模進学校であった。ここでは、大学受験準備が教育活動の大きな部分をしめていた。多様な進路選択を持つ生徒が在籍するメディスンハットの高校と比較し、在籍者のほぼ全員が大学進学を希望し、さらにはできるだけ競争率の高い難関大学と言われる大学への進学を希望している画一的な実態に驚いた。筆者は、担当していた英語の授業の中でカナダでの経験を踏まえながら、英文の内容を英語でサマライズさせたり、教科書のトピックに関連したディスカッションを取り入れるなどの授業を行なっていた。しかし、学年が進行するにつれて、そのような授業に対する生徒の反応は冷ややかなものへと変化し、英語の授業中に英語の単語帳を取り出して内職する生徒がでてくるなど、かなりのショックを受けた。授業中に騒ぐ生徒はいなかったが、受験に関係のないと思われる授業内容は、彼らにとっては意味を持たないものであることに気付かされた。

　ある先輩教員に、「俺たちの役目は、とにかく多くの生徒をいい大学に送り込むことだ。それから先の人生は彼らが自分で決めることだ」と言われたことがある。もしこれが事実だとすれば、高校での学びそのものの意味はどこにあるのだろうか。大学受験に合格しなければ、それまでの学びは意味を持たないのであろうか。こうした疑問を持ち、筆者は、カナダ・アルバータ州における学校から職業社会への移行プログラムの研究というテーマを持って、大学院教育学研究科修士課程に入った。

⑶大学院での研究と進学校におけるキャリア教育の実践

　大学院修士課程に入学したのは、1999年で、その少し前の1994年にアメリ

カ合衆国クリントン政権下において、学校から仕事への移行機会（School-to-Work Opportunity）法が成立し、アメリカの連邦政府による補助金により、各州政府が主導する3つの柱にもとづく教育改革が進められていた。その3つの柱は、普通教育と職業教育の統合、学校を基盤とする学びと職場を基盤とする学びの統合、中等教育と中等後教育の接続であった。筆者は、この動きがカナダでも見られるのかどうかという課題をもって、研究にあたった。実際に、カナダにおいても、学校から仕事への移行は、大きな課題となっていた。アルバータ州では、学校からキャリアへの移行支援という政策が進められ、職業教育および職場を基盤とした教育プログラムの改革が行われていた。この取り組みをテーマに、2年間で修士課程を修了し、そのまま博士課程に進学した。

　博士課程に在籍した10年間では、勤務校にて担当業務の他にキャリア教育および総合的な学習の時間のカリキュラムを作成し実践する役割を与えられていた。この10年間の取り組みは、高校教育は何のために存在するのか、生徒は何のために学ぶのかという、それまでの教職経験の中で問い続けてきた課題から出発した実践であった。キャリア教育の目標として掲げたのは、「自立した学習者の育成」であった。生徒や保護者の難関大学への進学希望は、彼らの主体的な進路選択というより、受験産業や競争主義的な価値観による外発的な進路志向からくるものであり、必ずしも主体的な進路選択ではないという出発点から立てた目標である。当時の進学校での教育活動は、いかにして難関校への受験を成功させるか、また進路実現を諦めさせないかという点に焦点が置かれ、教育活動の大部分は受験準備にさかれていた。新たに作成されたキャリア教育計画では、こうした受験準備教育によって得られるものを基礎スキルと位置づけ、その役割を明確化し、加えて、自分のキャリアプランを作成するにあたり必要な情報を入手し、自分の興味や関心に応じて選択するスキルをキャリア探求スキルとし、職業社会へ移行した際に求められる汎用的なスキルをキャリスキルと位置づけ、教育活動全体をキャリ

ア教育に位置づけた。

　3つのスキルのうち、基礎スキルには、授業、課外講習、学校行事、部活動を割り当て、既存の教育活動の意味づけを行った。キャリアスキルには、総合的な学習の時間で扱うプロジェクト型学習を割り当て、キャリア探求学習では、大学との接続教育、職業人を講師に招いたプロジェクト型学習と全員参加のインターンシップを割り当てた。このうち、インターンシップは、1学年320名の生徒をそれぞれの希望する業種・職種に合わせて受け入れ先企業を開拓し、70社以上の受け入れ企業を確保した。また、接続教育では、生徒の希望する学問分野を専門分野とする大学教員を16名招いて、ゼミ形式の授業を週に1回4週にわたって連続して行った。以下に、2010年に実施した受講生徒のコメントを紹介する。

> 私は、ゼミを受ける前は、「学力」とは「知識」であると勝手に思い込んでしまっていたが、先生の授業を聞くと、たくさんの「学力」があることに気付かされた。特に「自分の考えをまとめて発表すること」は、自分の中でとても重要な学力だと思った。（中略）将来、教育者になったときも、「知識」の他にも重要な「学力」があるのだと子どもたちに気づかせてやりたい。（2010年教育学ゼミ受講生のコメント）

　プロジェクト型の授業への参加を通して、「学力」に対する認識が変わり、能動的な活動の重要性に気づくコメントであり、まさにこの取り組みの狙いである「自立した学習者の育成」という点において成果と言える。特に、大学との接続教育では、模擬試験の点数や偏差値、合格可能性だけで志望校を決めるのではなく、自らの興味関心をしっかりと理解した上で、主体的に進路選択をするための支援として位置付けていた。実現には至らなかったが、真のねらいは、こうした授業を大学から講師を招くことなく、高校の教師が自分達の専門性を活かして講師を担当し、生徒にプロジェクト型の授業を提供することにあった。しかし、知識伝達型の授業から、獲得した知識を用いて自ら課題解決を図るスタイルの授業を実現することは難しかった。

3．カナダ・アルバータ州の研究から

(1)コンポジット高校

　筆者が、アルバータ州の高校教育に興味をもつきっかけとなったのは、コンポジットと言われる高校の形態である。コンポジットという形式の高校は、アルバータ州では、標準的な課程であり、普通科目のみを提供する州内の極少数の高校を除いてほぼすべての高校がこのタイプである。コンポジット高校が導入され始める1935年以前は、農業、商業、工業、総合、師範学校進学、大学進学などの学科別に高校が設置されており、学校ごとの階層化が明確になっていた。加えて、多くの中学卒業者は、大学進学学科を志望していた。結果として、大学進学学科に在籍しながら、大学へ進学する学力を得ることができず、加えて職に就くための具体的なスキルも身につけることができないまま入学した高校を卒業あるいは中途退学してしまう若者が課題とされるようになった。1935年に州政府の政権についた社会信用党（Social Credit）は、特別な目的のための高校は廃止し、すべての高校にあらゆる進路希望を持つ生徒を受け入れることを目的とし、コンポジット高校の設置を政策として掲げた。社会信用党の政策理念には、コンポジット高校により、大学か就職かと言う二者択一の選択に基づく中等教育段階の階層化構造を取り除くことが含まれていた。コンポジット運動と呼ばれたこの政策は、1970年代まで継続し、州内ほぼ全ての高校がコンポジットに転換している。この背景には、小規模な複数の学校を統合し、予算を集中的に配分するという州政府のねらいとカナダ国内の職業教育の推進を図りスキルを持った人材育成をねらいとする連邦政府の職業教育および職業訓練を推進するための技術職業訓練支援法（Technical and Vocational Training Assistance Act：TVTA 法）に基づく補助金が背景にあった。

　結果として、コンポジット高校の設置により、高校への進学率は上昇し、さまざまな進路希望を持つ生徒を受け入れるという当初の狙いはある意味で

は成功したといえる。しかし、生徒がどの選択科目を履修するかに基づく新たな階層化が生じた。つまり、職業教育を選択する生徒と普通科目を選択する生徒の社会経済的状況、親の最終学歴や平均年収などに明らかな格差が生じていることが指摘された。結果として、大学進学へとつながるアカデミック科目選択者は学力の高い生徒で、職業教育履修者は学力の低い生徒であるとのイメージはなかなか払拭することができなかったといえる。この普通教育と職業教育の格差の問題は、職業教育研究者、州教育省のカリキュラム担当者、高校の職業教育を担当する教師にとって、今日まで続く課題の一つである。職業教育がレベルの低いものであるという考えをどのように取り除き、アカデミック科目と職業科目の序列をどう無くすのかが課題となった。

⑵職業教育カリキュラムの改訂

　コンポジット高校が導入された、1935年から50年ほど経過した1980年代後半から州の職業教育および職業訓練プログラムの改訂が始まった。筆者がアルバータ州の公立高校に日本語教師として勤務した1997年は、アルバータ州の職業教育にとって大きな転換期であった。それまでの職業教育科目群の名称が、実業科目（Practical Arts）から、CTS（Career and Technology Studies）に改訂され、科目の内容も大幅に変更された。

　CTS は、それまでの職業教育にテクノロジーとキャリアの要素を加え、進学か就職かの選択を迫るものではなく、学習内容と職業分野を結びつけ、理論と実践の統合を目的とした科目である。抽象的で理論的な普通科目の学習内容と、具体的で実践的な職業・テクノロジー・キャリアを融合したCTS を同時に学ぶことで、理論と実践の往還を実現する事を狙いとしている。また、**表1**のように、CTS は、職業分野ごとに細かな科目が配置され、高校進学後の職業社会を意識して進路選択ができるように構成されている。

　CTS は、1997年の導入以降、何度か改訂を経て、現在に至っている。この科目の特徴的な点は、概ね3つに分けて説明することができる。第一に、

表1　CTS クラスターと職業分類（National Occupational Classification）

BIT クラスター：ビジネス（Business）、行政（Administration）、金融（Finance）、情報（IT）	
コンピュータ科学（Computer Science）	金融マネジメント（Financial Management）
情報処理（Information Processing）	企業と経営革新（Enterprise and Innovation）
経営とマーケティング （Management and Marketing）	ネットワーキング（Networking）
HRH クラスター：保健（Health）、レクレーション（Recreation）、サービス（Human Services）	
地域ケア （Community Care Services）	コスメトロジー（美容） （Cosmetology）
エステティック（Esthetic）	食物（Foods）
保健医療ケア（Health Care Services）	サービス（Human and Social Services）
法律（Legal Studies）	レクレーション（Recreation）
ツーリズム（Tourism）	
MDC クラスター：メディア（Media）、デザイン（Design）、コミュニケーション（Communication Arts）	
コミュニケーション技術 （Communication Technology）	設計（Design Studies）
服飾（Fashion Studies）	
NAT クラスター：天然資源（Natural Resources）	
農業（Agriculture）	環境保全（Environmental Stewardship）
林業（Forestry）	天然資源（Natural Resources）
野生生物（Wildlife）	
TMT クラスター：トレード（Trade）、製造（Manufacturing）、運輸（Transportation）	
建築（Construction）	電子技術（Electro-Technologies）
板金（Fabrication）	流通（Logistics）
自動車機械（Mechanics）	

Alberta Education（2023）より筆者が邦訳し表にまとめた。

履修主義から修得主義への転換である。学習者は、必ずしも授業を履修していなくても、自分が修得したスキルを担当教員に示すことができれば、原則的に単位を修得することが可能である。第二に、履修方法を選択することができる点である。個別に学習する方法、グループでプロジェクトに参加し、学習した内容に応じて単位を習得する方法などを選択することができる。実際に、授業を見学すると、同じ教室の中で、異なる学びのスタイルをとっている生徒がいる。第三に、学ぶ場所の選択である。高校の教室、中等後教育機関、実際の職場などで学んだこと、体験したことなどで単位を習得することが可能となる。これらの特徴から、CTS は、高等学校において、学習内容の幅を広げると言うことだけではなく、個別の生徒の教育ニーズに合わせた学びを可能にしているという特徴を有すると言える。

⑶職場を基盤とする学習の可能性について

　CTS と平行して改訂がすすめられてきたのは、職場を基盤とする学習プログラムである。アルバータ州の高校カリキュラムでは、オフキャンパス教育とよばれ、実際の職業社会における体験的な学習の機会を拡大することをねらいとして、1991年にその一部が導入され、1997年に現行の形が完成し州内の各地域において企業と教育との連携によって提供されているプログラムである。CTS と同様に、このプログラムのねらいは、職場での学習を「実践と理論的な学習のバランス」をとることにあった。その一方で、産業界からは、十分なスキルをもった熟練した労働者の不足という問題に対して、学校教育に対応を求める動きが強くなり、90年代に入って、教育へのビジネス参加の取り組みが活発になってきた。こうした一連の流れからは、学びの質を高めるという教育的な目的と、産業界を支える人材育成の二つのねらいが関連しあっているといえる。

　現行のアルバータ州におけるオフキャンパス教育プログラムは、主に、ワーク・エクスペリエンス（WE）と登録アプレンティスシップ・プログラム

（RAP）の2つで構成される。WE は、比較的長期にわたって、それぞれの学校や地域の教育行政機関とパートナーシップを結んでいる民間企業や行政機関（市役所やコミュニティー・カレッジ、大学、図書館など）でそれぞれの職場の雇用主や監督者の指示に従って就業体験を行うプログラムである。25時間の実習で1単位を修得することができ、さらには実習先から給与を受け取ることも可能である。2009年以降では、所定の条件を満たせばアルバイトを WE の実習先として認定することが可能となり、履修者は格段に増えた。もう一つの RAP は、職能資格であるジャーニー・パーソン資格を取得するための徒弟（アプレンティスシップ）制度の一部を高校の教育課程に取り入れたものである。徒弟制度は、熟練したジャーニーパーソンの下で訓練を積み、同時に中等後教育機関などの教室内での教育を受け、特定の職種に関する高度な技術を高めるものである。1980年代までは、学校教育とは切り離された職業訓練制度であったが、1991年に高校の科目の一つとなった。職業社会での体験を通じてキャリア探求を目的とする WE と異なり、RAP は、特定の職業分野で必要なスキルを育成することが目的である。

　これら二つのプログラムは、学校外での体験的な学びを高校での修得単位として認定するものである。現在、アルバータ州の規定では、高校卒業に必要な単位数の40％程度をこのオフキャンパス教育のプログラムで獲得することが可能となっている。筆者は、これまでの調査の中で、学校外で高校の学びを提供している職場を何度も訪問し、そこで実習を行なっている生徒に聞き取り調査を行ってきた。特に RAP を履修している生徒は、社会経済的に困難な状況にある場合が多く、身近にロールモデルとなる大人の存在がない場合が多く、職場で手厚く指導してくれる大人と出会うことが彼らのキャリア形成にとっては貴重な機会となっている。さらに、彼らへのインタビューから、実社会での体験的な学びを通じて、教室内で必修科目として履修しなければならない数学や科学などの抽象的な学びの意味を認識することができたとする回答をいくつも得ることができた。この聞き取り調査は、2009年か

ら開始しているが、美容室でRAPを履修している女子生徒から、仕事で薬剤を扱う時に、学校の化学の授業で学んだこととの関連性を認識し、教室内での学びに対する興味が格段に増したという回答を初めて聞いた時の光景はいまでも鮮明に思い浮かぶ。彼女のこの発言で、博士論文を書き上げることができたように思う。

4．研究者としての活動

⑴国際学会での研究活動への参加

　先に述べたCTSとオフキャンパス教育は、筆者の研究活動の中心的な位置づけとなっており、現在に至るまで、州教育省レベルでの動きと現場レベルでの取組状況を調査し続けている。筆者は、1999年3月に派遣先のアルバータ州から北海道へ戻り、翌年に大学院に入り12年が経過した2011年にやっとのことで博士号を取得することができた。そしてその翌年、小規模私立大学の教員となり研究者としての活動を始めた。現在、研究者としての主な活動は、日本キャリア教育学会を中心とし、関連する学会として国際キャリア教育学会、アジア地区キャリア発達学会で活動している、加えて、地域的な活動として北海道キャリア教育研究会を、2014年に立ち上げた。この原稿を執筆するきっかけとなったのは、日本キャリア教育学会の元会長である三村隆男先生との関わりからの依頼である。

　筆者が同学会に加入したのは、2007年、勤務していた高校が単位制に移行し、キャリア教育と総合的な探求の時間に加えて、キャリアガイダンス部という分掌が立ち上げられ、筆者がその担当の一人となったことがきっかけであった。当初は、ほとんど研究大会には出席せず、積極的な活動をしてこなかった。ある時期から多くの役割を与えられるようになり、今回の原稿執筆に至っている。原稿を書くあたり、振り返ってみると、高校教師として小規模高校に赴任してからの全ての活動とのつながりが見えてくるような気がする。英語教師であったこと、国際交流を担当していたこと、そして、カナダ

をフィールドとした研究によって大学院を修了したこと、北海道で小さな研究会を主宰しキャリア教育に関する学習会を開催していたこと、これら全てがどうやら繋がっているようである。

　2012年、筆者は、研究者の世界に足を踏み入れた。調査のためアルバータ州を訪問し、博士論文執筆に協力をしていただいたアルバータ大学教育学部のメンバーに、研究成果を披露するため小さな研究会を開いてもらい、そこで日本とアルバータ州の高校教育についての比較を中心とした発表を行った。それが、はじめての英語での研究発表であったが、参加者から多くの質問とコメントをもらった。この勢いに乗じて、もしかしたら国際学会でも発表できるのではと思い立ち、いろいろと検索する中で、国際キャリア教育学会 (International Association for Educational and Vocational Guidance：IAEVG) の研究大会が、翌年にフランスのモンペリエで開催されることを見つけ、エドモントンの友人に Proposal の執筆を手伝ってもらいエントリーをおこなった。ここから、現在の学会での私の役割につながった。2013年にフランスのモンペリエで開催された IAEVG 国際大会には、ヨーロッパ中からキャリア教育に関連する研究者や実践者などが集まっていた。おそらく1,000人近くはいたのではないだろうか。しかし、その中に日本人の姿はほとんど見えなかった。おそらく、私を含めて 4 人だったのではないだろうか。分野によって異なるのかもしれないが、国外で研究発表をする日本人は、それほどいないことに驚いたと同時に、もっと積極的に日本の研究成果を国外に知らせる必要があることを強く感じた。

　帰国後、モンペリエで出会った日本人研究者の一人から、2015年に日本キャリア教育学会が IAEVG の研究大会を開催する計画を立てていることを知らされ、すでに発足していた準備委員会に誘われ、参加することになった。それまで、これを機会に、同学会とのかかわりは、かなり深いものとなった。この委員会のメンバーは日本キャリア教育学会の歴代会長を輩出し、現在も学会の中心的な役割を担っている方々ばかりで、委員会での交流は自分にと

ってかなり刺激になった。2014年にカナダのケベック市で開催された IAEVG 大会では、翌年の日本大会に向けて IAEVG 理事会に出席するという大役を与えられた。そして、2015年の IAEVG 日本大会では、事務局の業務として、国外から来日する IAEVG 会長をはじめとする理事たちとのやりとりを任されることになった。1990年に北海道の小さな町で国際交流をやっていた頃とは異なり、一度に多くの国の研究者とのやりとりがあり、辛い時間でもあったが、面白く感じた。この研究大会では、アジア地区キャリア発達学会（Asian Regional Association for Career Development：ARACD）のセッションも開催され、インド、インドネシア、韓国、シンガポール、台湾、イランなどの国からキャリア教育研究者が集まった。

　カナダのアルバータ州に限定した研究活動から、欧州、アジア、北米、オセアニア、アフリカなど、一時的にではあるが、視野が広がったような気がした。社会経済的格差の拡大、子どもの貧困、学びから排除される子ども・若者などの課題は、世界共通のものであり、そうした課題に対して、学校教育が、学校以外の機関や組織とのつながりを基盤として、改革を進めていることに気づき、自分の研究が国外の研究者の研究テーマにつながっていることと、国を超えた研究協力の可能性について認識する機会を得た。

⑵国際交流委員長としての活動

　IAEVG つくば大会が終了した2015年度からは、学会内に新たに発足した国際交流委員会の委員長となり、学会の国際化に関わることになった。その主な業務として、IAEVG への日本人参加者を増やすための活動、ARACD の事務局機能を担うことで、活動を活性化させることの二つを設定した。この業務を遂行するためには、多くのハードルがある。特に、言語の問題はかなり大きな障害となっており、日本人研究者を、国外に送り出すことは難しい。また、国外で開催される国際学会に参加するための渡航費用の問題も大きい。しかし、こうした困難を乗り越えて参加したいと思ってもらえるよう

な工夫と、実際に国外に出なくても、国外の研究成果に国内の研究者や実践者が触れることを可能にする方策を考えることは可能である。

第一に、自分自身が国際学会に参加し発表することが不可欠と考えた。そのためには、研究を継続することと、国外の研究者の関心とつながるテーマを設定することが必要である。この点では、日本人でありながら、カナダの高校教育を対象として研究していることが利点となる。実際、私の発表を聞いたカナダ人の研究者とその後共同で研究するという流れができたこともあった。特に、当時カルガリー大学に勤務し、IAEVGでは副会長を務められていたナンシー・アーサー先生は、私が一番最初にモンペリエで行った発表を聞いてくれており、その後、カルガリー大学へ客員研究員として滞在する際に、ホストとして面倒を見てくれた。それに見合うだけの恩返しができていないことが申し訳ないが。

第二は、国外の研究成果を国内の研究者や実践者に紹介することである。これについては、国際交流セミナーとして、アメリカ・カリフォルニア州のLinked Learningの取り組みについて、担当する研究者を日本に招いて、直接レクチャーをしてもらうというものである。2019年から開始し、オンライン開催も含めて、これまでに4回開催している。このLinked Learningは、普通教育と職業教育、学校での学びと学校外での学びをリンクし、特に、高校を中途退学した若者あるいは中退するリスクのある若者を学校教育に包摂することを目的とした取り組みである。まさに、筆者がカナダ・アルバータ州で研究の対象としてきた、CTSおよびオフキャンパス教育の狙いとつながるものである。

第三に、日本と韓国の二国間での交流として、日韓ラウンドテーブルというシンポジウムの開催である。これは、2017年に、韓国ソウルでARACDの研究大会を開催した際に、教員、学校と連携する企業の担当者、キャリアコンサルタントなどの日本と韓国の実践者同士の実践報告と共通課題に関する議論を行うことをねらいとして企画した。その後、コロナ禍で1回だけ開

催しない年があったが、2023年に至るまでに6回のシンポジウムを開催した。シンポジウムを重ねるごとに、日本と韓国の抱える教育課題や社会的な課題の共通点を見出し、その対応について両国の取り組みの違いをお互いに学び合い、より良い方向に進めるための可能性を見出すことを目的としたものである。通常の大学教員としての業務をこなしながら、さらには他の研究活動もしながら、こうした活動を続けることは、骨が折れる仕事ではあるが、自分の存在意義を認識することができる。

5．これまでの活動の振り返りと今後の可能性

　さて、ここまで自分自身のキャリアを振り返ってきた。22年間の高校教師としての自分の人生は、前半が、カナダ・アルバータ州との国際交流を中心とした活動であり、後半は、大学院でのアルバータ州の高校教育研究と教育現場でのキャリア教育・探求学習の実践を中心とした活動であった。これらの活動は、現在の筆者の研究活動の基礎となっている。これまで赴任した学校現場において、筆者は、競争率の高い高校や大学に進学するために学ぶことは、その先の職業社会において、企業の人材要求に適応するだけの存在を生み出すだけであり、自らが社会の主体となる可能性を奪ってしまうのではないかという考えに基づいて実践を積んできた。そして、カナダ・アルバータ州の高校教育研究で、筆者が中心として扱ってきたCTSとオフキャンパス教育プログラムの基本原理は、理論と実践の統合である。博士論文完成のきっかけとなった、RAPを履修していた女子生徒の発言から、職業教育及び職場を基盤とした学習には、理論と実践の統合を現実のものとする可能性があると確信に至った。

　高校教師から研究者になった以降の、日本キャリア教育学会での活動では、再び国際交流に関わることになった。この活動から、日本国内で課題となっていることは、国外でも課題となっており、国際的な視野を持って、課題解決に向けた取り組みが必要であることを学んだ。そして、実践の現場に立っ

ている教員やキャリアカウンセラーによる、国際的な交流の重要性について理解する機会を得た。現在、筆者は、困難を抱える若者への教育機会保障というテーマで研究を進めている。犯罪を犯し、矯正施設に入所している若者の社会的自立をどのように支援するのか、10代で妊娠継続を決断した若者の社会への移行をどのように支援するのか、貧困や家族の崩壊などで、高校を中退してしまうリスクのある若者に、どのように高校教育を修了し社会的自立を支援すべきかなどについて、アルバータ州をフィールドに研究を進めている。できるかぎり、現場に入り、若者の声を拾うような手法をとりながら、政策や制度が現場ではどのように効果をもたらしているのかについて調査を続けている。

　教育機会保障に関する研究を進める中で、教育の目的は、民主主義社会の形成者となる若者を育てることにあることを強く感じるようになってきた。そして、研究は社会をより良くするために存在するものであり、教育学研究は学校や地域社会、企業など、教育機会を提供する社会全体にインパクトを与えるものでなければならないと感じているところである。日本キャリア教育学会を通した国際交流の場で、アジア、欧州、北米、アフリカ、オセアニアの研究者との連携を図りながら、力不足ではあるが研究活動を継続したい。

教師キャリアの生成変化モデルは可能か？
－三村キャリア教育学からの問いかけ－

高野慎太郎

1．発達と生成変化──三村キャリア教育学が投げかける問い

2010年代以降、「教師のキャリア」論議が教師論の焦点となってきた。「教職生活の全体を通じた教員の資質能力の総合的な向上方策について（答申）」（中央教育審議会, 2012）では、「教職生活全体を通じて学び続ける教員のための多様なキャリアプラン（系統立てた学びの方向性）の在り方」の検討が教育委員会に対して望まれ、「これからの学校教育を担う教員の資質能力の向上について～学び合い、高め合う教員育成コミュニティの構築に向けて～（答申）」（中央教育審議会, 2015）においては、「自らのキャリアステージに応じて求められる資質能力を生涯にわたって高めていくことのできる力」が教師に対して求められている。

三村隆男先生の膨大なお仕事のひとつに教師のキャリア発達に関する議論がある。これは、三村先生が翻訳されたステフィ＆ウルフほか（2013）が示す「教師キャリアのライフ・サイクル理論」にもとづいて、教師のキャリアを「発達」の側から捉えて議論するものである。ステフィ＆ウルフほか（2013）において、教師のキャリアは、第1局面（Novice）から第2局面（Apprentice）、第3局面（Professional）、第4局面（Expert）、第5局面（Distinguish）、そして第6局面（Emeritus）へと至る発達過程として捉えられ、局面の移行に際しては、《省察・刷新・成長》というライフ・サイクルが作用するとされる。省察・刷新によって教師の思考と行動が変容し、その結果として成長（キャリア発達）が促されるとされるのである（ステフィ＆ウルフほか,

2013: 21）。

　こうしたライフ・サイクルの中で、教師は次のような変容過程を辿る。ま
ず教師が何らかの疑問や問題を抱くような場面や状況があり、そうした場面
や状況についての省察が生じる。省察によって教師は理想的な状況と現在の
状況との間の認知的不協和におかれる。様々な選択肢の中から解決策を選ん
で実践（刷新）することで、疑問や問題は解決する。解決するにつれて、教
師は成長（発達）の感覚を得ることができる（ステフィ＆ウルフほか, 2013: 23）。

　三村先生によってこの理論が邦訳されたのが2013年であり、その後、教師
のキャリアを主題としたシンポジウムが幾度となく行われてきた。シンポジ
ウムでは、三村先生によって理論的な解説が行われたのち、各局面にある教
師たちが実際に登壇し、自身の教師キャリアの現在地についての報告をする
のが通例であった。そのうちの数回は、筆者も企画者として、また、登壇者
として関わり合いを持ち、教師キャリアを省みる機会を頂いてきた。

　こうした「発達モデル」の議論に加えて、教師のキャリアを捉えるうえで
きわめて重要だと思われるのが、三村先生の「綴方教育論」である。「発達
モデル」の邦訳と同年に刊行された書物『書くことによる生き方の教育の創
造』（三村, 2013）においては、戦前・戦中に東北地方で行われた作文教育の
運動（北方綴方運動）がキャリア教育の視点から読み解かれる。とりわけ興
味深いのは、そこに描かれた綴方教師たちのダイナミックな変容過程である。

　東北の厳しい貧困の状況、職業選択の機会が与えられない不正義、しかし
夢を持って自身のキャリアを歩みたいという思いなど、子どもたちの作文に
綴られた内容から綴方教師たちは大きな衝撃を受ける。そして、子どもたち
の思いに突き動かされた教師たちは、おのずと職業指導を始め、学校外では
社会運動を行うようになる。最終的には、そうした活動の持つ社会批判的な
側面を問題視した当局の弾圧を受けて解散に至るが、綴方教師から職業指導
へ、果ては被告人へと変容する過程には、教師、生徒、家庭、社会状況とい
った様々な文脈が織り合わされたダイナミズムが認められる。こうした綴方

教師たちは、教師キャリアの発達局面を前に進めたというより、むしろ、ある種の「様変わり」を演じていると言えないだろうか。

　周知のように、同じ変化や変容を記述するのでも、「発達」と「生成変化」には大きな違いがある。発達概念が連続的・漸進的な変容（より良い何かへ）を表すのに対して、生成変化は非連続的な変容（様変わり）を表す。例えば、単なる模倣画家に過ぎなかったゴッホは、1888年にアルルの町に移住したとたんに狂気をはらんだ画家へと変貌する。「より優れた技量へと成長した」といった発達モデルではこれは捉えきれない。何か別様なものへの様変わりとして、つまり、生成変化として捉えるのが妥当であろう（森田, 2015）。

　こうした視点からみた場合に、綴方教師たちの変容過程を描いた三村（2013）には、教師キャリアの発達モデルに対して、生成変化モデルとでもいうべき、もう一つの可能性が示唆されているように思われるのである。

　ステフィ＆ウルフほか（2013）では生成変化は扱われておらず、「パラダイム・シフト」の概念が第3局面の事例分析（教師と学習者のどちらの目線から授業を捉えるか）において触れられているのみである。また、他の論者による教師キャリア論においても、例えば、Lynn（2002）は教師の変容を「ダイナミズム」の中で捉えようとしているが、しかし、そこで示されている事例（離職を考えていた教師が配偶者の死去により離職を取りやめる）から分かるように、そこでのダイナミズムとは、家庭の事情や学校の予算削減（による給与削減）といった外的な要因に規定されたものであり、生成変化という教育内的な要因には触れられていない。また、Woods & Lynn（2014a, b）では、体育教師のキャリア発達過程が分析されるが、発達の基本的な要因としては、本人の気性や専門性の獲得、学校や周囲の支援が結論付けられており、教育実践における生成変化の過程に着目した議論は見受けられない。

　邦訳書が刊行された当時、筆者は三村先生のもとで学ばせて頂いていた。ただ、助手として学校現場に入っていたが学級を担当するような専業教師になっていなかったため、こうした論件についてどのように論じ、議論すれば

よいのか、実感が湧かなかった。その後、専業の教師になって、日々、子ど
もたちとの関わりに明け暮れるうちに、なんとなく議論の手掛かりが見えて
きたように思われる。以下に読まれるエッセイは、筆者自身の教師キャリア
を題材として、教師の発達と生成変化の問題を考えようとしたものである。

２．オートエスノグラフィー・省察・創発——議論の構成

　上述の問題意識にもとづいて、３節において、教師キャリアの生成変化モ
デルとでも呼ばれるべきものを仮説的に概念化する。そこにおいては《省
察・創発・生成変化》というかたちで教師のライフ・サイクルが示される。
そのうえで、４節において、教師Ａの事例を題材として、教師キャリアの変
容過程における発達と生成変化の在り方に関する具体的な分析を行う。分析
の手法としてオートエスノグラフィー、分析の視点として省察、創発を設定
する。

(1)オートエスノグラフィーについて

　オートエスノグラフィー autoethnography とは、「調査者が自分自身を研
究対象とし、自分の主観的な経験を表現しながら、それを自己再帰的に考察
する手法」である（井本, 2013: 104）。調査者自身の過去の発言や執筆物を現
在の調査者の視点から分析することで、調査者を取り巻いていた文化的・社
会的な文脈を理解することが可能となる（井本, 2013: 104）。成田（2020）では、
この手法で教師と生徒の応答関係が考察されており、この手法は、教育実践
研究に援用することが可能である。本稿では、教師Ａが刊行物に記した実践
報告や実践記録に加えて、公刊された学習者の執筆物やインタビューデータ
も分析の資料とする。分析の視点には、省察と創発の視点を設定する。

(2)省察について

　省察 reflection について、ステフィ＆ウルフほか（2013: 23）は Dewey

(1910) に依拠して、「『疑問を解き、混乱を鎮め解決するための題材を見つけるために、探索し、追究し、詮索する行為』を引き起こす躊躇の過程あるいは疑問をもった状態」と説明する（二重括弧内は Dewey (1910: 12) の引用）。

　この理解にもとづいたうえで、ここでは、まずその類型から整理する。吉永 (2021) は省察を 3 つの水準——水準 1「技術的省察」、水準 2「実践的省察」、水準 3「批判的省察」に分類している。技術的省察の関心が教育の「方法論」に、実践的省察の関心が教育の「合理性」にあるのに対して、批判的省察の関心は「現在の自分の活動や考えを成り立たせている（社会的、政治的）背景を問い直していくこと」にある（吉永, 2021: 32）。吉永は、教師の変容に際して教師が自身の「観」（子ども観、学習観、教師観など）を問い直すことの意義を指摘し、水準 3 における批判的省察の重要性を強調している。

　続いて、省察と創発の関係に関する先行研究を紹介する。羽野 (2005) は、教師の「観」の問い直しが生ずるような省察機会のことを教育実践の「創発性」として概念化している。実践の「創発性」を「複合的で特定的な状況にそくして実践者がスキーマを変容させていくこと」（羽野, 2005: 433）としたうえで、大学での羽野の実践を省察する過程で生じた自身の変容について記述しているが、しかし、省察の根拠となるドキュメントデータが示されておらず、また、実践に関わる学習者や教育環境などの文脈情報が捨象されており、ここで報告された省察の実態は断片的なデータに留まってしまっている。

⑶創発について

　創発 emergence は複数要素の相互作用を扱う複雑系科学における概念であり、フォーマルには次のように説明される。森 (2019: 73) は、創発の性質について、「環境によって異なった結果を引き起こすため、当初の部分が置かれていたのとは別の文脈のなかでの因果関係の一部となる」ことができ、「別の文脈のなかでの因果関係が独自なシステムを構成する」点にあるとしている。学校教育の場合にも、教育活動を取り巻く要素には、生徒や保護者、

教職員との関係性や学外リソースとの連携状況、学校の教育目標など様々なものがあり、そうした要素が複雑に絡み合いながら具体的な教育実践の文脈が形成されているが、「創発」とは、そうした文脈が切り替わって、別の新たな文脈が立ち上がっていく有様のことを意味しているのである（高野, 2024）。

　念のために、異なる角度からも説明を試みておきたい。Y・エンゲストロームの活動理論を借りて説明する。活動理論とは、人の活動と主体性の関係を説明する心理学理論であるが、これまでの活動理論が単一で能動的な主体を想定してきたのに対し、Y・エンゲストロームによる第三世代の活動理論では、複数の主体の相互作用が主題化される。複数の主体が出会い、相互作用を及ぼしあうことによって、新たな対象へと活動が拡張する有様が説明されているのである（エンゲストローム, 1999）。ここで示されている新たな活動対象の出現（拡張）がまさに創発だということになる[1]。

　要約すると、それまでとは異なった文脈へと活動の文脈が切り替わる有様、別の文脈に活動が立ち上がる有様が創発であると、さしあたりはご理解を願いたい。また、本件については、発達モデルにおける「刷新」概念との対比において、次節にて、いま一度考察を加えることとする。

　教師の変容と省察・創発の関わりを扱った先行研究においては、以下の2点が課題となる。まず、先行研究には、教師の変容過程における省察や創発の実態を取り上げ、教師の内面に生じている「観」の問い直しの有様を明らかにするようなものがない。加えて、教育実践に纏わる文脈情報やドキュメントデータを明確に位置づけたうえで、教師の省察から創発へと至る過程を分析したものも皆無である。本稿はこれらの点にも貢献を願うものである。

3. 省察・創発・生成変化——概念的な考察

　事例の検討に先立ち、本節では教師キャリアの「生成変化モデル」について検討する。題材としては三村（2013）と同じく佐藤サキの「職業」という

作文から引き起こされた綴方教師たちの変容過程を取り上げ、省察・創発・生成変化というライフ・サイクルを示すことで仮説的な概念化を試みたい。

「自由に何でも書いてきなさい」との発題に対して、高等小学校2年生だった佐藤サキは「職業」という題の作文を書き、進学の夢を断念して働かなければならない不条理を切実な筆致で綴った。作文に衝撃を受けた教師（鈴木正之）は「私ら自身の実践に投げかけられた問題」（浜田ほか, 1978: 54）と捉え、同僚や綴方同人たちと議論することによって省察を深めていく。「それは称賛するだけで終つてしまつていいやうな性格のものではない」「今まで俺たちがやつて来たみたいに、この文章の、どこがいいの、どこが悪いのと、突ついてみたとて、片が付かないのでねえか」（高井, 1980: 46-147）といった議論が巻き起こり、修辞学的な指導を中心としたそれまでの綴方教育と、いまここで求められている教育との間の認知的不協和におかれる[2]。

「親身になつて考へてやる、サキの望みにどれだけかでも近い職業を探し出してやる、それが出来ねえば、なんぼ立派な事を言つたとて、サキに生き方を教へてやれねえのでねえか」（高井, 1980: 147）。ある綴方教師は先輩同人にこう呟き、先輩同人も「俺たちの手で、この娘さ、職業を見付けてやらなくてはなんね」と応じる（高井, 1980: 147）。それをじっと聞いていた別の若い教師が言う。「昂さんの言ふ事は判るす」「判るども、それは学校の教師の仕事からは、はみ出した事でないすか。教師が、生徒一人ひとりの生活の責任まで負へるものだかどうか、俺なば疑問あるす」（高井, 1980: 147）。

先輩同人はその若い教師に向かって言葉を返す。「教師はそこまでやるものでねえ。普通の場合にはな。だども、その教師の役割からはみ出した所で問題が起こつたとき、俺の知つた事でねえと外を向いたら、子供ら、どう思ふべ。先生なば、それまで嘘こいてゐたと思ふでねえか」（高井, 1980: 147）。

ここで綴方教師たちが向き合っていたのは、教育とは何か、教師の仕事はどこまで続くのかといった、「観」を問い直す省察であった。こうした価値観の問い直しのなかで、教師たちは、おのずと職業指導へと向かっていく。

　職業指導が始まった経緯について、ある座談会の場で、綴方教師は次のように発言している[3]。「東北地方の綴方教育のなりたちは、日常生活を端的に表現することを最初非常に重要視したことは確かです。それをやつて居る中に凶作になって、北方性といふ問題が出て来たのです。そこで吾々は成るべくはみ出て来た所を知らうとした。所がそれは綴方では解決がつかないから、いつの間にか綴方教師は生産的仕事に従事しはじめた。鱒取りをさせたり、新聞配達をさせたりし、綴方教師が皆生活教師になつてしまった」(『教育』編集部, 1938: 78, 傍点は原文のまま)。

　三村 (2013) は引用文中の「はみ出て来た所」という言葉に着目し、この言葉を戦後の教育課程のなかで捉え直したうえで、特別活動 (extra-class activity) との理念的・機能的な類似性を指摘している (三村, 2013: 106-108)。

　この「はみ出て来た所」について、本稿では創発の視点から捉えてみたい。綴方教師の場合、生徒たちの作文を契機とした対話によって教師観、教育観が問い直され、綴方教育というそれまでの文脈からはみ出して職業指導という新たな文脈が立ち上がっている。「はみ出て来た所」とは、まさしく「創発して来た所」の別語に他ならない。この点について、発達モデルと生成変化モデルの対比において重要なことは、発達モデルで想定されている「刷新」は意図的・意識的な行為であるが、「創発」はそうではないということである。

　「教師はこの省察的過程によって、変化することを決意します」「児童生徒の学びをコントロールできると感じたときに教師は成長します」といったステフィ&ウルフほか (2013: 26) の言明からわかるように、発達モデルにおいて、省察から刷新へのライフ・サイクルは、教師による「変化する決意」を伴う意図的・意識的な過程として理解されている。

　他方で、綴方教師たちの事例において、省察から創発へと至る過程は、むしろ、意図せず、降りかかってくるような種類のものである。

　実は、先述の座談会では「はみ出て来た所」の捉え方をめぐって、2名の

綴方教師とそうではない他の参加者との間で、喧々諤々の議論が交わされている。「はみ出て来た所」に対して他の参加者からは、「綴方を何か他の実際問題の為の方法又は道具として利用するというふうなこと」ではないか、「はみ出て来た所」を扱うことが綴方教育の「手段になる」のではないかと、設計論・目的論的な観点からの疑義が呈される（『教育』編集部, 1938: 78-79）。

　疑義に対して綴方教師たちは「先生の仰しやるやうに、綴方の本質は文部省で決まつて居るのですから、その通りだと思ふ。唯併し、はみ出すことは必然である」、「綴方がある以上、独自の目的があるが、その結果はみ出して行くものこそが教育の本当だと思ふ」、「これは綴方では解決が出来ないから、皆で相談して、どういふ職業に就けてやるか、その子供を何とかしてやらなければならないといつたやうな、綴方以外にはみ出した問題が起こったのです」と応じる（『教育』編集部, 1938: 78-79, 傍点は原文のまま）。

　教師や行政が予め設定した文脈とはまた別のところにおいて、相互作用のなかで「はみ出て来た所」は必然的に生じてしまう。そして、それが「教育の本当」だと、彼らは言っているのである。「発達モデル」が教師に想定していた「変化する決意」との対比でこの点を捉えるなら、綴方教師たちは、期せずして、あるいは、意図せざる帰結として、そうした役回り（綴方から職業指導へ）を演じてしまったというほかない。

　もちろん、オールド・ファッションの認識論からみれば、人は何かを決意するからこそ何かを行為できるのだということであり、当然のことながら綴方教師においても、職業指導に先立って、その決意があらかじめなされていたのだと捉えることはできよう。ただ、ここでは、その決意にまつわるエージェンシー（主体性）の問題がとりわけ重要となるように思われる。

　既に述べたように、発達モデルが想定する決意とは自分の変化を自分で決断するという種類のものであり、そこには教師の自律性が見られる。他方で、生成変化モデルが想定する決意は、本節引用文での「投げかけられた問題」「いつの間にか…」といった言葉から知られるように、それが呼びかけに対

する応答である点に注意が必要である。発達モデルの決意が《自律的決意》であるとすれば、生成変化モデルの決意は《他律的決意》だといえよう[4]。

これまでの議論をまとめると、綴方教師たちは、綴方教師から職業指導の教師、果ては被告人へと、別様なる存在への非連続的な様変わりを演じているが、そうした生成変化の背景には、生徒の作文から受けた衝撃を始発として行われた「観」を問い直す批判的省察があり、その結果として生じた実践の創発が認められる。こうした過程を教師の主観的な視座から見た場合には、そこには、期せずして、あるいは、意図せざる帰結としてそれに立ち会ってしまうという意味において他律的な主体性の感覚を認めることができよう。

本稿は、この種の教師の変容過程を《省察・創発・生成変化》というライフ・サイクルによって理解する。つまり、批判的省察を通して新たな教育活動や教育観が創発され、それを通して教師の在り方が非連続的な変化を遂げてしまうというような現象を構造的に理解するための「生成変化モデル」である。

言うまでもなく、生成変化モデルと発達モデルは排除的な関係ではない。綴方教師たちも生成変化だけをしていたわけではなく、彼らの生成変化の背景には、それまで彼らが積み重ねてきた発達があるだろう。したがって、教師の変容を捉える際には、基本的には発達モデルで捉え、それでは捉えきれない部分（はみ出て来た所）については、生成変化モデルで捉えてみるといったかたちで、適宜、2つのモデルを併用できるとよいのではないだろうか。

4．教師Ａのキャリアにおける「性の多様性」実践を通した変容過程の分析

本節では、2014年から2021年に至る教師Ａの教師キャリアを題材として、その変容過程を分析する。具体的には、性の多様性に関する実践を取り上げ、教師Ａが教師キャリアを開始する前（前史）、教師になった後の実践、そして、その後の展開を検討する。この題材を取り上げる理由は、教師Ａの教師キャ

リアに対して大きなインパクトを与えた実践であったためである。

　分析に際しては、基本的には発達モデルによって分析し、それでは捉えきれない部分（はみ出て来た所）については生成変化モデルによって分析する。記述に際しては、便宜的に、出来事によって時期を区分し、それぞれの時期における教師Ａや学習者の発言や執筆物を引用しながら、分析を加えていく。なお、データに固有名が登場する箇所については、適宜表現を改めている。

⑴前史：教師以前のライフヒストリーにおける教師Ａと性の多様性の出会い

　2010年代以降、LGBTQ＋という言葉の膾炙とともに性の多様性に関する議論が社会的な関心を集めるようになるが、こうした社会変容の兆しは2000年代に生じていた。2003年には、戸籍の性別変更を可能とする「性同一性障害特例法」の成立や、宮崎県都城市による同性愛者の人権を明記した条例の施行が行われており、2004年には「性同一性障害特例法」が全国施行される。政治分野でも、代議士や候補者がLGBTQ＋当事者であることを公表するなど、2010年代の社会変容への兆しが見られたのがこの時代であった。

　教師Ａが教師の仕事を志した中学校在学時（2004年-2007年）は、こうした社会の変容期にあたる。高等学校在学時（2007年-2010年）に教師Ａは卒業論文をまとめる機会があり、新宿二丁目や歌舞伎町で風俗産業に従事するLGBTQ＋当事者にライフヒストリーの聞き取りを行っている。その際に教師ＡはLGBTQ＋コミュニティに特有の絆や連帯感を体験し、親しみを抱く。

　他方で、周囲からの理解を得られないがゆえに家族や地元コミュニティから離脱している当事者や、性別適合手術を受けるための資金準備を目的として性風俗産業に従事する当事者の厳しい現状も目の当たりにし、そうした状況に置かれる当事者と自身との間の隔たりや境界線についても強く意識することとなる。それは、本件に関しては多数派としてこの社会の構造を形成している一員としての教師Ａが抱く、理想と現実の乖離感や責任の感覚であり、そうした問題意識はその後も持続することとなる。

⑵2014年〜2017年：勤務校の風土との出会いと授業の刷新

　文部科学省は2015年4月30日に通知「性同一性障害に係る児童生徒に対するきめ細かな対応の実施等について」を発出し、「性的マイノリティ」に該当する児童・生徒への具体的な配慮を学校現場に求めている。教師Aが2014年から勤務しはじめた男子校は、併設された学生寮で過半数の生徒が暮らしており、生活と学校が密着した教育環境であった。また、そうした状況のなかでも、生徒の頭髪を丸坊主と定める校則や、体育祭の際に上半身裸で演技を行う風土などが、大正時代の創立以来続いていた。そうした校則や風土と出会った教師Aは、これまでの問題意識をもとにして「境界線」を主題とした単元を構想し、実践するようになる。

　境界線の定義、その不可能と不可避というテーマを扱いました。境界線が引かれる。たとえば、性別、善悪、国籍、生と死。けれどそれは決定されたものか。再定義することはできないのか。文学や映画など物語を使って教えるのは、体験が大切だからです。たとえば、『羅生門』は飢饉で追い込まれ、生き延びるために悪になる。一方、『将門記』には絶対悪が描かれる。生徒たちに身近な、人が起こした公害で怪物になる相対悪のゴジラと、仮面ライダーの怪人たちに置き換えてもいい。老老介護で息子が母親を殺害したケースなど、実際に起きた事件も取り上げます。その物語性の中に入っていくことで、理屈ではなく何かを感じ取ることができる。(婦人之友社編集部, 2021: 33)

《ある学習者の回想》

　A先生は国語の先生で、教科書に載っていないような社会の課題を積極的に扱っていた。答えを教えるのではなく、生徒が自分たちなりの考えを構築していく授業だった。その中で「性別に境界線を引くことは難しい」というテーマの授業が行われた。男女という二元の世界ではなく、中性的なセクシュアリティや、性の表現の仕方など、男女に二分できないという授業をしてくださった。自分も男女に二分されている世界で生活してきていたので、多様な性があるということに面白いなと興味を持った。(松本, 2021: 40-41)

こうした学習者の反応をもとにして、より一歩踏み込んで授業を貫くテーマを掲げ、そのうえで授業自体を学習者が作り、学習者の興味・関心に応じた探究を展開するような授業づくりが開始する。

> 数年来、「社会正義と多様性」を授業（中高国語）のテーマとしてきました。授業は、学習指導要領を読みながら子ども自身がシラバスを書くことから始まります。各自が最も関心を寄せる社会課題について、文献研究、ヒアリング、授業内での議論を経て社会への提案に至る道筋を子どもが考えます。（略）多く扱われる課題は性的少数者の人権、在日と人権、貧困問題など。ゲスト招聘やフィールドワークの計画も子供が担います。社会課題に触れながら、授業という場（社会）を自分たちの手でつくる。これが、授業の眼目です。（高野, 2020: 76）

三村先生から伺っていた統一応募用紙や偏差値不提示のお話（本書所収三村論文参照）そして、下村英雄先生から教えて頂いていた社会正義のキャリア教育論の影響から、教師Aは社会正義と多様性の観点から社会を批判的に考察する教育に意義を感じており、上記の授業のテーマ設定に繋がっている。

ここでは、問題意識を持つ教師Aが勤務校の環境と出会うことによって、教育内容やその合理性に関する省察が生じ、授業の内容や方法が刷新されていることがわかる。刷新にあたっては、教師Aの自律的な主体的がみられる。

⑶2017年：生徒によるカミングアウトと多様性ゼミの創発

上述のような授業を行って数年が経過したころ、ある学習者が寮で自身のセクシュアリティについて、ルームメイト6名にカミングアウトするということが起きた。カミングアウトは、教師Aの勤務校では創立以来、初めてのことであった。なお、この内容はカミングアウトした本人が公表を望んでおり、自身も発言してきたことであるため、本稿においても題材に取り上げる。

《カミングアウトを受けた生徒による回想》

> 男子部は寮生活を送っている人が多く、朝から晩まで一緒にいるので家族の

　ような感じになります。彼が最初に自分がゲイであることを話してくれたのは中等科のときで、寮の部屋ででした。中学生の頃は、テレビや生徒同士の雑談で同性愛の方々を馬鹿にしているような表現に触れても、問題視はしていなくて、どこか他人事のように感じていました。ですから、自分の身近でカミングアウトがあったことは、すごくショックでした。といっても、彼が当事者だったことがショックだったわけではなく、彼がこれまで生きづらさを感じていた、傷ついていたということがショックだったのです。（木村, 2019: 17）

　教師Aも、カミングアウトが起きたことに大きな衝撃を受ける。そして、自身の教育実践や教師としての在り方に対する問い直しが生ずることとなる。

　六年ほど前、授業では、LGBTQに関わる人権問題を扱っていた。二か月ほどして単元が終了したときに、学校に隣接している学生寮で、授業に参加していた生徒が性に関する告白をした。その生徒は、六名の室員に対して、一晩にわたって、自身の性について、また、これまでの学校や社会での生き辛さなどを話し、室員はそれを丁寧に聴いた。そして、翌日、室員が目を腫らして、私を訪ねてきた。「彼のことを、よく理解したい。社会には不条理が多すぎる。なんとかしたい」。告白した生徒も、その日のうちに私に言った。「告白してしまったが、これでよかったのだろうか」。告白を誘発したのではないかと、私は責任を感じた。厳しい社会現実を分析する単元の最後に、「希望」を語ってきたからである。希望を現実化すべく、その日から課外授業（多様性ゼミ）が開始した。文献講読やフィールド調査から始め、徐々に社会に働きかけるようになった。（高野, 2021a: 21）

　カミングアウトした生徒との対話を通して、教師Aは授業の最後に希望を語るような単元構成は無責任だったのではないかと自問する。同時に、カミングアウトを受けた生徒からの問いかけにより、自身がいま教師として何ができるかという問いに直面することとなる。悩んだ教師Aは、それに対する応答として課外授業（多様性ゼミ）を開始することとなる。この課外授業は教師Aの計画によって生じたのではなく、様々な相互作用のなかで必然的に立ち上がった（はみ出して来た）ものであり、ここには創発が認められる。

⑷2017年〜2018年：調べ学習型ゼミの挫折と社会変革型ゼミの模索

　多様性ゼミにはカミングアウトした生徒やルームメイト、希望者が集まり、10名ほどで活動が開始した。当初、調べ学習や当事者へのインタビューを行い、当事者を理解することを目標において学びを進めていた。半年ほど経ち、学びの成果を生徒が学外で発表した際に、聴衆からの手厳しい批判を受ける。

> 　カミングアウトした生徒を守る防波堤のような形で「多様性ゼミ」は始まりました。生徒の発案で文献研究やいろんな国の状況を調べたり、さまざまな当事者に話を聞きにいったりもしました。5か月ぐらい経った後、生徒たちが学んだことを地域のお祭りの中で発表する機会がありました。生徒たちは準備をして話したのですが、地域の高齢者からの反応は「なんでそんなことを考えなくちゃいけないんだ」「少子化が進んだらどうするのか」など否定的なものでした。一緒にラーメンを食べながら振り返りをしましたが、子どもたちもその夜は沈鬱でした。(遠藤, 2021: 54)

　発表によって人々とこの話題を共有しようとしたゼミの試みは、聴衆からの手厳しい批判で挫かれることとなる。意気消沈する生徒との対話を通して、教師Aは自身のゼミ運営やファシリテーションについて、問い直される。

> 　批判を受けたことで改めて、当事者の現実を肌で感じたのだと思います。しかし、異なる意見があるのは当たり前。多様性をつくりたい私たちが、多様性を受け入れられない人を排除してはいけない。では、どうしたら社会の現状を変えていけるのか、という視点に変わっていった。(婦人之友編集部, 2019: 88)

　省察を通して、自身のゼミ運営が「当事者理解」に偏っており「社会を良くする」との発想に欠けていたことに気づかされる。下村先生を通じてWatts（1996）の「ラディカル・キャリア教育」の発想に触れていたことが導きの糸となり、教師Aは社会変革に照準した、価値提言型の教育実践を志向するようになる。ここでは、聴衆の予期せぬ反応をもとに生徒との対話が起こり、対話を通した省察によって実践の刷新へと繋がる発達過程が確認できる。

⑸2018年〜2019年：価値提言型ゼミ運営における方法論と能力観の刷新

《ある学習者による回想》

> 　それまでは当事者に目を向けて、カミングアウトやどのようなカウンセリング方法があるのかなど、個人レベルの視点で考えていた。しかし、イベントでネガティブな意見を受け、当事者がどのような社会で生きているのかということを感じ、当事者個人の視点から社会の視点に変わった。そして問題は社会にあることに気づいた。自分たちが様々な勉強をしても、社会が変わらないと意味がないのではないかと考え、インプットと共に、積極的に社会に訴えかけることを考えるようになった。
>
> 　そのような経緯で、社会に向けて動くことを決め、カタリバが主催し、文部科学省が共催しているマイプロジェクトアワード（高校生が自分たちの活動についてプレゼンを行う場）に参加。同年代の参加者や、審査員の方の意見を聞いて、かなり多くの刺激を受けた。（松本, 2021: 42）

　価値提言型のゼミとして刷新され、引用文で語られたマイプロジェクトアワードへの参加（2018年）をはじめとして、小学校・高等学校への出張授業（2018年〜）、東京レインボープライドへのブース出展（2019年）、行政との連携で市民講座の開催（2019年〜）、映画会の開催（2019年〜）、学会報告（2019年〜）など、数多くの社会実践を実施していくこととなる。

　こうしたゼミの運営にあたって教師Aが参考にしていたのが、大学院在学時に三村先生から学んだ「プログラム開発」の授業の方法論である。「プログラム開発」の授業では、研修会の企画・運営を通して院生が主体的に学びを構造化する方法がとられている（三村ほか, 2014）。教師Aはこの方法を中高生のゼミに応用することで、新たなゼミ運営に向かおうとした。

　他方で、こうした方法論の枠組みは共有していても、そこで育成すべき具体的な能力観は、大学院生と中高生とでは当然異なる。そこで教師Aは、新たなゼミで育成したい能力観について吟味し、以下のように表明している。

> 　自身が立つプラットフォーム自体を疑うちから（メタ・ディスカッション能

力）、そして、必要に応じてコードの変更を社会に働きかけるちから（表象能力）に照準した教育を（生徒と教師で）つくり出すことが、本プロジェクトにおける教育学的な問題意識である。(高野, 2021b: 39)

　ここで明確化された、社会への働きかけを意識した能力観は、その後の教師Aの教科教育（国語科）においても、その中心に位置づくものとなる[5]。

　上述した過程の全体を通しては、手法と能力観を再定義することによって、当事者理解から社会変革へとゼミ運営の在り方の刷新が試みられており、ここには教師Aの自律的な主体性がみられる。ちなみに、教師Aにこうした変容が生じていた時期は、「よりよい学校教育を通してよりよい社会を創るという理念を学校と社会とが共有」することが謳われた学習指導要領（2017年改訂・2021年中学校実施）への移行の期間であり、社会に開かれた学びが広く求められていた時期でもあった。

⑹2019年〜2021年：当事者からの批判と教師としての在り方の変化

　価値提言型の社会実践へと刷新されたゼミの活動であるが、社会に働きかけていくぶん、また新たに別の角度からの批判に晒されることにもなる。
《ある学習者による回想》

　活動の中で、「当事者たちが自分たちのコミュニティでこれまである意味で安全に暮らしてきたのに、君たちのような中途半端な啓発活動により、外から壊されたくないからやめてくれ」というようなことを言われた。これまでは当事者の人たちの話を聞いたり、応援していただいて、当事者のためにという気持ちが根底にあった。しかし、当事者サイドの方から批判されてしまったことで、「自分たちは何のためにやっているのか」となった。現時点でも、その答えは出ているようで出ていない。個人の意見としては、「誰のため」と言い出すとなかなか答えが難しいところがある。当事者もさまざまな人がいて、全員に支持してもらえることはない。何のためにやっているかというと、「自分の感情に素直になる」ことを考えている。自分のためでもなく、腹が立ったから怒る、知りたくなったから勉強する、伝えたくなったから訴えるとか、自分の感情に素直

> になることが大事だと気づいた。（松本, 2021: 42）

　2015年に一橋大学で起きたアウティング事件に関する裁判が2018年に結審しており、この批判を受けた2019年当時は当事者性をめぐる議論が盛んになされていた。当事者から批判を受けたことで、「理解者（Ally）が当事者になることはできるのか」「当事者とは誰を指すのか」という観点から、実践に纏わる教師の当事者性が問い直される。学習者と対話し、様々な文献や当事者と対話を行うなかで、教師Aは、高校在学時のフィールド調査のことを想起することとなる。そこでは、当事者コミュニティへの親しみと同時に、当事者と自身との間の異なりや境界線も強く認識されており、教師キャリアの最初期の授業では「境界線」が意図的に主題化されてもいた。自身の来歴や過去の実践、様々な人々との対話によって、教師Aは実践に纏わる当事者概念を問い直し、「再帰的当事者性」という発想を得る。理解者は結局のところ当事者にはなれないが、その不可能性を認識したうえで、社会正義の実現のために、あえて当事者的な問いを引き受けることによって再帰的に当事者性を獲得する構えを、教師Aは「再帰的当事者性」という発想で捉えた[6]。

> 　当事者がいる中で勉強すると、アライの中にある弱い、小さい、守ってあげなくちゃいけない当事者像が、実はそうではなかったことがわかって驚愕します。豊かで元気でパワーがあって、パレードで盛り上がってるのをみるといいなぁ、生まれ変わったらあのコミュニティに入りたいな、なんて感じたりもする。そんなアライの人が増えたらいいと思います。本を読むだけでなく、一緒になにかをして、ご飯を食べることが大事ですね。（遠藤, 2021: 55）

　これは、多様性教育について尋ねられた際の教師Aの発言である。高校在学時に体験したLGBTQ+コミュニティの絆や連帯感にも言及しながら、教師Aは当事者性の問題や実践の在り方について意識的に語るようになる。

> 　"human rights" という言葉の歴史は、権利を求める運動と絶えず表裏一体でした。"human" という言葉からわかるように、最初に「人権」が与えられたのは男性だけで、しかもある一定の条件を満たした男性だけでした。例えば「有色人種」とされた人々だったり、障がいを持っている人々は人権を与えられなかった。その後、万人の人権を求める運動が繰り広げられる中で、「人権」という言葉の範囲は絶えず再定義されてきました。今もまさに「LGBT の人権」という分野が一般化しつつある過渡期にあたります。いつでも人権は再定義される、つまり、未完のものであるということです。(東久留米市男女平等推進センター, 2021: 15)

　男女共同参画に関する東京都のシンポジウムに登壇した際の上記の発言からは、教師Aみずからが価値の提言を行おうとする姿勢が見受けられる。

> 　「LGBT と人権」に関する指導に際しては、「当事者／支援者」のような二項図式を用いず、「誰もが当事者である」と生徒が実感できるように留意したい。そして、「『人権』という概念はいまも発展途上にある」ことを、生徒がとらえられるようにしたい。LGBT の人権は、1969年の「ストーンウォールの反乱」などの権利獲得運動を経て、新たな概念として確立してきているが、明確な定義なども含め、いまだその歴史的な展開のさなかにあるといえる。様々な情報を集めて生徒と確認しながら、実際に社会が変容している様子を具体的にとらえ、自分との関わりを考えさせたい。(教育出版編集局, 2021: 63)

　これは、教師Aが中学校公民教科書の教師用指導書に執筆したものである。この時期は、2020年度からの学習指導要領（中学校）の全面実施に備えた教科書改訂の時期にあたり、教師Aは公民教科書における「人権」の項目を執筆していた。当事者から受けた批判に対して、教師である自らが責任を負いながら、当事者的な問いを引き受けることによって、応答を試みていることがわかる。これは、教師Aにとっては想定外の出来事であり、元来、国語教師として規定していた自身の在り方を大きくはみ出して行くこととなる。

(7)2021年：教育観・教師観の明確化

　ここまで、2014年から2021年に至る教師Aの教師キャリアの変遷を辿りながら、そこにみられる変容過程を検討してきた。その後も多様性ゼミの活動は続いているが趣旨から外れるため本稿でそれを追うことはせず、ここでは、上述の変容過程が教師Aの「観」に与えた影響について短く考察しておきたい。題材には、2021年時点での教師Aの教育観・教師観を取り上げる。

> 　八年を経過しつつある「教師キャリア」において、進路の舵取りをした試しはなく、進むべき方向は、もっぱら、生徒との「混淆」によって定められてきた。いくつかの体験を記すことで、「教師キャリア第三局面」の報告に代える。(高野, 2021a: 21)

　これは、第三局面にある教師として教師Aが登壇したシンポジウム「キャリア教師のライフ・サイクル」(主催：早稲田キャリア教育研究会、後援：日本キャリア教育学会、実施：2021年2月7日)の資料に記されたものである。引用文の後には、本稿で紹介してきた実践の体験が記され、生徒との「混淆」によってキャリアの方向性が定まってくるという「観」が示されている。

> 　羽仁もと子が、「教育は交わりである。おとなが子どもを教えるのでなく、共に交わりつつ相互に教育される」と書いている。丁寧に交わること。私は、交わりの中で互いの裡に秘められている潜在的なものが顕在化していく過程を、「教育」という言葉で捉えたい。(婦人之友社編集部, 2021: 36)

　本稿で「創発」の概念を用いて議論してきたようなことが、ここでは「潜在的なものの顕在化」という言葉によって捉えられている。こうした創発的なものを良きものと捉える教育観が教師Aに育まれていることがわかる[7]。

> 　生徒からの「問い」を引き受けることによって紡がれてきた「教師のキャリア」は、「主体混淆的なキャリア」である。私が経験している「キャリア」を「私」だけのものだと証言することは、誰にもできまい。しかし、「主体混淆」という言葉を差し置いて、「教師キャリア」に意味を与え得る表象など、果たし

> て存在するのだろうか。ミシェル・フーコーによれば、混淆場 heterotopia とは「船」である。ならば、「教師キャリア」とは「船」にほかならない。「船」という「場」において、「漕ぎ手」の立場は、常に、他者との「混淆」へと開かれているのである。(高野, 2021a: 21)

　生徒との混淆によって新しい教育実践が始まり、実践への省察が起こる。省察を通して刷新が生じたり、場合によっては異なる文脈へと実践がはみ出していく場合もある。その積み重ねによって形成された教師のキャリアは教師だけのものではなく、様々な学習者や状況の文脈が共に織り合わされたものとなる。こうしたことを呟き続ける教師Aに混淆場 heterotopia の概念を示唆してくださったのは、三村先生である。教師Aはその後、引用文において「主体混淆的なキャリア」と表現されていたものに対して、「生成変化モデル」という概念を用いることによってより詳細な検討を加えることとなる。

5．分析によって教師Aが得た認識

　分析を通して、教師Aは以下のような認識を抱くこととなった。

(1)境界線や社会正義を主題とした授業実践の背景について

　教師Aは、高校の卒業論文の執筆を通して、性の多様性をめぐる人権課題に関心を抱いており、そうした関心を抱く教師Aが勤務校の校則や風土に出会うことで、違和感や理想と現実の離齬感を抱き、それに対する教育実践的な解決策として上記の実践が行われていたことが分かった。ここでは実践の内容や合理性を追求するための省察が行われ、その過程からは、上記の実践を開始した教師Aの自律的な主体性にもとづく教育活動の刷新がみられた。

(2)課外活動（多様性ゼミ）の実践の背景について

　授業の受講者によるカミングアウトを受けて、教師Aは自身の教育実践に対する責任を省察するともに、教師として何ができるのかと問い直すこと

なる。これは、現実問題として生じてしまったカミングアウトに要請されて、教師の役割を問い直す批判的省察であった。そうした省察を経て、通常の授業の文脈を超えて、課外活動（多様性ゼミ）が立ち上がった。ここには、教師Aの他律的な主体性と、文脈の異なる教育活動の創発が確認できた。

(3)課外活動（多様性ゼミ）の活動方針の変更の背景について

　ゼミ活動に対する批判を契機として、過去の自身の経験や学びも想起しながら、ゼミの運営に対する省察が行われ、過去の学びを生かした方法論と独自の能力観にもとづいた提言型ゼミ運営へと教育実践が刷新されている。ここには、教育実践の在り方を刷新しようとする自律的な意思がみとめられた。

(4)再帰的当事者として応答する背景について

　当事者からの批判を契機として、教育実践にまつわる当事者性についての省察が生じた。文献研究や対話の過程を経て、教師Aは、人権教育や多様性教育の実践当事者として発言や提言を行うことによって、当事者からの批判に対して態度で応答しようと試みている。これは、教師Aにとっては意図せざる方向への文脈の創発であり、別様な存在への生成変化がみられた。

(5)教師Aの教師観・教育観の背景について

　上述してきた変容過程の全体を通して、教師Aには自身の教育観・教師観の明確化が生じていた。その結果として、生徒との交わりを通して新たな学習活動が創発するような教育の在り方を良きものと捉えるようになり、また、そうした教育活動の積み重ねによって成り立つ教師のキャリア（主体混淆的なキャリア）に積極的な意味を見出し、それを言語化しようと試みていた。

6．成果と課題

　本稿では、教師キャリアの生成変化モデルを検討し《省察・創発・生成変

化》というライフ・サイクルによってそれを特徴づけた。事例として教師A
のキャリアの変容過程を取り上げ、分析を行った。その結果、基本的には
《省察・刷新・成長》という発達モデル通りの変容過程がみられたが、他方
で、課外活動（ゼミ活動）の開始や当事者性の引き受けといった場面にはそ
れまでの文脈から「はみ出て来た所」がみられ、そこには省察から創発に至
るプロセスや他律的な主体性が認められた。この結果から、教師のキャリア
を「生成変化モデル」で考察することは可能であること、発達と生成変化は
織り合わされた形で見られることがわかった。したがって、教師キャリアを
捉える際には、発達モデルと生成変化のモデルの両方を想定することで、そ
の変容過程に対するより詳細な分析に繋がるのではないかと示唆される。

　他方で、より厳密な議論を行うためには、例えば、教師キャリアの発達モ
デルと生成変化モデルの関係性に関してより多くのパターンを蓄積して、そ
の関係性をより精緻に論じていくことが課題となる。また、教科と学級指導、
進路指導の関わりなど、日本と他国における教師役割の異なりとそれぞれの
教師キャリアモデルとの関係について考察することも求められている。

注

1 津山・高野（2022）では、社会科と国語科の教科横断型授業の創発過程に対して、
　エンゲストロームの第三世代活動理論を用いた分析を加えている。

2 高井（1980）は、北方綴方の中心的人物である成田忠久について描いた文芸作品で
　ある。ただ執筆にあたっては綴方教育の専門家である滑川道夫の指導のもと、文献
　研究に加えて、33名の関係者に対する取材が行われており、そのなかには佐々木昂、
　鈴木正之といった引用部の発言当事者も含まれているため、本稿では、高井（1980）
　についても論述の資料として使用させて頂く。

3 本座談会は、1938年3月30日に「『生活教育』座談会」として開催され、『教育』第
　6巻第5号（『教育』編集部, 1938）に掲載されたものである。綴方教師は、佐々木
　昂（秋田県前郷小学校）、鈴木道太（宮城県入間田小学校）の2名が参加している。
　その他の参加者は、以下である。石山修平（東京高師教授）、岩下吉衛（小松川第
　二小学校長）、黒滝成至（教育科学研究会会員）、今野武雄（教育科学研究会会員）、

滑川道夫（成蹊学園小学部）、百田宗治（「綴方学校」主宰）、山田清人（深川区毛利小学校）、山田文子（本所区錦絲小学校）、吉田瑞穂（杉並第八小学校）、城戸幡太郎・留岡清男・菅忠道（『教育』編集部）。

4 こうした論件が主題化されることは少ないようだが、例えば大正自由教育運動における「おのずから、かつ、みずから」といった認識（橋本・田中, 2021）や、国語教師の大村はまにおける「教えながら、教えられながら」といった語り口（大村, 1989）には、実践者における他律的な主体性の在り方が示されている。高野・津山（2021）は実践をもとにそれを考察し、教師の中動性として概念化している。

5 こうした能力観による国語教育について、高野（2022a）をご覧頂きたい。

6 「再帰的当事者性」の発想は、例えば、教師Aが登壇した「第63回 キリスト教学校教育同盟 新任教員研修会」（主催：キリスト教学校教育同盟、実施：2021年8月6日）において、「召命と応答について―閉ざされた教師から開かれた教師へ―」と題した講演のなかで語られている。

7 こうした教育観をカリキュラム論、実践論として展開したのが高野（2022b, 2024）である。

文献

Dewey（1910）*How we think*, D. C. Heath & Co Publishers.

Lynn（2002）The Winding Path: Understanding the Career Cycle of Teachers, *The Clearing House: A Journal of Educational Strategies, Issues and Ideas*, Volume 75, Issue 4, pp. 179-182.

Watts（1996）Socio-political ideologies in guidance. In A. G. Watts, B. Law, J. Killeen, J. M. Kidd, & R. Hawthorn（Eds.）, *Rethinking Careers Education and Guidance: Theory, Policy and Practice*, Routledge, pp. 351-365.

Woods & Lynn（2014a）'I'm Quite Content': A Veteran Physical Educator's Career, *Research Quarterly for Exercise and Sport*, Volume 85, Issue 1, Taylor & Francis Ltd., p. 11.

Woods & Lynn（2014b）One Physical Educator's Career Cycle: Strong Start, Great Run, Approaching Finish. *Research Quarterly for Exercise and Sport*, Volume 85, Issue 1, Taylor & Francis Ltd., pp. 68-80.

井本由紀（2013）「オートエスノグラフィー―調査者が自己を調査する」『ワードマップ現代エスノグラフィー』（藤田結子＆北村文編）新曜社, pp. 104-111.

エンゲストローム（1999）『拡張による学習』（山住勝広ほか訳）新曜社.

遠藤まめた（2021）「子どもたちどうしの学び」『月刊学校教育相談』（学校教育相談研究所）ほんの森出版、2021年11月号, pp. 52-55.

大村はま（1989）『教えながら教えられながら』共文社.

木村翠（2019）「多様な意見を聞くとワクワクする」『子ども白書』2019（日本子どもを守る会）かもがわ出版, pp. 17-20.

教育出版編集局（2021）『中学社会公民 ともに生きる 教師用指導書学習指導編』教育出版.

『教育』編集部（1938）「『生活教育』座談会」『教育』第6巻第5号、岩波書店, pp. 70-87.

ステフィ＆ウルフほか（2013）『教師というキャリア』（三村隆男訳）雇用問題研究会.（原著：Betty E. Steffy, Michael P. Wolfe, Suzanne H, Pasch, Billie J. Enz（2000）*Life Cycle of the Career Teacher*, Kappa Delta Pi & Corwin Press, INC..）

高井有一（1980）『真実の学校』新潮社.

高野慎太郎（2020）「社会とは、受け入れるものではなくつくり出すもの」『社会教育』2020年5月号、旬報社, pp. 76-77.

高野慎太郎（2021a）「『第三局面』における『教師というキャリア』ー「混淆」として生きられつつある現在についてー」『早稲田キャリア教育研究』第12巻（早稲田キャリア教育研究会), p. 21.

高野慎太郎（2021b）「多様性のある社会をデザインする」『自由学園年報』第24号（自由学園), pp. 38-42.

高野慎太郎（2022a）「市民的リテラシー教育としてのグリーンガイダンスー映画『タネは誰のもの』への教育現場からの応答ー」『生活大学研究』第7巻1号（自由学園最高学部), pp. 123-138.

高野慎太郎（2022b）「ポスト・ヒューマニズムの時代のオンライン教育ー別様なる可能性への生成変化に向けてー」『子ども白書』2022（日本子どもを守る会）かもがわ出版, pp. 47-50.

高野慎太郎（2024）「真正性を伴う平和教育の創発に関する考察ー「総合的な探究の時間」における平和教育の創発過程を事例としてー」『平和社会学研究』第2巻（平和社会学研究会)、東信堂（印刷中).

高野慎太郎・津山直樹（2021）「生徒と教師の中動態的関係によるカリキュラム創発・実践の分析ー国語科・地理歴史科の教科横断型実践を事例にー」『生活大学研究』第6巻（自由学園最高学部）pp. 56-75.

中央教育審議会（2012）「教職生活の全体を通じた教員の資質能力の総合的な向上方

策について（答申）」

中央教育審議会（2015）「これからの学校教育を担う教員の資質能力の向上について～学び合い、高め合う教員育成コミュニティの構築に向けて～（答申）」

津山直樹・高野慎太郎（2022）「生徒と教師の中動態的関係性に向けた自己変容の分析－外国人労働者についてのセルフディベート実践を事例に－」『特定課題研究 21世紀の社会変容と国際理解教育 報告書』（日本国際理解教育学会）pp. 81-84.

成田喜一郎（2020）「『帰国子女』からの問いかけと教師の応答経験の有意味性」『国際理解教育』26号（日本国際理解教育学会）, pp. 13-22.

橋本美保・田中智志（2021）「教育実践のプラクシス 大正新教育の「実際的」とは何か」『大正新教育の実践 交響する自由へ』（橋本美保ほか編）東信堂.

羽野ゆつ子（2005）「創発としての教育実践における教師のアナロジー思考」『日本教育心理学会総会発表論文集』（日本教育心理学会）p. 433.

浜田陽太郎・石川松太郎・寺崎昌男（1978）『近代日本教育の記録』中、日本放送出版協会.

東久留米市男女平等推進センター（2021）『東久留米市男女共同参画都市宣言20周年記念事業記録集 誰もが輝く社会をめざして～男女共同参画から多様性を考える～』（ウェブサイト版：https://x.gd/QoN1O）

婦人之友社編集部（2021）『本物をまなぶ学校 自由学園』婦人之友社.

『婦人之友』編集部（2019）『婦人之友』2019年2月号、婦人之友社, pp. 83-89.

松本花（2021）「学校教育における性の多様性への理解を深める教育の在り方」中央大学文学部人文社会学科教育学専攻卒業論文.

三村隆男（2013）『書くことによる生き方の教育の創造 北方教育の進路指導、キャリア教育からの考察』学文社.

三村隆男ほか（2014）「大学における「キャリア教育のプログラム開発」と実践」『進路指導』第87巻第1号（日本進路指導協会）, pp. 3-22.

森秀樹（2019）「〈創発〉概念の起源(3)」『兵庫教育大学研究紀要』54巻（兵庫教育大学）, pp. 63-76.

森田裕之（2015）『贈与－生成変化の人間変容論 ドゥルーズ＝ガタリと教育学の超克』青山社.

吉永紀子（2021）「実践的省察を通した教師の〈子ども理解〉の更新－観の編み直しの契機につながる省察に着目して－」『教育方法の探究』24巻（京都大学大学院教育学研究科・教育方法学研究室）, pp. 31-38.

第3章　キャリア教育の実践

キャリア教育の現時点と三村先生の挑戦の軌跡

角田浩子

筆者は1981年以来現在に至るまで株式会社リクルートにおいて高校教員対象の進路指導・キャリア教育の専門誌『キャリアガイダンス』の編集に携わってきた。

その間三村先生には何回もご投稿いただいてきた。「キャリア教育」の定義の変遷や高校現場の試行錯誤に編集者として伴走してきた立場から、過去の記事を取り上げながら、三村先生の日本のキャリア教育確立へのご貢献のポイントをまとめてみたい。先生がまいた種や果敢な挑戦がまさに実を結んできたことをおわかりいただけると思う。

1．キャリア教育はやっと当たり前の取組みになった

図表1はリクルート進学総研が2022年に行った「高校教育改革に関する調査」結果の一部である。

「キャリア教育」に取り組んでいる学校は98％。「取り組んでいない」が1割を超えていた2014年から比べると現在はほとんどすべての高校で当然の取組みとされていることがわかる。

またキャリア教育をどの時間に実施しているかという質問に対する回答では2008年以来「総合的な学習（現在は探究）の時間」が1位で2022年では78％に上っている。2位はこれも変わらず「ホームルーム活動」で68％となっている。さらに3位は「普段の学校生活全般の中で」25％。4位「長期休暇の課題として」5位「教科の時間」と続く。

新学習指導要領の総則において「特別活動を要としつつ各教科・科目等の特質に応じて、キャリア教育の充実を図ること」と記されたことに鑑みても、

■キャリア教育の実施体制（全体／単一回答）

出典：「高校教育改革に関する調査　2022」(%)
（リクルート進学総研）

貴校でのキャリア教育は、どの単位で取り組まれていますか。

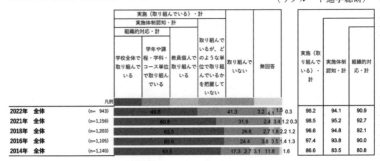

	実施（取り組んでいる）・計					取り組んでいない	無回答		実施（取り組んでいる）・計	実施体制認知・計	組織的対応・計
	実施体制認知・計				取り組んでいるが、どのような単位で取り組んでいるかを把握していない						
	組織的対応・計		教員個人で取り組んでいる								
	学校全体で取り組んでいる	学年や課程・学科・コース単位で取り組んでいる									
2022年 全体 (n= 943)	49.6			41.3	3.2 4.1 1.5		0.3		98.2	94.1	90.9
2021年 全体 (n=1,156)	60.8			31.9	2.4 3.4 1.2		0.3		98.5	95.2	92.7
2018年 全体 (n=1,203)	65.5			26.6	2.7 1.8 2.2		1.2		96.6	94.8	92.1
2016年 全体 (n=1,105)	65.6			24.4	3.8 3.5 1.4		1.3		97.4	93.8	90.0
2014年 全体 (n=1,140)	63.5			17.3 2.7 3.1 11.8			1.6		86.6	83.5	80.8

■キャリア教育の実施時間　（キャリア教育実施校／複数回答）

貴校では、キャリア教育をどの時間で実施していますか。

凡例：■2022年 全体　□2021年 全体　□2018年 全体　□2016年 全体　□2014年 全体　□2012年 全体　□2010年 全体　□2008年 全体

(%)

	2022年 全体 (n=926)		2021年 全体 (n=1,139)		2018年 全体 (n=1,162)		2016年 全体 (n=1,076)		2014年 全体 (n= 989)		2012年 全体 (n=1,145)		2010年 全体 (n=1,152)		2008年 全体 (n= 778)	
	%	順位	%	順位	%	順位	%	順位	%	順位	%	順位	%	順位	%	順位
総合的な探究（学習）の時間	77.6	1	78.9	1	77.5	1	79.5	1	79.8	1	77.8	1	77.1	1	73.0	1
教科の時間	18.5	5	19.2	4	22.6	4	22.5	5	29.2	4	22.8	5	16.0	5	14.3	3
キャリア・ガイダンス等を内容とする学校設定科目	15.3	6	16.6	6	12.6	8	7.8	11	8.5	11	7.8	11	6.0	10	*	*
生徒会活動	6.2	10	6.2	11	10.8	9	9.9	9	9.6	9	9.6	9	4.8	11	3.1	5
部活動の時間	5.6	11	6.9	10	7.0	12	9.8	10	9.1	10	7.6	12	4.3	12	2.8	6
ホームルーム活動	67.6	2	67.3	2	56.7	2	66.1	2	64.4	2	75.2	2	70.7	2	66.3	2
ショートホームルーム	9.5	9	8.8	9	8.3	10	10.4	8	10.4	8	10.6	8	7.4	8	*	*
文化祭や体育祭等の学校行事	13.0	8	12.8	8	16.4	7	15.7	7	16.3	7	15.7	7	8.9	7	*	*
長期休暇（春・夏・冬休み等）の課題として	18.9	4	19.2	4	23.1	4	24.2	4	24.7	5	27.9	4	22.1	4	*	*
修学旅行や遠足	14.8	7	14.9	7	17.0	6	18.7	6	18.6	6	17.6	6	11.5	6	*	*
宗教・道徳等の時間	1.2	13	1.5	13	1.5	13	1.5	13	1.9	13	2.1	13	1.4	13	*	*
普段の学校生活全般の中で	24.6	3	27.8	3	24.5	3	26.7	3	30.6	3	31.6	3	26.9	3	*	*
その他	5.0	12	4.4	12	7.2	11	6.4	12	7.4	12	9.3	10	6.2	9	14.0	4
無回答	—		0.6		0.3		—		—		—		—		—	

※「*」は該当の項目なし

Q19

図表1

これらの結果についてまだまだと思われる方も多いかもしれないが、筆者自身はここまできたかという感慨を覚えている。

2．「進路指導を教育課程に」の悲願

筆者は入社後この職に就いて初めて「キャリアガイダンス」という言葉を

知ったし、進路指導は文理選択と志望校決定のみしか経験していない典型的な進学校出身者であった。『キャリアガイダンス』誌の編集コンセプトである「偏差値や保護者・教師の意向ではなく高校生が主体的に進路を選択・決定していく支援」としての進路指導の方向性や方法が実に新鮮かつ本質的と感じられ、たまたま配属されたのだが自分の生涯のテーマとしたいと思ったものだ。

しかし取材などを重ねるなかで理想と現場のギャップを感じ続けることになる。国公立大学合格者数のみの目標、教師によるマッチングという名の一方的な就職あっせん。おもに放課後に行われる面談のみでおそらくあわただしくその指導は行われていたように思う。生徒自身がこの先出ていく社会に目を向け、自分を見つめてじっくり進路を考えるような時間は学校ではもてないのだろうか。多くの心ある進路指導関係者・研究者の方たちがずっと望んでいらっしゃったことも「進路指導」をカリキュラム内にきっちりと位置付けることだったと思う。

そんななか、1984年、広島・河内高校の「体験学習を取り入れた特別活動『職業基礎』」の実践を小誌で紹介する。まさに全国に先駆けて進路指導の時間を教育課程内に位置づけた実践事例だった。翌年からその実践を踏まえて1・2学年対象の「職業観を育てるロングHR」として連載をお願いすることになる（1985年4月号から1986年6月号まで）。

連載のお願いにうかがった際に触れた、開発し実践にあたった先生方の熱い思いはいまも思い出すことができる。全国すべての高校でこんな授業がなされたら、とその時思ったことも覚えている。この「職業基礎」は高く評価されたのち、その後1994年に生まれる総合学科の1学年対象学校設定科目「産業社会と人間」に昇華されていったと筆者は理解している。なんと10年もかかって、ついに「必修」として教育課程内に位置づけられたのだがそれは総合学科に限定されたものだった。

3．三村先生の「進路学習 HR とワークシートのすすめ」

　全国すべての高校が共通にもつ時間で進路指導を……それはホームルーム活動だろう。当時埼玉県の高校教員だった三村先生が自身が属していた進学校で実践されていた「進路学習を行うホームルーム活動」について、小誌は1996年に全国の読者に向けて提案の形でご執筆をお願いする。

　ここで特筆すべきは三村先生が作成したオリジナルのワークシートだ。三村先生の連載開始にあたっての文言が以下となる。

　「本校は、90％以上が大学・短大に進学するいわゆる“進学校”で、残念ながら、人間の生き方を扱う進路学習が育ちやすい土壌にはありません。しかし、そのなかで、いかに効率的に学習を行うか考えてみました。オリジナルで作成した進路作業シートを使った進路学習もそのひとつとして挙げられます」

　三村先生自身がその進路学習教材の作成や展開に非常に苦労した経験から、全国の先生方が新たに進路学習に取り組む際の「手引き」としてくれたらという願いから連載は始まった（1996年4月号から1997年2.3月号まで）。

　タイトルは「進路学習 HR のためのプラン＆ワークシート」、サブタイトルは「『書く』ことが生徒の意識を高める」。

　三村先生が研究テーマにされていた「生活綴方（せいかつつづりかた）」教育が根底にあるという。1910年代に始まった、自分がいま生きている生活を「書く」ことで認識させる教育方法だ。「進路指導も生活を認識することから始まるのではないでしょうか。興味、関心、能力および適性は個々人の生活に強く結び付いているからです」

　第一回は1、2学年スタート時の「これまでの自分を振り返ろう」。そこでの展開とワークシートは単に過去の振り返りをさせるだけでなく、先輩の合格体験記を読ませたり、適性検査の結果を読み取らせたりといった高校生活内での体験の追加とそれへの感想が組み込まれていて、非常にアクティブ

だ。

　今でこそワークシートを活用することは当たり前だが、生徒が書きやすく
内省が深まるような展開と内容を三村先生は目指していた。生徒が自分の関
心を自覚するとともに、そこでわいてきた疑問・不安も重要なものとして明
らかにするような……書く作業とそうして書かれたものの集積が、現在小・
中・高校すべてで作成が義務付けられた「キャリア・パスポート」の誕生に
つながっていくことはいうまでもないだろう。

4．キャリア教育は従来の進路指導を否定するものなのか

　さて、「キャリア教育」という文言と概念が公的に出現してくるのはご存
じの通りその後の1999年中教審答申となる。ここでキャリア教育は「望ま
しい職業観・勤労観及び職業に関する知識や技能を身に付けさせるとともに、
自己の個性を理解し、主体的に進路を選択する能力・態度を育てる教育」と
表現される。その後2004年には、「児童生徒一人一人のキャリア発達を支援
し、それぞれにふさわしいキャリアを形成していくために必要な意欲・態度
や能力を育てる教育」ととらえ、「端的には」という限定付きながら「勤労
観・職業観を育てる教育」とまとめられた（「キャリア教育の推進に関する総合
的調査研究協力者会議報告書」）。

　やっと表舞台に出た「キャリア教育」という概念だが、「望ましい職業
観・勤労観を育てる教育」とは、産業界にとって都合のいい人材育成の片棒
を学校現場に担がせる教育ではないかと反感を持つ先生方が相当数いらした
ことをおぼえている。さらに、進学校とは無関係という意識がさらに広がり、
『キャリアガイダンス』誌としても現在にいたるまで苦慮することになる。

　その後高校現場を離れ研究の道に進まれていた三村先生には、この時期進
路指導の評価についてご執筆いただいている。3年間の進路指導を振り返る、
教師自身の評価シートと卒業生用評価シートの作成だ。“内省のワークシー
ト”を今度は高校生ではなく教師と卒業生対象に作成していただいたことに

なる（2002年2月号）。

　また「進路指導クリニック」として実際の高校進路指導に専門家としてアドバイスいただいた（2002年10月号）。「出口指導」に偏ってしまうという現場の先生の悩みは、そのころ「出口指導からの脱却」を叫んでいたキャリア教育の方向性そのものと思ったのだが、三村先生の回答は違った。「出口指導を充実させましょう」だったのだ。「そのために早くから指導するという発想の転換を」と説く言葉は、多くの読者に「出口指導をがんばっていいのだ。そのための3年間なのだ」と否定ではなく背中を押されたような安堵感をもたらしたのではないだろうか。

　従来の進路指導が豊かなものであれば何も「キャリア教育」という新しい言葉で塗り替えることもないのに、というような現場出身の矜持をこちらでは勝手に感じていたが違うだろうか。

5．進路指導の原点は「生徒を支援すること」

　『キャリアガイダンス』誌では創刊以来「高校生の主体的な進路選択・決定の支援」をテーマにし、それはまさにキャリア教育とイコールであるととらえ、2003年リニューアル後から誌名のショルダーフレーズに「キャリア教育」の文言を入れている（現在は「高校生の主体的な進路選択を応援する先生のための進路指導・キャリア教育専門誌」）。

　また、2000年から段階的に進められてきた「総合的な学習の時間」をホームルーム活動に代わって教育課程に位置づけられた「キャリア教育のための時間」であると考え、特集や連載記事、はたまた誌上相談会の開催などで全力で盛り上げてきた。

　2003年リニューアル第1号（『最新ノウハウブック』）から、この「総合的な学習の時間」をはじめ、今こそやるべきことは何かを進路指導担当者に訴える「新・キャリア教育基礎講座」を三村先生に連載いただいた。

　三村先生はそこで日本の進路指導の歴史をひもとき、「主体は生徒」「教師

は支援者」がもともとの基本理念であると説く。「子どもたちの生き方の支
援者としての教師」というスタンスは変化が激しい現代においても変わらな
い。最新の情報をキャッチしていく主体は生徒。「総合的な学習の時間」に
ついても生徒の運営参加を提案している。

　「進路指導において進路決定する前から正しい進路と正しくない進路は存
在しない。その選択がどうであったかは決定後の生徒の在り方が決めるので
あり、教師の力の及ばぬところである。教師としては、携わることができる
選択決定への過程で、できる限りの指導援助をしておきたい」（キャリアガイ
ダンス『最新ノウハウブック』2003年4月号「新・キャリア教育基礎講座」Ⅱ進路情
報編より）。

　三村先生のこの文章は、ともすれば生徒の人生に必要以上に責任を感じて
しまう真面目な教師たちを励ますものではないだろうか。

6. 価値観を育てる教育が世界をきっとよくしていく

　キャリア教育は2011年の中教審答申で改めて「一人一人の社会的・職業的
自立に向け、必要な基盤となる能力や態度を育てることを通して、キャリア
発達を促す教育」と定義され、「社会の中で自分の役割を果たしながら、自
分らしい生き方を実現していく過程を『キャリア発達』という」と明記され
た。

　「社会の中で」「自分らしい生き方」といったキーワードが現代を生きるわ
たしたち大人にも刺さってきた。

　思い返せば1989改訂の学習指導要領で提唱された「在り方生き方教育」が
いまこそ問われているとも言えるのではないだろうか。小誌では1992年5月
号で「教科で実践！　『在り方生き方』教育」という特集を組んでいる。教
科の授業内で「在り方生き方」を生徒に考えさせるという今でも先進的と思
える事例集だ。

　その特集巻頭は高校教員時代の三村先生の「英語」の授業である。ここで

三村先生は「英訳で意思決定プロセスを学ぶ」という挑戦的な授業を展開している。世界と自分をつなげるツールとしての英語を使って生徒が自らの意思決定について思いをはせる、そんな取組みを三村先生は30年前になさっていたのだ。

　ところで三村先生と編集者として議論したことがあるのを先生は覚えていらっしゃるだろうか。2003年頃だったと思う。わたしの記憶では「キャリア教育は価値観の育成であって能力の育成ではない」というのが三村先生のその時のお考えだった。いくら価値観が形成されても実現できる力がなければ何の進路指導、キャリア教育だろうとそのとき筆者は思ったのだがいまでは浅はかであったと反省している。

　資質・能力の育成が当然の目標としてすべての教育の第一義に語られる現在、実は価値観こそがこの世界を生きる上で最重要といまさらながら考えるようになったからだ。

　21世紀は平和で安定に向かっていくに違いないと疑っていなかった昔が嘘のような、戦争の勃発や経験したことのない気候変動という現実……。「もっとよりよい社会をつくっていく主体を育てること」がキャリア教育なのだと思うのだ。

　正義とはなんなのか。平和とはどうしたら実現するのか。美とはどのようなものなのか……世界を地球を人間はどうしていきたいのか。深く哲学的なテーマに望ましいアプローチをしていける人間こそがこの世界をよくしていくだろう。そこにキャリア教育の大きな意義と意味があると、その時三村先生は教えてくださったのだといま心から思っている。

上越市のキャリア教育
―地域と共に―

中野敏明

はじめに

　上越市のキャリア教育の始まりは、2004年4月上越教育大学の三村隆男教授が、上越市立城北中学校にスクールカウンセラーとして赴任された時からである。私も同年、城北中学校の校長として赴任した。今、振り返ると得難い縁であった。城北中学校から始まったキャリア教育の波は市内全中学校に広がり、その波は隣接する妙高市、糸魚川市そして新潟県内へと普及していくことになった。この実践論文は、三村先生のご了解を得て、私と志を共に上越のキャリア教育を推進した佐藤賢治氏、田中哲也氏、大塚啓氏との共同執筆になっていることを申し述べておく。

1．キャリア教育との出会い

　私は、城北中には、過去に教諭、教頭として勤務経験があったが、7年間（新潟県義務教育課・上越教育事務所）の教育行政経験を経て、久しぶりの学校現場に校長としての勤務であった。一学期前半は、生徒、教職員、保護者、地域の実態把握に努めながら学校経営を進めた。職員は有能かつ意欲的な人材が揃っており、保護者は、私が以前勤めた時代の教え子も多く、PTAの役員を進んで引き受けるなど協力的であったことは心強く思った。問題は、地域と学校の関係が閉じられていると感じる事例が散見されたことである。このことは、職場体験学習に限らず、地域と共にある学校づくりを目指すためにも改革課題となった。

(1)キャリア教育導入の発端は学校評価から

　6月中旬、「生徒の悩み調査」の結果や学校評価（職員による自己評価）の集計結果がまとまり、それらを基に、カリキュラム改善、生徒指導の進め方について職員と話し合う。

・生徒の悩み調査での問題点は、「進路実現への不安」、「自己の学力の不安」の項目の数値が全国平均を超えていること

・教師の悩みは、進路指導（時間確保、学年間の系統性）の不十分さを自覚していること

・校長の問題意識は、進路指導の系統性の検討、総合的な学習の時間のカリキュラムの系統性の検討、地域社会や家庭環境の変化に対する対応の見直しの必要性であった。

(2)「キャリア教育」を知る

　生徒の実態や学校評価の結果が出揃い、私の問題意識も焦点が定まった時点で、三村先生にアドバイスをお願いすることにした。校長室で1時間半じっくりと、私の問題意識に向き合ってもらい、「キャリア教育」に取り組むことを勧められた。先生からは、従前の進路指導との違い、目指す生徒像、そのための職場体験学習などを丁寧にご助言いただいた。私は、生徒たちには夢や目標をもってたくましく育っていってほしいと考えていたので、「キャリア教育」は、まさにそのための取組に符合する教育活動だと確信した。

(3)「キャリア教育」としての職場体験へ

・先ずは職員の共通理解が必要。職員研修から取組を開始する。早速、夏休みの職員研修には三村先生に講師で出席してもらい精力的に共通理解を図った。前向きに取り組もうとする意欲的な職員の姿勢に手ごたえを感じる。

・次に、保護者の理解が必要。2学期の保護者会は、各学年とも「キャリア教育」がテーマ。ここでも三村先生に講師をお願いした。保護者の受け止

めは大変良好であった。

・次に、生徒にも三村先生から分かり易く指導をいただいた。生徒は、自分の就きたい仕事や自分の将来を見通して学習することの大切さを自覚し、そのための学びや職場体験学習に期待を抱くことが出来た。

・2005年から教育実践をスタートしたが、移行期となるので、3年生が1日、2年生が3日の職場体験となった。受け入れ事業所は、PTAの皆さんが積極的に開拓を請け負ってくれた。そして、職場体験学習の実施。上越市としては、キャリア教育の中核的な活動としての職場体験学習の第一歩を踏み出すこととなった。

・55の受け入れ事業所への事前説明会には学校に出向いてもらい、職場体験のねらいや職業体験との違い、中学生への接し方等を対面で丁寧に説明した。同席いただいた三村先生からの有益なご助言もあり、有意義な説明会となった。

・事後アンケート（2年生）では、自分の良い面を見つけることができた（58%）、自分の直したい面を見つけることができた（81%）、自分の将来について考えることができた（84%）、事業所では、生徒と良い関係を持つことができた（85%）、次回も生徒を受け入れたい（92%）となり、反省点も含めて、次年度の本格実施に弾みをつけた。

2．「上越『夢』チャレンジ事業」職場体験のスタート〈城北中の実践〉

　文科省「キャリア・スタート・ウィーク推進地域」の指定を受け、「上越『夢』チャレンジ事業」と名付け、当校と春日中の2校の2年生が、5日間の職場体験を実施することとなった。市内の中学校では、これまでも全中学校で職場体験が実施されてきた。しかし、特別活動としての体験活動であり、期間は1日から3日ほど。ねらいを明確にして事前指導や事後指導を含め職場体験をキャリア教育の一環として見直し、学校と受け入れ事業所が共通理解の上、連携を密にして職場体験に取り組むことにした。5月から事前学習

を始め、前日の出陣式では、私からも職場体験学習では「事業所が学校」「事業所の方が先生」「仕事が授業」と激励した。受け入れ事業所は150に上るが、ここでもPTAが開拓を請け負ってくれたのである。地域の底力を実感した瞬間であり、地域と共に協働して、地域の子供を育てて行くという、地域と学校のあるべき姿に近づいた思いがした。

　城北中は、9月19日（火）〜9月25日（月）（土、日は除く）の平日5日間の職場体験を実施した。平日（授業日）に5日間実施することで、生徒や保護者、事業所が職場体験学習を「授業」として捉えることができ、キャリア教育の意義理解を深めることができた。また、教師も体験後の生徒の変容を翌日に見とることができ、生徒の成長を実感することができた。

　また、「上越『ゆめ』チャレンジ事業」では、上越版「中学校職場体験」実施マニュアルの準備、受け入れ事業所への説明会の開催、「上越『ゆめ』チャレンジ」のぼり旗の使用など、上越市キャリア・スタート・ウィーク実行委員会による全市をあげた職場体験となった。

　さらに、2007年度に引き続き、2008年度に上越市が文部科学省の「キャリア・スタート・ウィーク推進地域」の指定を受け、城北中学校、春日中学校の5日間の職場体験の取組をモデルとして市内全中学校22校の2年生が5日間の職場体験を実施した。

　当校のある教員は、5日間の職場体験を終えた生徒の様子に感動し、その思いを社会全体に伝えようと新聞に次のような投書をした。

〈新潟日報　2008年7月25日　より〉
（前文略）疲れや緊張から体調を崩し、早退する生徒も数人出ましたが、無事に五日間を終えました。最終日、あるデイサービスセンターから3人の子ども達が帰ってきました。代表者のみが報告すればいいことになっているのに、3人そろって、しかも予定時間からずいぶん遅れての来校です。ふだん冷静に自分の考えを話すAさんが少し興奮しています。Bさんも。そして、Cさんの目には涙。「ここを終わると本当に終わってしまうと思って……」。お別れ会をしていただいて、体験先を去れなかった自分たちのことをほおを紅潮させて語っています。そ

んな姿を笑顔で迎えながら思わずもらい泣きしそうになりました。「夢チャレンジ」と銘打った職場体験です。多くの事業所の方々に支えられました。今回の経験を生かして、中学校生活で自分の「夢」を大きく育てていってほしいと願っています。

　この内容からは、地域の事業所の皆さんが5日間先生となり、職場体験をする生徒を一生懸命教え、可愛がってくださった様子が伺える。体験終了後の職場アンケートでは、「また来年、生徒を受け入れたい」と回答した事業所が100%であった。このように家庭の支えはもとより、地域の応援が生徒のキャリア発達を支えていることを実感することができた。

3．上越市小・中学校のキャリア教育発進〈上越版キャリア教育テキスト作成〉

　上越市では、市教育センターが市内の小中学校から研究委員を選出し「研究推進委員会」を設置し、様々な研究を行ってきた。2005年度上越市の「学校教育実践上の重点」にキャリア教育が位置づけられ、「研究推進委員会」を「キャリア教育研究推進委員会」と改名。全教育活動を通して行うキャリア教育の推進を目指して、翌2006年度に上越版キャリア教育テキスト『上越市キャリア教育テキスト「生きる力」「学ぶ力」「働く力」を育むキャリア教育‼』を作成し市内のすべての小・中学校に配布した。これが全市小・中学校へのキャリア教育の導入であり、実践資料として活用された。

　テキスト作成に当たっては、現職小・中学校教諭がそれぞれの実践を基に、上越教育大学、上越市教育委員会の指導・協力で作成され、その内容は、教職員のニーズにあった上越市独自の特色あるテキストとなった。テキストは現在においてもキャリア教育実践の指針となるものである。

4．上越キャリア・スタート・ウィーク実行委員会の発足

　2006年度、上越市が文部科学省の「キャリア・スタート・ウィーク推進地域」の指定を受け先進実践校として城北中学校と春日中学校が5日間の職場

体験学習に取り組んだ。

　本事業の開始に当たり、上越商工会議所をはじめ、上越市青年会議所、上越公共職業安定所、新潟県雇用環境整備財団・若者しごと館、市内事業所、上越教育大学、上越市PTA連絡協議会、上越地域学校教育支援センター、上越市教育委員会生涯学習推進課、上越市産業振興課の協力の下、上越市教育委員会学校教育課と上越市中学校長会が協働し、「上越市キャリア・スタート・ウィーク実行委員会」が組織された。

　本実行委員会でキャリア教育や職場体験学習の意義を共有することにより盤石な組織となり、2008年度には市内すべての中学校が一斉に5日間の職場体験に臨むにあたり、中学校職場体験「地域応援団の集い」が行われ，見事に上越「ゆめ」チャレンジ事業を大成功に導くことができた。

　また、2009年度には特定非営利活動法人上越地域学校教育支援センターの協力で、事業所用手引き書である「上越『ゆめ』チャレンジ職場体験活動の手引き」を作成し受け入れ事業所に配布。活動の充実を図ることができた。

5．校長会主導による5日間の職場体験

　上越市の職場体験は市内22中学校がそれぞれ独自に実施していたが、2006年度に文部科学省指定のキャリア・スタート・ウィーク推進事業としての、5日間の職場体験に2校が参加した。翌2007年度には7校（日数は3〜5日）が参加した。この2007年度の上越市内の中学校職場体験日数は1日実施が3校、2日が4校、3日が9校（チャレンジ事業3校）、4日が3校（同1校）、5日が3校（同3校）となっており、平均日数は3.0日であった（新潟県平均は1.6日）。

　この職場体験の成果としては、望ましい勤労観・職業観の育成、社会性の育成、自己有用感の向上、学校と地域・家庭との連携・協力の向上等が挙げられたが、その反面、次のような課題が受入事業所から寄せられた。
・同一週の月曜からの5日間の学校と火曜からの4日間と実施日数の異なる

複数の学校が入ったため、受入れプログラム作成が大変であった。また、受入担当者の負担も大きい。

・それぞれの中学校が独自の評価用紙やアンケート用紙を作成しているため、記入に手間がかかり過ぎた。

・学校職員の対応が学校によりかなり違う。

などの事業所が苦慮している様子がうかがえた。

(1)校長会特設委員会の設置

前記の課題を解決するために校長会長の指示により、校長会内に特設委員会が設置され、次のような話し合いがなされた。

受入事業所の負担の軽減、地元の子どもは地元が育てる視点、地域の担い手を地域と共にどのように育てるかの視点→市全体でかかわる手立てをどうするか→「体験させてやる」の発想から、共にかかわる発想への転換。

特設委員会での結論としては、全学校が共通理解・共通認識の下、5日間の一斉参加が望ましい→事業所を説得させる熱意に通じる→行政・商工会議所・青年会議所などへの働きかけがし易い→保護者（上越で働く企業人）の協力の得易さ。

時期の統一については、22校の実施時期を幾つかの期に分け、受入事業所のわずらわしさの軽減を図る。各校が担当学年だけでなく、全職員でかかわる体制を整える。

(2)侃々諤々の臨時校長会

特設委員会での議論の末、前記の課題解決の方策として「市内22校の全中学校が次年度から5日間の職場体験を実施する」との提案を、臨時校長会を招集し行うこととなった。臨時校長会では3時間にわたり侃々諤々の議論が行われ、今まで1〜2日の職場体験を実施していた学校の校長からは、一気に5日間となる不安や職員への説明ができかねるなどの反対意見が多数出さ

れた。しかし、最終的にある校長の「出来ない理由を探すより、出来るためにはどうしたらよいかを考えませんか」との発言で一気に場の空気が変わり、学校や受入事業所の負担軽減の方策を特設委員会が検討し、提案することとなった。

(3) 5日間実施のための取組のポイントと成果

・受入事業所の共有化

　各校が今まで職場体験を受入れた事業所を、NPO法人上越地域学校教育支援センターの教育支援システムに登録し、共有化を図り、個々の生徒が実施時期や地域を選択し、体験先を検索できるようにした。2008年度は約1,800名の生徒数に対し、552事業所（受入可能生徒数3,228名分）であった。

・全中学校共通の取組マニュアルの作成

　今まで個々の学校で作成していた様々な文書の共通化を図る。

・リーフレットの作成・配布

　代表的な業種をいくつか選び、5日間の活動マニュアルを作成し事業所に配布した。

　このリーフレットに市長・商工会議所会頭のメッセージも同封

・事業所説明会の開催

　市内の代表校のキャリア教育主任で構成されたキャリア・スタート・ウィーク推進委員会の主催で受入事業所の担当者を対象に説明会を開催した。そこでは事業所の不安をなくし、生徒の受け入れをよりスムーズになると共に、地域の子どもを共に育てる意識の醸成にもつながった。当初は学校側からの説明が中心であったが、回を重ねると受入回数の多い事業所がグループ討議のリーダー役を務めるようになった。

・中学校職場体験　地域応援団の集い　2008年7月31日

　上越市キャリア・スタート・ウィーク実行委員会長の招集で、地域が一丸となって職場体験を応援し、地域の教育力を高めるための集いが開催され、

176名（学校職員外89名）が参加した。

〈成果〉

　各校が同一のマニュアルで実施したため、学校も事業所もスムーズに実施できた。生徒の感想には5日間の苦労も様々あったが、やり遂げた充実感・達成感を述べているものが多数あった。また、保護者からは家族の会話が格段に増加したとのメッセージも寄せられた。

6．保・小・中・高連携キャリア教育の取組

　上越市立雄志中学校では佐藤賢治校長のリーダーシップの下、中学校を中核として学区内の3保育園・3小学校および市内2高等学校との連携によるキャリア教育を実施した。

⑴「職業観・勤労観を育む学習プログラム（例）」（以後学習プログラム）を参考にしたプログラム作成

　3園長3小学校長および雄志中学校長の7名で学習プログラムを参考に各園各校の実態に合わせた雄志中学校区版の学習プログラムを作成し、キャリア教育の充実を図った。また、特別な支援を必要とする生徒には個別の学習プログラムを作成し、保護者と共に自立に向けた取組をおこなった。

⑵高等学校との連携

　雄志中学校2学年の修学旅行テーマの一つに、生徒から「上越のPRをしよう」と希望があり、具体的に上越産の米を使用した米粉クッキーを作成し、修学旅行先の大阪で販売することとなった。この際、パッケージデザインの為に県立上越総合技術高校と連携し、食品つくり・クッキーつくりのノウハウを県立高田農業高校と連携して学んだ。なお、実際のクッキーは上越市内の就労支援事業所のつくし工房に依頼した。

7．上越キャリア教育研究会のあゆみ

　上越地域には、教員の自主的な教育研究会や同好会が存在し、長い歴史を持つ会が多く、研修会や研究会を開いたり研究物を発行したりして、自らの資質や能力を高めることに資している。これらの研究会にならい、2007年6月22日に上越地域におけるキャリア教育の研修及び実践を推進するために、「上越キャリア教育研究会」を発足させた。私には、キャリア教育を一時の流行で終わらせたくないとの気持ちが強くあった。

　そこで、三村隆男教授には顧問兼指導者をお願いし快諾いただいた。その後、先生には、上越教育大学を離れ、早稲田大学に移られても継続して指導をお願いしている。加えて、講師や実践者の紹介やキャリア教育の最新情報、他国の情報等を提供いただき、質の高い研修会を保持できている。また、先生は、研修会には三村ゼミの学生を同行して参加くださり、会の充実と活性化をもたらしている。

⑴キャリア教育研修の事業

　次のような内容を継続、積み重ねている。

- ・啓発活動…キャリア教育に関する情報収集と発信。情報交換のネットワークづくり。上越地域の特色を生かした広報誌の作成と配布
- ・研修活動…キャリア教育の啓発と実践に関連した学習会の実施
- ・実践活動…小・中・高等学校でのキャリア教育の実践
- ・支援活動…キャリア教育の学習会や実践の支援
- ＊会員は、キャリア教育に関心があり、本研究会の趣旨に賛同し本事業の円滑な実施に協力するものとする。（小中高等学校教員のほか、行政及び一般企業人も会員）

⑵上越市のキャリア教育の取組が上越地域2市や県内に普及

　継続は力なりと言うが、10年以上の歴史を積み重ねると、上越市の小・中学校でキャリア教育を体験し、キャリア教育や職場体験の意義を理解した教員の異動に伴い、県内各地でキャリア教育の取組が広がってきた。勿論、上越キャリア教育研究会での研修の積み重ねも間違いなく大きく寄与していると考える。

　教諭として、管理職として、それぞれの立場でキャリア教育に積極的に取り組み、各種研修会や研究会、学会等で、実践発表を行ってきている。これからも、新潟県内外の小・中学校にキャリア教育の必要性を伝え、キャリア教育の普及に貢献できるものと考えている。

参考　2011年度キャリア教育優良団体として文部科学大臣表彰

8．道徳・特活・総合の統合カリキュラムと地域交流活動カリキュラム

　2004年度から年々充実・発展してきた城北中学校のキャリア教育は、2008・2009年度にパナソニック教育財団から特別研究指定を受け、実践研究を更に推進することとなった。

⑴二つのカリキュラムで生徒のキャリア発達を支援する

　道徳・特活・総合の関連付けを図り、よりよい生き方を追求する「統合カリキュラム」として、下表のように年間の系統性・発展性に配慮し、学年ごとにユニットとして組織した。

1学年	テーマ「人に学び、地域に学び、新しい自分を発見しよう」 　　～身近な地域を知り、自分とのかかわりを考える～ 〈統合カリキュラム〉●模擬店舗経営活動「チャレンジショップ Rikka」　5月～9月 ●職業の世界「働くことと生きること」　9月～12月 ●新入生保護者入学説明会の「学校説明会 Project」　12月～2月

2 学年	テーマ「Open Your Eyes　→　Open Your Heart」		
	〜他の地域を知り、身近な地域を見つめ直す〜		
	〈統合カリキュラム〉●連続 5 日間の職場体験「上越『ゆめ』チャレンジ」		4 月〜9 月
	●生徒会選挙に向けて「明日の城北を考える」		10 月〜11 月
	●修学旅行 Project「私は上越観光大使」		11 月〜3 月
3 学年	テーマ「Try to Be the Only One」		
	〜将来を見つめ、自分の生き方を考える〜		
	〈統合カリキュラム〉●希望する進路を目指して「高等学校を訪問しよう」		5 月〜10 月
	●私が選ぶ自分の進路「夢の実現に向けて」		10 月〜12 月
	●感謝と自立「卒業 Project を成功させよう」		1 月〜2 月

　学校・家庭・地域が一体となって取り組む「地域交流活動カリキュラム」は、これまで学校、家庭、地域がそれぞれの立場で行ってきた活動を、子どもと社会との関わりの場として捉え直し、豊かな人間関係づくりを進めることで生徒のキャリア発達を支援しようと考えたものである。年間活動は、およそ以下の通りである。

4 月	お花見給食会	10 月	赤ちゃん触れ合い体験、地域合唱団、地域遠足
5 月	校庭の植栽活動		青少年演劇集団スタートライン、子どもフォーラム
6 月	壮行式参観	11 月	冬囲い男結び講習会、年賀状づくり講習会
7 月	お茶会の体験教室、校庭の草取り	12 月	おせち料理講習会
8 月	地域のお祭り、校地整備作業	2 月	新入生保護者入学説明会、ひな祭り料理講習会
9 月	体育祭地域交流種目	※月 1 回　地域作品展示　　※週 1 回　読み語りの会	

　この 2 つのカリキュラムは、キャリア教育推進部、PTA 組織、地域の組織（子どもを育てる会、地域ボランティア等）が連携することにより、生徒のキャリア発達に一層効果的な学びや体験となった。まさに、地域住民と共に地域の子どもを育てるという学校の在り方が実現したと言えよう。

(2)二つのカリキュラムの取組の成果等

　診断的評価や形成的評価、総括的評価を繰り返しながら実践を積み上げることで、次のような生徒の変容が見られるようになった。

〈生徒の変容〉

・「自分の人生に希望をもっている」と感じている生徒が年々上昇し、風邪や腹痛等の疾患による欠席者数も一日平均6人から3.7人に減少してきた。

・2年生の連続5日間の職場体験「上越『ゆめ』チャレンジ」実施後の生徒対象アンケートで、どの項目においても年々肯定的回答の伸び率が上昇。中でも、「自分の直したい面を見つけることができたか」が100％に、「自分のよい面を見つけることができたか」の伸び率が最も大きくなった。

・地域住民や来校者から、例えば「気持ちのよい挨拶をする生徒が多くなってうれしい」「落ち着いた授業の様子、活発に質問する生徒の様子がうかがえていい雰囲気だ」などの声を聞く場面が多くなった。

〈課題と展望〉

・各種データからは、多くの生徒に望ましい変化が見られるが、一人一人に目を向けるとキャリア発達が進んでいないと感じる場面もある。例えば、コミュニケーションスキルや意欲不足から良好な人間関係を築くことができない生徒、自分の役割を理解し、責任をもって最後までやり遂げる努力が不足している生徒などである。個々に目を向けたきめ細かな指導を丁寧に進める必要がある。

・カリキュラムの内容や進め方にかかわり、キャリア発達を支援する教師の効果的な言葉掛けや地域住民にも一層メリットが感じられるようにする地域交流活動カリキュラムの内容など、工夫の余地がある。

・一人一人の生徒が、主体的に生き方を考え、進路にかかわる行動に積極的に取り組む力を身に付けられるよう、今後も学校・家庭・地域がともに手を携えてキャリア教育を粘り強く推進したい。

結びにかえて

　私は、城北中学校を2009年3月末で定年退職後、直ぐ6月26日から上越市教育委員会教育長に就任した。上越市のキャリア教育の充実に教育行政の長として寄与出来る立場を得たことは幸いであった。早速、「上越市総合教育プラン」の「夢・希望・未来につなぐ教育」に「様々な社会変化に対応し、自らの力で将来を切り開いていくことのできる態度や能力を育むための教育」としてキャリア教育を位置付けた。2012年には、市内全ての小中学校をコミュニティスクールに指定し、小中一貫教育の推進を図った。その中で、「直江津東中学校区（中学校1校・小学校4校）さわやかネットワーク」などのようにキャリア教育を小学校から中学校へと一貫して推進し、成果を上げている学校が生まれていることは心強く喜ばしいことである。

　しかしその後、世界中でコロナ感染症が発生。我が国でもコロナ禍が続き、人と人の繋がりが制限され、職場体験も自粛せざるを得ない事態となり3年を経た。児童生徒たちの校外での活動も大きく減少したことで学校と地域社会との関係も薄れてきてしまっているのではないかと憂慮していたが、今年度から3日間ではあるが職場体験の復活が実現した。

　上越市のキャリア教育の再構築と学校、保護者、地域、行政等関係者各位のご奮闘を心から願い筆を置く。

進路指導からキャリア教育へ
―私のキャリア教育との関わり―

関本惠一

１．出会い

　進路指導にかかわって長い年月が経った。

　教育学部ではなく文学部史学科に入学した私にとって、教職課程はメインの授業ではなかった。現在は、教職課程科目の数も多く、採用選考を突破するために熱心な指導が行われている。進路指導・キャリア教育に関していえば「生徒指導論（進路指導を含む）」「進路指導論」「特別活動の指導法」（大学によって呼称は違う）等の授業で学ぶことができる。少なくとも「進路指導」という言葉を知って教員になる。学生の時にあまり真剣に取組むことのなかった私にとっては、聞きなれない言葉であった。

　「進路指導」を振り返ると、1958（昭和33）年の学習指導要領の告示が節目である。それ以前は「職業指導」と言われて進められており、職業・家庭、ホームルームにおける指導、カウンセリングとして行われ、1953（昭和28）年には、職業指導主事も設置されていた。今でいう職場体験も推進されていた。しかし、この告示で「職業・家庭」は「技術・家庭」となり「職業指導」は「進路指導」と呼称が変わり特別教育活動の学級活動に位置付けられたのである。この学習指導要領から「職場体験」も姿を消した。

　1976（昭和51）年、東京都の採用選考に通り私は中学校教諭として赴任した。教育実習には母校の中学校に２週間行ったものの地方ののどかな学校だったため、東京の中学校には驚いた。初めての体験となるような毎日が続い

た。授業をしていると廊下を自転車が走る、校庭では卒業生がバイクで走り回る。当時、中学校の荒れは広く言われていただろうが、就職するまで私は切実なこととして考えてこなかった。生徒を教室の外に出さずに50分の自分の授業を成し遂げることに必死の毎日だった。授業の空き時間は生徒が抜けださないように見回る。放課後になると部活動。それは生徒を学校に引き留めておく方策の一つであった。その後、学区域内の生徒が集まりそうな場所を観察しながら帰宅する。当時、土曜日も午前中授業があったので、帰宅した生徒が部活動のため再登校をする。部活動が始まる時間になると、部活動の指導をしていない教員は、公園や広場、繁華街などで他校生徒とのトラブルなどがないよう見回りをしていた。

　私が配属されたのは3年生で副担任であった。校務分掌は生徒指導部、学年の分掌は就職担当であった。就職する生徒がいるという現実に驚く部分があったのだが、このことが「進路指導」に結び付いたように思う。いわゆる偏差値による進学指導が行われていた時期である。高校に進学する生徒、就職する生徒、都立高校に不合格の場合は就職する生徒がいた。就職を念頭に入れた生徒を連れていくつかの企業を回った。生徒にも仕事に就くという強い希望があったわけではなく、家庭の事情が多かった。都、区でも「就職者激励会」が行われていたので、中学校卒業後、すぐに就職した生徒がかなりいたということである。余談だが、この年の激励会は中野サンプラザで行われ、冒険家の植村直巳さんの講演と片平なぎささんの歌謡ショー、マジックなどであった。緊張しながら引率したことを覚えている。都立高校不合格の場合は就職と言っていた生徒は都立高校に合格し、正規に就職した生徒は2名だった。1名は地元の会社の工場に就職し、定時制高校に通った。1名は製薬会社の工場に就職した。進学も就職もしない生徒も何人かいた。この生徒たちは卒業後もちょっとやんちゃな格好をして学校に顔を出す。その対応にも多くの時間をとられたものである。

　私の書棚に『勤労観を育てる進路指導』（1982・筑波書房・加部祐三）という

１冊の本がある。当時同じ学校に勤務していた先輩教員の著書である。1977
（昭和52）年の『中学校学習指導要領』を受けて著されたものである。当時、
月刊誌だった『進路指導』（日本進路指導協会）に連載したものをまとめたも
のだと聞いている。この『中学校学習指導要領』には、第４章　特別活動
第２内容　Ｂ学校行事　(6)勤労・生産的行事「職業や社会奉仕についての啓
発的な経験」が復活して示されている。以前の経緯を見ると、1951（昭和26）
年『学習指導要領』一般編（試案）のⅡ教育課程　４各教科の発展的傾向
(8)家庭ならびに職業に関する教科　ｂ　中学校の職業・家庭科に、「（前略）
このような発達の段階にある生徒が実際の仕事を行い、家庭生活、職業生活
の基礎となる知識・理解や、技能・態度を養うことは、中学校をもって正規
の学校生活を終る者にとって必要なばかりでなく、上級の学校に入学する者
にとってもきわめて必要なことである。そこで、このような仕事と、その仕
事に関連して指導したほうが都合のよいいろいろな教育内容とを一つの体系
として指導しようとするのが中学校の職業・家庭科のねらいである」（下線
筆者）とあり、「実際の仕事を行い」という職場体験に触れているが、1958
（昭和33）年の『中学校学習指導要領』では、「職業・家庭」は「技術・家庭」
になり、「職業指導」は「進路指導」となり特別教育活動の学級活動に位置
付けられた。そして職場体験は姿を消した。それが復活したから主にこのこ
とについて加部先生は論じられている。
　こういう先輩教員に恵まれてこの学校には８年間在職し、進路指導につい
て勉強する機会は多かった。中には、働かなくても何とかなると発言する生
徒もいて、進路をどう指導すべきか困惑したり、悩んだりしたものである。
この学校では職場体験を行っていたので、テレビ局の取材が入ったこともあ
る。「生徒の知っている仕事はわずかな数でしかない」ということも知った。
身の回りにいる人の仕事やテレビの番組で見る仕事を将来の仕事と考える場
合も多い。テレビドラマ「太陽にほえろ」に影響され、将来の職業は「刑
事」と答える生徒もいたので、今の子供たちが将来就きたい職業として「ユ

ーチューバー」と答えるのもわかる。新宿区内の中学校が、当時新宿にあっ
た三越で、全校生徒の職場体験を行ったのもこの頃のことである。

　この学校に在職中、東京都教育委員会の研究員を経験することができた。
月に1回研究員仲間の学校を回り発表や見解の討論を積み重ねる制度である。
私は特別活動の部会に所属し、設定したテーマは「人間関係を深める進路指
導の工夫」である。発表会では、みんなで練りに練った指導案に基づいて授
業を行った。それは学級指導の授業で、「他人から見た私」というのがテー
マである。当時の特別活動は、学級会活動、クラブ活動及び学級指導（学校
給食に係るものを除く）であり、目標は「望ましい集団活動を通して、心身の
調和のとれた発達を図り、個性を伸長するとともに、集団の一員としての自
覚を深め、協力してよりよい生活を築こうとする自主的、実践的な態度を育
てる」である。特別活動の内容は、「A生徒活動　(1)学級会活動、(2)生徒会
活動、(3)クラブ活動　B学校行事　(1)儀式的行事、(2)学芸的行事、(3)体育的
行事、(4)旅行的行事、(5)保健・安全的行事、(6)勤労・生産的行事　C学級指
導　(1)個人及び集団の一員としての在り方に関すること、(2)学業生活の充実
に関すること、(3)進路の適切な選択に関すること、(4)健康で安全な生活など
に関すること」と記されている。この授業は、学級指導(3)の「進路適性の吟
味、進路の明確化、適切な進路選択の方法などを取り上げること」に基づい
たものであった。進路適性の吟味をするための自己理解を進める授業という
ことである。

　質疑応答・研究協議の時、参加の方から「進路指導のねらいは人間関係を
深めるものではない」との指摘があった。一所懸命に力を合わせて行った発
表授業ではあったが、それを受けてみんなで再度熟考したことを思い出す。

2．異動

　新卒以来8年、新しく異動制度ができたので異動となった。同じ職場に25
年勤務した先生もいたので、この制度は当然であったかもしれない。そして、

その６年目に『学習指導要領』が改訂された。

　特別活動の内容は、A　学級活動　B　生徒会活動　C　クラブ活動　D　学校行事となった。従来の「学級会活動」と「学級指導」が統一され「学級活動」となった。

　「学級活動においては、学級を単位として、学級や学校の生活の充実と向上を図り、生徒が当面する諸課題への対応や健全な生活態度の育成に資する活動を行うこと」と記され、(1)学級や学校の生活の充実と向上に関すること。(2)個人及び社会の一員としての在り方、学業生活の充実及び健康や安全に関すること。(3)将来の生き方と進路の適切な選択に関すること。とあり、進路指導は主に(3)で行われるようになった。とは言え、偏差値全盛時代であり、本来の進路指導とはかけ離れた、進学指導が中心に行われていたことは否めない。進路指導の研究会や全国大会、地区大会などでの発表のメインは、「偏差値に依存しない進路指導」といった内容が多かったように思う。

　しかし、異動した中学校では、学級活動が正常に行われていない場面が目についた。一部の学級では、学級活動の時間になると外で遊んでいる。その中の生徒が他の学級の生徒を呼びに来る。上級生に呼ばれると下級生は学級を抜け出してしまう。混乱もあったが、個人的には学級活動の中で進路指導に積極的に取組んだ時期である。学年会で次の学年会までの道徳と学級活動の内容や目標を決めるのだが、学級の歩調を合わせて進めていった。

　また、この改訂の目玉の一つに「4　クラブ活動については、学校や生徒の実態に応じて実施の形態や方法などを適切に工夫するよう配慮するものとする。なお、部活動に参加する生徒については、当該部活動への参加によりクラブ活動を履修した場合と同様の成果があると認められるときは、部活動への参加をもってクラブ活動の一部又は全部の履修に替えることができるものとする」とあった。全教員がクラブ活動・部活動の顧問になるということでもあった。これが現在の部活の顧問をいやいや担当するきっかけになっていくとは、この時はだれも思わなかっただろう。

　この頃の傾向として、高等専修学校に進学する生徒が増えた。都立高校の合格発表があると高等専修学校の電話が一斉に鳴り始めたという逸話もある。東京都には東京都中学校高等専修学校進路指導協議会（略称　中専協）という組織がある。現在も年に一度中学校と高等専修学校の先生方が集まり、それぞれの実践発表を行う夏季研究協議会を開催している。また、通信制の高校やサポート校が急激に増え始めたのもこの頃だと思う。

　1992（平成4）年に埼玉県の竹内教育長が「業者テストの結果を高校に提示しない」と宣言し、業者テストの偏差値を高校に提供することを拒否した。これをきっかけに文部省も動き1993（平成5）年1月26日、「高校教育改革推進会議」の最終報告が出された。内容は「①中学校は私立学校へ偏差値を提供しない②私立学校は中学校へ偏差値提供を強要しない③授業時間や勤務時間中に業者テストを実施しない④業者テストの費用徴収、監督、問題作成、採点に教員は関わらない」というものである。

　その年に日本経済新聞から「脱偏差値」後の進路指導の在り方について書いてほしいとの依頼があった。「偏差値悪玉論は一方的」と題して書いたものの一部を紹介する。「中学校から偏差値が追放されようとしている。しかし、学校外での偏差値は生き続けるかもしれない。また、学校が勉強する場である以上、学習到達度での確認を目的としたテストはなくならない。そしてその結果が上級学校進学の資料とならざるを得ない以上点数の序列化は行われるであろう。しかし、これは偏差値、点数にかかわらず、その時点での単なる数字の序列化であって人格の序列化、人生の序列化では決してないということである。それを真に理解していない限り偏差値やテストは『悪玉』にされ続けるであろう」「高校入試の次に大学入試がある以上今までの選抜方法制度を大きく変化転換させることは無理かもしれない。けれども今までのいわゆる偏差値教育と呼ばれるものから一歩踏み出したわけである。それが一歩でも半歩でもいい方向に向かうような入試制度でなければならない。これから発表になる新しい入試制度に期待しているのは私だけではないはず

だ。偏差値教育の是正は高校の入学試験だけでなく、大学の入学試験そして就職試験までを含め選抜方法を議論しなければなかなか解決される問題ではないだろう」（1993/4/3日本経済新聞）

　大学入試は AO 入試から総合選抜型に転換した。真の意味の総合選抜型の入試が定着すれば、偏差値に頼らない大学入学試験が定着するだろうが、18歳人口の減少を考えると文部科学省の打ち出している総合選抜型の入試にはならないような気がするのは私だけだろうか。埼玉県からスタートした脱偏差値の高校入試が、埼玉県だけ行われているのも皮肉なものである。

　「脱偏差値」を受けて文部省は、進路指導資料「個性を生かす進路指導をめざして」第1分冊「生き方の探求と自己実現への道程」（平成4年）、第2分冊「生徒ひとりひとりの夢と希望を育むために」（平成6年）、第3分冊「生き方の指導の充実のために」（平成7年）を出している。

　この頃、私は日本進路指導学会（現日本キャリア教育学会）に入会した。全国高等学校進路指導協議会の先生方との出会いも同じ頃からである。

3．管理職として

　教頭を5年間務めた。この期間は進路指導とのつながりを切らないようにするのに精一杯だった。東京都中学校進路指導研究会に籍を置いてはいたが、昼間の会合にはなかなか参加することはできなかった。当時の会長からは人間関係や進路指導の動向を見失わないために夜の会合だけでも参加するようにと言っていただいた。

　校長になった時、「校長は同じ学校に4〜5年間は在職」という方針が出された。腰を据えて取組みなさいということだったと思う。最初の学校にはPTA と名づけられた保護者組織はなく、「保護者と教職員の会」という名称で活動しており、全国・都・区の PTA 連合に加入していなかった。当初、協力を得られるのだろうかと心配していたが、学校には気持ちよく力を貸していただいた。心身障害学級（現特別支援学級）の生徒に農作業の体験をさせ

たいが「場所はあるだろうか」と相談したところ、空いている畑をすぐに探してくれた。ほとんどの生徒が就職を希望していた学級なので、非常に良い体験になったと今も感謝している。

　この年1998（平成10）年に学習指導要領が改訂された。いわゆる「ゆとりの学習指導要領」と言われるものである。昭和の時代から「ゆとり」は言われていたのだが、完全学校週5日制の下での「ゆとり」であり、その中で「特色ある教育」を展開するというものだった。「総合的な学習の時間」が創設され、選択履修幅が拡大されている。この学習指導要領のもとでは、授業時数は縮減され、薄くなった教科書を見たときにはビックリした。当時の文部省が出した「新しい学習指導要領の主なポイント（平成14年度から実施）」にはふれられていないが、クラブ活動がなくなったのもこの学習指導要領である。「ゆとり」と「総合的な学習の時間」で学校現場は混乱していたからあまり話題になることもなく見過ごされるような形でクラブ活動がなくなった。クラブ活動の部活代替から、わずか10年での消滅。クラブ活動と部活が一緒になり全員が顧問ということでできたクラブ活動・部活動。1度つくったものは、なかなか消滅させることはできない。部活動をつくってしまった顧問は、やめることができなくなってしまった。

　進路指導には良い面があった。「総合的な学習の時間」の内容はよくわからないが、授業として位置づけられているため特別活動より使い勝手が良い。そのため、体験活動が行われるようになった。体験活動のため無くなった教科の授業は次週以降の「総合的な学習の時間」で相殺できるからだ。

　この学校に勤務中に完全学校週5日制が導入された。土曜日の有効活用を考えるようにということで、いろいろな取組をしたが、前々からやりたいと思っていた進路相談会に着手した。都立・私立高校、高等専修学校等の先生に来校してもらい、体育館にブースを設け生徒の相談に乗ってもらうというものである。バスケットのコートが2面とれる体育館にブースの設定を「保護者と教職員の会」が進め、70校以上の学校が参加をしてくれた。3年生に

なってから進路先を考えるのではなく、１年生のうちから情報を収集する大切さを理解してほしかったからである。「保護者と教職員の会」の主催であり、役員を中心に積極的に動いてもらえたから実現したことである。平成14年スタートしたこの行事は、参加校も100校を超え現在も継続、定着していると聞いている。

　この学校に勤務中に、中央教育審議会答申「初等中等教育と高等教育との接続の改善について」（1996/12/16）が出された。キャリア教育という文言を文部科学省が初めて使用したことで話題になったが、「ゆとり」の学習指導要領の影響の方が濃く、学校現場で取りざたされることはなかったに等しい。

　「ゆとり」と言われる学習指導要領が発表された年に兵庫県の「トライやる・ウィーク」が実施され、翌年には富山県で「社会に学ぶ『14歳の挑戦』」が行われた。いずれも職場体験だった。特別活動の全国大会でしばらくの間この実践活動が多く発表された。偏差値に依存しない進路指導の実践の中でも職場体験は行われていたが、この２県の取組がキャリア教育としての職場体験につながる原動力となった。1998（平成10）年に兵庫県で始まった「トライやる・ウィーク」は、キャリア教育としての「職場体験」の第一歩とも思われているが、きっかけは「阪神・淡路大震災」「神戸連続児童殺傷事件」とされている。この取組は人間としての在り方・生き方を改めて考えさせるとともに、社会生活上のルールや倫理観の育成、善悪の判断、自己責任の自覚や自律・自制の心の涵養など「心の教育」の充実を図ることの大切さを再認識させることとなった。兵庫県教育委員会では、この「心の教育の在り方」という課題について検討するため「心の教育緊急会議」を設置。これからの「心の教育」には、従来のように結論を教え込むのではなく、活動や体験を通して、子供たち一人一人が自分なりの生き方を見つけられるよう支援していくことが大事であり、そういう教育にシフトしていくことの重要性が指摘された。それとともに、提言の具現化に向けた取組の一つとして中学生の長期体験学習の導入が提唱された。

　また、平成11年、富山県は「従来より各中学校において、進路指導の一環として1〜2日の職場体験学習が行われてきた。しかし、それは、あくまで自分の将来の職業選択に資することを目標とした学習であり、社会のルールを学んだり自分の生き方を考えたり等を目的として行われたものではなかった」とし、「中学2年生が事業所や福祉施設など、実際の大人社会の中に1週間身を置き、その一員として活動することになる。1週間にわたる様々な体験を通して、働くことの喜びや苦しさ、認められたり感謝されたりすることの喜び等を味わうとともに、挨拶や言葉遣いの大切さ、社会生活におけるルールの必要性、学ぶことや生きることの意義等を感じとってくれることを期待している」（「社会に学ぶ『14歳の挑戦』」・富山県教育委員会指導課　主任指導主事　杉森 貢）として、「社会に学ぶ『14歳の挑戦』」をスタートさせた。

　勤務5年間で異動となる。異動先は、下町の学校である。統合2年目の学校であり、教職員は双方の学校から三分の一ずつ、新しい教員が三分の一であり、体制がしっかりと根付いたものではなかった。この学校にも5年間務めることができたので、基盤づくりはできたと思っている。この学校もPTAは学校に協力を惜しまず対応してくれた。

　在籍中の2004（平成16）年1月28日に「キャリア教育の推進に関する総合的調査研究協力者会議報告書〜児童生徒一人一人の勤労観、職業観を育てるために〜」が発表された。この報告書がキャリア教育を全国に広める大きなきっかけとなったことは否めない。しかし、この報告書に記載された「端的には、『児童生徒一人一人の勤労観・職業観を育てる教育』」の一文が、キャリア教育を進めていくうえで一部誤った理解を生み出した。平成10年兵庫県からスタートしたトライやる・ウィーク（中学2年生の5日間の職場体験）が全国的に広まりつつある中で、「勤労観・職業観を育てる教育」＝「職場体験」ととらえる学校現場が多かったことである。

　東京都も2006（平成18）年度から職場体験の取組が始まった。職場体験が

認知されていない中でのスタートだったため受入れ先を探すことに奔走することになる。日本で2番目にできたといわれる近所の商店街では、「こんな暇なのに、とても受け入れられない。来てもらってもボケーと1日いるだけだから」、観光名所の商店街では、「高校生ならいいんだけど。中学生ではね」などと言われながら、PTAの協力を得て何とか探すことができた。中には、「入社3年目の職員に担当させ、3年間を振り返らせる良い機会だ」と積極的に受け入れてくれた企業もあり、ありがたかった。

　平成18・19年度、区の研究協力学校として「キャリア教育の視点に立った進路指導の推進」をテーマに取組んだ。「キャリア教育ってなんだ？」からのスタートであった。「あいさつ」から始まった取組だったが、現在の生徒にも脈々と続いている。校内には「あいさつ」にかかわる標語をいたるところに見ることができる。登校時には「心の東京革命」のあいさつソング「あいさつは魔法の力」が流れる。最終下校時刻15分前には「区民憲章」の朗読と区の歌が流れる。地域の学校として定着している。19年度には研究発表と授業公開を行った。1年生は授業、2年生は職場体験の発表会、3年生は学級活動だったが、1番参加者が多かったのは職場体験の発表だった。中には、「教科でもキャリア教育をやるの？」などの声も聞かれた。今では教科の中で進めるキャリア教育は当然である。

　この学校に在職中に前任校で実施した「進路相談会」を区全体として取組むことになった。前任校での「進路相談会」を次の段階に進められたらもっと良い結果につながるはずである。合理的でもある。すぐに、全校のPTAの賛成を得ることができ、場所探しが始まった。PTAの協力、区の援助もあり盛大な会となった。現在も「進路フェア」として区の中学校PTA行事として定着している。

　この学校も勤務5年で異動となった。定年まで残りは3年である。

　異動直前の2008（平成20）年3月28日に学習指導要領が告示された。現場の反対を受けながらも実施されていた選択教科は廃止、前回の学習指導要領

には全く触れられていなかった部活動が総則で姿を見せている。1年後に告示された高等学校の学習指導要領には「キャリア教育」の文言が明示された。

　地の利を得て総合的な学習の時間や選択授業で、東京国立博物館、西洋美術館などを利用できたのは光栄なことである。合唱コンクールは重要文化財の旧東京音楽学校奏楽堂だった。文化祭では、目の前にある東京文化財研究所に1教室提供し、キトラ古墳の壁画の修復の様子や洛中洛外図の修復の様子を保護者・生徒に見てもらうことができた。ただ、3年間と5年間では先の見通し方が異なる。学校経営には5年は必要だというのが実感である。

　2011（平成23）年1月31日、中央教育審議会答申「今後の学校におけるキャリア教育・職業教育の在り方について」が発表され、キャリア教育とは「一人一人の社会的・職業的自立に向け、必要な基盤となる能力や態度を育てることを通して、キャリア発達を促す教育」と定義された。キャリア教育＝職場体験ではない、との思いが込められていると受け取れる。ニートの数が60万人を超え、若年層の雇用問題などからスタートした、キャリア教育＝職場体験から、本来のキャリア教育として新たな一歩ではないだろうか。

　この年の3月、定年を迎えた。進路指導・キャリア教育に携わったことで多くを勉強させてもらい、頑張ることもできたと深く感謝している。

　三村隆男先生とお会いしたのは、日本進路指導学会に入会した頃である。中学校と高等学校の違いから、その後の交流や仕事を共にすることは多くはなく残念に思っている。2017（平成29）年の学習指導要領改訂により進路指導・キャリア教育は小学校から高等学校まで1本のラインでつながることになった。学校教育にとっても人生にとっても重要度が増している進路指導・キャリア教育である。これからに期待している。

沼津市立原東小学校の実践を振り返って

工藤榮一

　本校では平成14年度、全国で初めてキャリア教育の準備に着手し、15年度からは、生活科や総合的な学習の時間を活用して1年生から6年生まで全学年で実践を行ってきた。校長として着任した際、子どもたちに元気がなく、欠席者も多く、児童・教師共に自信がなさそうなのがとても気になった。長い中学校教師の経験から、積極的に計画的に進路指導を進めることにより、生徒指導の面でも良い効果が出ることを知っていたので、その手法を本校でも試みようと考えたのである。

　また、大工になりたかった私だったが、進学高校から、工学系の大学に進み、卒業後企業に就職した。しかし、教師への転職を決意し退社、働きながら大学の夜間部で教員免許を取得し、25歳で中学の数学の教師になった。その後、上越教育大学の大学院で学ぶ機会を得た。こうした経験から、「なぜ、自分はこういう人生を歩むことになったのか」と振り返ることができ、早い学校段階からの進路指導の必要性を強く感じたからである。

　そんな時、上越教育大学の三村隆男先生を紹介され、キャリア教育という概念に出会った。進路指導には、とかく進学指導や就職指導という固定観念を持ちがちだが、キャリア教育は小学校から高校までの12年間という長い期間にわたり、発達段階に応じて、勤労観・職業観の育成を考えており、生きる力を育む教育だと感じた。

　本校へのキャリア教育の導入は、「特色ある学校創りという視点と、教師にもやりがいと自信を持って取り組んで欲しいという期待感と、原東小学校の子どもが、自分も意味ある存在だと感じられる、生き方を考える根底にある心"自己有用感"が持てるようにしたい」というビジョンをもってのことである。

　私は、「生きていく中での様々な役割を総体的に表現したことば」がキャリアであり、「子どもたちが様々な役割をになう場面で対応できる力を伸ばす教育」を“キャリア教育”ととらえている。

　4年を一区切りとして、研修の足跡をたどり、上記の力を身に付けさせるというキャリア教育が本校の教育課題に有効に機能したかを検証することにした。このことが、本校のこれからのキャリア教育の在り方を考える糧となり、さらなる発展につながると考えたからである。

1. 研究テーマの設定理由（研究の目的）

　わが国におけるキャリア教育を導入した先駆的小学校として、準備から実践に至る4年間の成果をまとめキャリア教育の小学校教育における機能を実証的に示すことで、本校教育の今後の課題を明らかにし、キャリア教育実践に着手する小学校に資することを目的とし、研究テーマを設定した。

2. 研究の特色及び概要

⑴研究の特色

　キャリア教育の導入の目的は、本校の教育力の向上にある。研究テーマに沿い、本校でキャリア教育がどのように機能したかを検証することは、導入の目的が達成されたかを測る手段でもある。ここでは、本校で導入、実践したキャリア教育の機能について、4年間の経過を、実践、組織、評価の3つの視点から検討を行う。

⑵4年間の経緯
①実践の概要
〔14年度〕準備段階

　本校の現状を鑑み、教育力の向上を期して、校長をはじめとする少数のプロジェクト・チームによる準備が行われた。専門家の意見を参考に、従来の

教育活動において生活科、総合的な学習の時間で示した指導項目をキャリア教育の視点で見直した。

　さらに、次年度の活動計画を立案するとともに教師間での共通理解を図るために「立ち上げのためのテキスト」を作成し、研修会などの機会を利用し実践への準備を行った。『立ち上げのためのテキスト』（原東小学校, 2003）には、Ⅰ、立ち上げまでの日程、Ⅱ、小学校におけるキャリア教育（小学校の進路指導、総合的な学習の時間とキャリア教育及び実践、参考文献）Ⅲ、［事例］第３学年総合的な学習の時間（きら学習）学習指導案例、などが掲載されている。

〔15年度〕実践１年目

　14年度末に作成した年間活動計画に対して、新しい学年のメンバーで作成し直した年間活動計画に沿って実践を試みた。

　各学年公開授業をし、随時上越教育大学の三村助教授のご指導を受け、研究の方向の修正を図りながらの取り組みであった。

　15年度の取組により、「キャリア教育が学校教育目標とどうつながり、どのように位置づけられるのかを明らかにしたい」、「本校の児童の実態を踏まえ、発達段階を押さえた育成したい具体的な子どもの姿を分かりやすく表し、計画・実行・評価に利用したい」、「自分たちがやっているものがはたしてキャリア教育なのだろうか」等の要望や疑問が出された。

　年度末、各学年から出された、４能力領域を視点とした「成果と課題」等から、これらに答えるべく、16年度へ向けての手引書「実践のためのテキスト」を作成した。『実践のためのテキスト』（原東小学校, 2004）にはⅠ、理論編（キャリア教育と進路指導、職業観と勤労観、キャリア教育の構造など）Ⅱ、実践編（キャリア教育全体計画、キャリア教育の実践、キャリア教育で育成したい具体的な子どもの姿、指導計画）そして参考文献などが盛り込まれている。

〔16年度〕実践２年目

　〔総合的な学習の時間を中心としたキャリア教育構想図〕、〔キャリア教育で育成したい具体的な子どもの姿〕、〔キャリア教育の活動〕等が掲載された

「実践のためのテキスト」をもとに、より充実した“原東小学校のキャリア教育”と言える独自の実践ができたと考えている。

〔17年度〕実践3年目

　キャリア教育充実を目指した学校運営組織の変更や、3つの力（えがく力・かかわる力・もとめる力）に関連する2つずつの具体的な能力の定義を見直し、キャリア教育で育成したい具体的な子どもの姿のより実態に合ったものへの改良等、3年間の実践の集大成として作成した「実践のためのテキストpartⅡ」をもとに、原東小学校のキャリア教育を発展させるべく取り組んだ。なお、キャリア教育の視点は教科や他領域に着実に波及している。

②実践組織

　キャリア教育の実践組織は、実情に合わせて次のような形態を取った。

　準備段階において「立ち上げのためのテキスト」の作成に尽力したプロジェクトチームは、実践1年目に入って解散し、これまで存在していた研修部をキャリア教育推進に専念する組織に移行した。

　準備段階では限られたメンバーで進めたことへの反省もあり、研修部への参加は各学年輪番制とし、結果的に全ての教師がキャリア教育実践のための組織に加わることになった。この組織内容の変更は、縦系統であったキャリア教育推進形態から、横系統への転換を意味している。

　実践1年目の活動を通し、教育実践に対する質的評価がなされ、「実践のためのテキスト」が編纂できたのは、研修部が校内分掌として明確に位置づけられ、全校的にキャリア教育を推進しようとする工夫がなされたことと、全校的な意思統一の場として研修会を頻繁に開催したからと考える。

　準備段階で「気付く力」「見通す力」「表現する力」「関わる力」と「学習プログラムの枠組み」の4能力でマトリックスを作り、さらには実践を通して、「えがく力」「かかわる力」「もとめる力」と3つの力に収斂して2年目のキャリア教育実践に移行することが可能となったのも、こうした組織の運

営が基盤にあったからだと考える。

　実践2年目に入り、研修部は研修推進部と名称を変更した。さらに、新たにキャリア教育検討委員会を設置した。

　キャリア教育検討委員会は準備段階のプロジェクトチームと同様の機能を持ち、本校のキャリア教育推進の企画・運営部分を担当した。一方、研修推進部はキャリア教育検討委員会の事務的な存在で、実際の推進にかかわった。研修推進部は、部長と副部長を置き、研修推進部員は固定し、学年主任を充てた。さらに、キャリア教育検討委員会の構成メンバーは、校長・教頭・教務主任・研修推進部長・副部長、その都度内容にかかわる分掌の関係者が参加することとした。

　毎年度当初、教育課程を考慮して、キャリア教育年間計画が立てられ、常に実践、研修会（振り返り）、専門家によるチェックというサイクルを繰り返すことと、研修推進部とキャリア教育検討委員会が機能的に連携することが実践力の向上に大きく寄与している。

③実践の評価

　研究を推進継続させるために、年度の実践について「成果と課題」は何かの評価を、全学年にわたり4能力領域の視点で試みたことは前述した。これらを6学年縦断的に配列し、概観し検討することにより、次年度へ向けての原東小学校のキャリア教育が構築できると考えたからである。

　「従来の教育を見直す」という性格を持つキャリア教育を評価する場合、単に選択肢方式で「よかった」「よくなかった」など量的に評価する方法は、総体的な傾向は分かるものの、具体的な改善を検討するには適当ではない。質的な評価を行うことにより、年度の取組の具体的な問題が明らかになり、今後の改善方策を検討するには有益な資料を提供することになると考える。

　具体的な改善の検討には、このような質的な評価が必要となり、その結果、実践の高度化が図られ、キャリア教育の発展につながると考える。

3．研究の成果と今後の課題

(1)成果と考察

　4年間（準備1年間と実践3年間）のキャリア教育が、本校の問題解決に有効に機能したことを、以下の視点から明らかにしたい。

①児童の変化

ア　17年度各学年の「成果と課題」より

・低学年

　何をどうすればよいのかという思いを持つことや、学習の仕方が理解できた。また、実際に地域に出かける学習を通してあいさつ等が学べた。

　これらは、事前・事後の指導法・評価の工夫があったからと思われる。

・中学年

　自己有用感を味わい張り合いを持って学習することができ、学習の段取りを自分で計画できる子が増えた。また、人とのかかわり方を身に付け、グループで協力し、役割分担して調査しまとめることや、自分の知りたいことを解決しようとする姿勢がみられた。

　これらは、一連の学習の流れを繰り返し経験させたためと考える。

・高学年

　自分の課題を意識して、計画的に活動することにより、仕事の意義を知り、自己有用感を味わうことができた。情報の集め方や、自分にふさわしい学習内容を選び、意欲的に学習活動に取り組むことができた。これらは、集団の中で役割を果たす活動を多く取り入れた結果だと思われる。

イ　4年間「14年度から17年度」の児童の欠席率及び不登校児童出現率の推移

　全校では、平成14年度から平成17年2学期までの4年間で、欠席者（率）及び不登校者（率）が漸次減少している。

　また、学年別でも、現4年生が1年から2年になった時以外は、どの学年も年度が変わるごとに欠席率が減少している。まだ身体が丈夫でない低学年と高学年を単純に比べることはできないが、どの学年も4年前より現段階の平成17年度の方が欠席率が低くなっている。

　欠席率及び不登校児童出現率はキャリア教育の総括的評価においては数量的評価にあたる。欠席や不登校に示される不適応状況を、「近年の社会・生活環境の加速度的な変化が子どもたちの社会的発達に及ぼす影響」として捉えるならば、本校のキャリア教育実践はその影響に効果的に作用したと考えることができる。さらにキャリア教育実践はその概念と方向性を示すことを原東小学校のキャリア教育の初期的導入の実践は示唆したといえる。また、欠席者及び不登校者の減少は、キャリア教育を通して、元気のない子どもたちに自信をつけさせる術を講じた成果の現れと見ることができる。

②教師の変化

　上越教育大学大学院生、千葉高氏は準備から実践1年目のこの時期、「小学校におけるキャリア教育に関する研究—静岡県沼津市立原東小学校のキャリア教育導入過程の事例を通して—」を研究するため本校に入り、教師から本音を引き出している。

　平成15年5月時の教師の反応を、千葉氏は次のようだったと論文に記述している。「作られたもの（提案だったとしても、ある程度完成されているもの）をいきなりみせられても、理解しにくいです」「下から立ち上げた研修ではないためか、盛り上がりに欠けていると思う」

　このように、当時の教師の反応は冷ややかだった。

　平成15年度のキャリア教育本格導入から3年が経過し、教師のキャリア教育に対する認識は様変わりした。

　平成17年12月、キャリア教育の実践を通して感じた教師の言葉から、本校教師のキャリア教育に対する思いが読み取れる。

〈キャリア教育のイメージ〉

　「教師生活最初の学校でキャリア教育にたずさわり、キャリア教育に育てられた3年間だった」、「この1年でキャリア教育の良さやおもしろさが少しずつわかってきた。教育活動全体にキャリア教育の視点をもって臨んでいきたい」

〈キャリア教育の理解〉

　「生きる力の育成という広い意味を含んだ教育である」、「キャリア教育とは生涯学習そのものではないか」、「3つの力の中で、各自具体的にどんな力を身につけたいのかを考え、頑張る視点をはっきりさせて、行事や仕事に取り組むようにした」

〈キャリア教育の必要性〉

　「キャリア教育は『生きる力』をつける教育だ」、「全ての教科で勤労観を育てるのは難しいことではあるが、それを意識して行う必要がある」、「キャリア教育はどの教科でも実践できる。キャリア教育は社会で生きていくために必要な力をつける教育である」

　教師がさめた見方をしていた平成15年度を起点に小学校におけるキャリア教育の実践を積み重ねた結果、キャリア教育を中核に子どもの指導にあたっている教師の姿が見えてくる。また、総合的な学習の時間だけでなく、各教科・領域においてもキャリア教育の視点により授業を創ろうという意識も芽えていることは喜ばしいことである。

③保護者の変化

　キャリア教育の準備を始めた平成14年度から実施した計4回の保護者への学校評価調査（「原東小を共に考えるアンケート」）結果から、本校の教育活動に対する保護者の印象が年々良い方向に変化していることが読み取れる。その傾向は、計26項目のうちキャリア教育に関係が深い10項目で顕著である。

　原東小学校が子ども一人一人を大切にした教育を推進していること、教師

が積極的に子どもに声をかけるようにし、コミュニケーション活動に力を入れている点が評価されたように思われる。また、運動会を始め、多くの行事活動をキャリア教育の3つの力を柱にして実践し、各学年行事を行う際にも、子ども一人一人の役割を明確にし、自己有用感を育むことに力点を置いて取り組んだことが評価されたと推察できる。さらに、異学年で構成された、たてわり活動や、障害をもつ子どもとの交流活動により、人間関係形成能力が培われていることも高く評価されているものと思われる。

　原東小の教師に対する授業評価が、キャリア教育定着とともに高くなっている。このことは、教師が徐々に自信を持ち、心に余裕を持って指導が行われるようになってきたことと大いに関係があると思われる。

(2)今後の課題

　本校への視察や問い合わせで、「理想的なキャリア教育を示して欲しい」との質問が多く寄せられる。4年間の取組を通して、理想的なキャリア教育があるのではなく、「学校が直面している問題に対してキャリア教育の観点で実践し、そこから得られた成果と課題をもとに、さらに自校に合ったものを創りだしていくものだ」との意を強くした。

　我が国において、キャリア教育を導入した先駆的小学校として、学校教育にキャリア教育が機能したことを示すことができたことは、本校の教育力向上のみならず、わが国の小学校のキャリア教育の今後の進展に意義あることといえよう。

　本校では現在、キャリア教育が教科・領域へと広がりを見せてはいるが、同時に学力向上への工夫も必要となろう。さらには校内にとどまらず、家庭の教育力向上や、地域の活性化につながるような取組を、学外のさまざまな分野の方々の協力の下に行うことも必要と考えている。

小学校の道徳科と学級活動(3)と国語科における Linked Learning の実践
―「役割と責任」に焦点を当ててつなぐ学び―

谷島竜太郎

１．問題の所在

⑴Linked Learning の活用

　2030年とその先の社会の在り方を見据えながら、「学ぶことと自分の人生や社会とのつながりを実感しながら、自らの能力を引き出し、学習したことを生活や社会の中の課題解決に生かしていくという面には課題がある」(平成28年中央教育審議会答申) という言及に注目し、この課題を解決するための授業改善の方法として、アメリカ・カリフォルニア州を中心に取り組まれている Linked Learning (以下 LL とする) を取り入れる。LL について三村(2020) は、「児童生徒が進学や就職の際につながる職業と教科学習を関連させ、職業を中核に教科と教科をつなぎ、さらにこうしたカリキュラムを実現するために、地域の資源がつながる LL と深い学びとの共通性は大きい」と言及していることから、「生き方や職業を中核として学習をつなぐ」新しい考え方である LL を据えた実践が、学習指導要領がいう各教科等の見方・考え方を働かせた「教科等の学習と社会をつなぐもの」となる。

　だが、職業を意識するあまり、児童に「何になりたいか」や「将来の夢は何か」という問いを立てた場合、大人と比べて世界が狭い児童の世界をより狭めてしまいかねない。そうではなく、LL は生き方や職業を中核としていることから、社会に出て職業人として役割を果たす時に、「期待に応えられる自分になるためにはどうしたらよいか」という問いを立て、複数の授業を

つないでつくっていくのである。今回はこのつなぐものに「役割と責任」を位置付け、職業に限定して考えるのではなく、職業を通して社会に貢献して生きていくために必要なことを考え、この考えたことを学校という社会で実践していくことをLLの学びとしている。

　小学校学習指導要領解説　特別活動編（2018）において、「『キャリア形成』とは、社会の中で自分の役割を果たしながら、自分らしい生き方を実現していくための働きかけ、その連なりや積み重ねを意味する」ものであり、道徳科との関連に触れて「自己の役割や責任を果たして生活しようとする態度」は「集団活動を通して身に付けたい道徳性である」としていることから、つなぐものに「役割と責任」を位置付けた。よって役割と責任でつなぐLLの学びを通して、児童に新しい世界との出会いを提供したり、問いの方向性だけでなく問いの幅を広げたりすれば、自己の生き方を深めていく児童を育てることができると考えた。

⑵児童の実態と課題

　LLを実践した市立A小学校は、児童数496名で通常学級15学級、特別支援学級7学級（知的3、自・情緒3、言語1）、他に通級指導教室1、日本語指導教室1の学校（令和元年度3月）である。通学班を編制しておらず、子供会に所属していない児童もおり、縦の人間関係が希薄な児童も多い。児童の家庭環境は3世代同居の家庭は少なく、2世代同居の核家族が圧倒的に多い。そのため、人と人との関わりの不足からくるコミュニケーション不足の問題があり、自分の意見を押し通して折り合いを付けられない児童や、学校生活への適応が難しい児童もいる。

　このような実態を改善するために、A小学校では、人間関係を円滑にする力を育成する特別活動の研究を積み重ねてきた。この研究の積み重ねの中には、学習指導要領に基づいた各教科をつなぐ指導方法の在り方についても含まれており、LLのつなぐ学びの素地ができていることから、LLを実践で

きる可能性があると判断した。また、それぞれの教員がもつ専門性で授業を
つなぐ実践をすれば、授業方法の共通理解と授業改善、そして授業力の向上
につながる可能性もあり、学級経営を基盤とした特別活動と各教科をつない
でいく学びが実現し、さらに充実していくのではないかと考えた。

2．目的

「役割と責任」を中核に据えた LL で各教科領域をつなぐ学習を展開し、
児童の世界を広げて、自己の生き方を深めていく児童を育成する。

3．実践内容（4時間扱い）及び授業者

学年：小学5年生（5年2組）
クラス人数：42名（男子24名、女子18名）
〈LL の実践について〉

ただ、一つの授業実践の提案ではなく、在り方生き方を中核に据える LL
の授業実践が深い学びへと向かう一つの可能性となるようにした。

中核に据えたテーマは、「みんなの期待に応えられる6年生になるには？」
とした。「みんなの期待に応えられる6年生」になるためには、「自分の役割
を自覚し、責任をもって生きる」ことが大切であると考え、「役割と責任」
に焦点を当てて、4つの授業を関連付けた実践である。

○2/25（火）　道徳科「バトンをつなげ」

　　授業者：谷島竜太郎

　　　　　　・第5学年主任、研究主任

○2/26（水）　国語科「伝えよう委員会活動」

　　授業者：谷島竜太郎

　　　　　　・第5学年主任、研究主任

　　　　　※中学校の免許は、国語専修

○3/2（月）　学級活動(3)「もうすぐ6年生」

　　授業者：袴塚美冴
　　　　　　・5年2組学級担任
　○3/5（木）　道徳科「流行おくれ」
　　授業者：北島恵梨奈
　　　　　　・自閉症・情緒学級担任、道徳主任
　　　　　　・特別支援教育コーディネーター

4．Linked Learning の実践として

⑴単元指導計画
　「役割と責任」を中核に据えた LL のプログラム（表1）の開発・実践。

⑵実践のプロセス
　表1に示したプログラムの詳細を、以下に示していく。4つの授業を「役割と責任」でつないでいくことで、児童の世界を広げて自己の生き方を深めていく児童の育成を目指した。

①2/25（火）道徳科
　「役割と責任」に焦点を当てた授業にするために、導入部分で「バトンって何だろう」と問うことから始めた。展開部分では、この問いに迫る問い返しをしていき、児童自身の言葉で語ることができるようにした。そして終末部分では、導入時の考えと比較させ、「役割と責任」を自覚して実際にやってみようという考えをもたせてから、次の国語科の授業実践へとつないだ。これにより、「役割と責任」に焦点を当てたまま学びの連続性を確保することができ、役割を自覚して責任をもって生きることについて考えられるようになる。また、今後の授業者へのバトンを渡して学習内容をつないでいくためにも、中核に据えたテーマである「役割と責任」の両方に焦点を当てて指導を行う意味は大きいといえる。

表1　プログラム内容

時間	教科領域	学習活動
1	2/25（火） 道徳科	「バトンをつなげ」C−(16) ・バトンを他者からの求めに応えられるものと捉え、自己の役割と責任について考えられるようにする。
2	2/26（水） 国語科	「伝えよう委員会活動」 ・5年生としての活動を振り返り、役割と責任を果たす目指すべき6年生の姿を考えられるようにする。
3	3/2（月） 学級活動(3)	「もうすぐ6年生」 ・学校のために自分のよさを発揮できる役割を考え、責任ある行動で周囲の期待に応えられるようにする。
4	3/5（木） 道徳科 （コロナ禍で中止）	「流行おくれ」A−(3) ・他者の意見や言葉を受け入れ、周囲が期待する役割と責任を果たす姿に近づくことができるようにする。

②2/26（水）国語科

「役割と責任」について焦点を当てた授業にするためには、前回の道徳科の学習とつなぐ必要がある。そこで、児童が道徳科の授業において「みんなの期待に応えられる6年生」になるためには、6年生の姿を見習うことが必要であると考えたことからつながるように、導入部分では「6年生になった自分が委員会活動で『できたらいいな。』と思っていることをまとめてみよう」という課題を設定した。展開部分及び終末部分では、3月2日の学級活動(3)の授業とつながるように、学級活動(3)でも使用予定のグラフを国語科の板書で使用し、前回の道徳科の授業だけでなく学級活動(3)においても「役割と責任」の重要性に気付くことができるようにした。

③3/2（月）学級活動(3)

「もうすぐ6年生」という題材は、これまでの「役割と責任」でつなぐLL実践の一つであるため、学級活動(3)の「イ　社会参画意識の醸成や働くことの意義の理解」に示されている「現在及び将来において所属する集団や地域

の中で、その一員として責任や役割を担うことなど、社会参画意識の醸成に
つなげていく」ことと関連をもたせた指導が大切になる。よって、「学級や
学校のために友達と力を合わせて働くことの意義を理解し、工夫しながら自
己の役割を果たすことができるようにすること」や「社会の一員として、責
任をもって主体的に行動しようとする態度を養うこと」の育成を目指した。

　そこで、担任である授業者が4段階展開法（①つかむ〔課題の把握〕②さぐ
る〔可能性への気付き（原因の追求）〕③見つける〔解決方法等の話合い〕④決める
〔個人目標の意思決定〕）で指導した。この指導過程には、多様性を認め合いな
がら、他の児童と力を合わせて働くことの大切さや自分のよさを生かすこと
について考えること及び自分の仕事に対して工夫しながら役割を果たすこと
ができるようにすることも意図して指導した。最後の「④決める〔個人目標
の意思決定〕」では、充実した来年度の6年生の生活にするために、まずは
今の自分にできることについてチャレンジカードに記入させ、発表をさせた。
これにより、今の自分に合った具体的な個人目標が立てられ、5年生のまと
めとしての委員会活動をどのように行う必要があるのかについても考えるこ
とを通して、プログラムの2時間目に実践した国語科で焦点を当てた「役割
と責任」とのつながりも確認した。

④3/5（木）道徳科

　他者の意見や言葉を聞き入れることで、周囲が期待する「役割と責任」を
果たす大切さに気付くことができるようにする。そのために、本時は客観的
に自己を見つめられる授業展開を行うために問い返しを行い、「役割と責任」
に焦点を当てた授業にしていくことで児童の生き方を深めていくことを考え
た。さらに、3月2日に行った学級活動(3)の「もうすぐ6年生」におけるチャ
レンジカードによる実践の振り返りを3月10日に行い、本時で学んだ「他
者の意見や言葉を聞き入れることができたか」について児童に問うことで、
自分を成長させてくれる他者の意見や言葉の重要性に気付かせた上で、2回

目の１週間のチャレンジカードによる実践に取り組ませることにより、児童の生き方を深めていきたいと考えた。しかし、新型コロナウイルス感染症による臨時休業となり、本時の道徳科の授業と２回目のチャレンジカードの実践をすることはできなかった。

5．2つの成果及び裏付けとなる結果と考察

⑴「役割と責任」への理解を深めることができたこと。

　児童の言葉で語ることで自己理解が深まり、児童は「みんなの期待に応えられる６年生」になるために、「６年生の姿を見習うことが必要」と考えることができた。６年生の具体的な姿を語った言葉から、よりよい学校生活、集団生活の充実のためには「６年生のような役割を担うこと」や、「６年生のように責任を果たすこと」の重要性に気付くことができた。さらに、話合いでたどり着いた板書には「行動に表す」という言葉もあった。児童が「役割と責任」の重要性について気付くことができたことがわかり、理解しただけでなく実際の行動に移そうとする気持ちが芽生え始めたと捉えられる。

　次に、児童のワークシートへの記述や児童が作成したリーフレットを見ていく。プログラムの最初である２月25日の道徳科の授業では、**図１**のような「自分の役目をはたしていきたい」というワークシートの記述が多くあり、「６年生のような役割を担うこと」の重要性を捉えられたことがわかる。

　学級活動(3)の「６年生になる前にがんばること」においても、「下級生に優しくお手本になる」や「下級生の手本になる行動をする」などの意見が並んでおり、こちらも６年生の「役割」の重要性について気付き、周囲の期待に応えたいという児童の学びが深まっていることがわかった。また、国語科で取り組んだリーフレットの記述にも、「教わる側ではなく、教える側になる」や「最高学年になるので、ほかの下級生の良いお手本になりたい」のような役割の重要性に触れた記述が多かったことから、プログラムを通して「役割」の重要性を捉えることができたといえる。

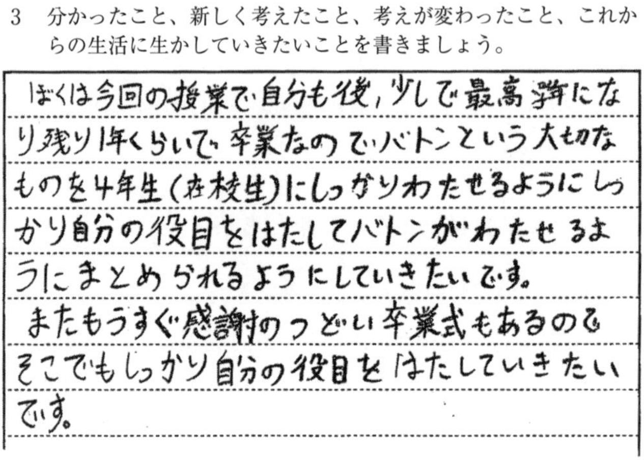

3　分かったこと、新しく考えたこと、考えが変わったこと、これからの生活に生かしていきたいことを書きましょう。

> ぼくは今回の授業で自分も後、少しで最高学年になり残り1年くらいで卒業なのでバトンという大切なものを4年生(在校生)にしっかりわたせるようにしっかり自分の役目をはたしてバトンがわたせるようにまとめられるようにしていきたいです。
> またもうすぐ感謝のつどい卒業式もあるのでそこでもしっかり自分の役目をはたしていきたいです。

図1　6年生のような役割を担うこと

「責任」についても、道徳科では**図2**のような「行動に責任をもって取り組みたい」という記述が多く見られ、「6年生のように責任を果たすこと」の重要性を捉えた児童も多かった。

学級活動(3)の「できたこと・成長したこと」では、「5年生としての責任をもって行動ができた」や「委員会など高学年として責任をもって行動できた」などの意見が並び、LL 実践を重ねてきたことで、「責任」の重要性について気付き、ここでも周囲の期待に応えたいという児童の学びが深まったことがわかる。

同じように、国語科のリーフレットの記述においても「みんなのさまざまなことに役立てるようにこころがけています」や「学期の終わりの時に、はいぜんだいのせいそうをすみずみまで行って、次にみんなが来る時に気持ちよく給食の時間をむかえてもらえるようにしています」などの記述があった。これらの記述から、みんなの期待に応えるためには、自分の責任を果たしていくことが大切であると理解できたことがわかる。

3　分かったこと、新しく考えたこと、考えが変わったこと、これから
　の生活に生かしていきたいことを書きましょう。

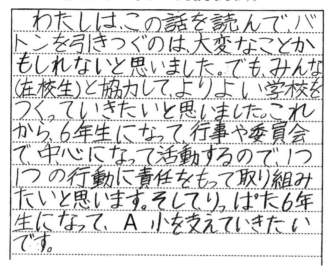

わたしは、この話を読んで、バトンを引きつぐのは、大変なことかもしれないと思いました。でも、みんな(在校生)と協力して、よりよい学校をつくっていきたいと思いました。これから、6年生になって行事や委員会で中心になって活動するので、1つ1つの行動に責任をもって取り組みたいと思います。そしてりっぱな6年生になって、A小を支えていきたいです。

図2　6年生のように責任を果たすこと

⑵自己の生き方についての考えを深めることができたこと。

　他者からの求めを感じられるだけでなく、その求めに応えられる自分になるための自己理解が深まる中で、道徳科の学習では、図3のように不安はあるけれども「6年生になるということをほこりに思ってすごしたい」という自分の生き方について考えを深める児童がいた。

　国語科で作成したリーフレットの記述においても、「バースデーカードをわたす人の気持ちも考えて、元気に明るい声で『おめでとうございます！』ということをより一そう心がけていきたい」、「ポスターを多くの人に見てもらい、作ったかいがあるしやりがいもある」、「今まで以上にこのしごとにほこりをもってとりくんでいきたい」のような記述が見られ、自己の生き方を深めることができた児童がいた。それぞれの学習内容をつないでいく中核にLL を据えたことにより、一層「自らの生き方を考える」という部分に焦点

3　分かったこと、新しく考えたこと、考えが変わったこと、これからの生活に生かしていきたいことを書きましょう。

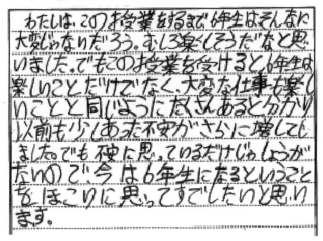

図3　将来の生き方につながること

化された実践となった。LL のプログラムによって、生き方について多面的・多角的に考えられる道筋をつけたことにより、自分の「役割と責任」に気付き、周囲の期待に応えていく自己の生き方を深めていくことへの一貫した指導が成立したことが理由である。

6. 課題

3つの教科等をつなぐ実践を行う上で大切なことは、4月に組んだ時間割を崩さずに、3名の授業者の共通理解を図ることであった。今回の LL 実践では、幸いにも授業開発への理解が得られたことが成果へとつながったが、専門性の高い複数の授業者で指導に当たり、児童の世界を広げて自己の生き方を深めていく LL 実践においては、他の教員の理解を得ることが課題であると考える。我が国の小学校における初めての LL 実践ということを考えると、この課題は想定内といえるかもしれないが、学校ごとに抱えている課題

や児童の実態などもあることから、共通理解へと向かう道筋は大きな課題であるといえる。

　次に、「各学校におけるカリキュラム・マネジメントの推進」が示されていることから、LL 実践において必要な複数の授業者は、地域の人材と協働することで開かれた教育課程の実現につながる。そのためには、事前に地域の人材をリストアップして一覧表にまとめておくことが有効であり、積極的に地域参画を推進していくことができるように、校内の校務分掌の改善が必要になってくることが考えられることから、この点も一つの課題として挙げておくことにする。

引用・参考文献

中央教育審議会答申（2016）「幼稚園、小学校、中学校、高等学校及び特別支援学校の学習指導要領等の改善及び必要な方策等について」

三村隆男（2020）「深い学び再考－Post COVID-19 を見据えて－」学校教育研究 No. 35、p. 16。

文部科学省（2018）『小学校学習指導要領（平成29年告示）解説　特別活動編』

文部科学省（2018）『小学校学習指導要領（平成29年告示）解説　総則編』

文部科学省（2018）『小学校学習指導要領（平成29年告示）解説　特別の教科　道徳編』

中学校における16年間のキャリア教育実践を振り返って
―キャリア教師の発達の局面から―

野崎倫子

Ⅰ　はじめに

　2004年度に進路指導主事となり、「キャリア教育」に出会い、退職まで広島県の中学校でささやかながら実践を重ねてきた。この度、2005度から2021度までの、実践を振り返る機会を頂くこととなった。学校現場での主となる実践を整理し、教師としてのキャリア形成と重ねることで微力ながらキャリア教育推進に貢献させていただければという思いである。教師としてのキャリアは退職した現在、第6局面に辿り着く。振り返って見ると、第3局面から第4局面に移行にかけての時期が、自らのキャリア形成の岐路にあったと考える。その時期は経験を重ねながらも、同時に悩みも抱えていた。

Ⅱ　キャリア教育以前

1．教師としての第3局面の課題

　次のような課題を抱えていた。

⑴生徒指導における課題：問題を起こした生徒を真に救うためには

　いじめの加害者となった生徒の一人が「本当は自分も素直に頑張りたいの

に、人をいじめるしかなかった」と告げたことがあった。

　この一言は衝撃的で今でも忘れることができない。生徒自身の道徳性の課題ともとれるが、対処的、未然防止的な生徒指導だけでは生徒を救えないことに気づかされた。

⑵学習指導における課題：教室の中にいる生徒全員が満足するためには

　問題を起こす生徒、学力的に厳しい生徒は、課題もよく見え、指導も日々なされている。そんな日常の中で、問題を起こさない生徒やおとなしい生徒が私達教師の指導に満足しているか不安であった。

⑶進路指導における課題：生徒一人一人に付けるべき力はどのような力か

　卒業者の追指導の際に、高校中退者が予想以上にいることがわかった。中学時代に問題を感じさせなかった生徒も中退している現実を受け、彼らの課題に気づけなかったことが悔やまれていた。

　丁度その時、キャリア教育との出会いがあった。上級学校への進学にとどまらず、キャリアという轍の捉えの中で自らの生き方を考えるキャリア教育の視点は、大変新鮮であった。

　特に、三村（2008）の「攻撃的であり破壊的なエネルギーの存在を認めつつも、それを創造的なエネルギーへと転換する努力が今求められており、その効果的な方策を具体的に示したのがキャリア教育である」という一文に出会い、非常に感銘を受けた。教育におけるエネルギー転換という考え方を持つに至った。キャリア教育に出会い、やっと、求める道に出会うことができたという思いであった。2005年 5 月、京都教育大学附属中学校の研修会に参加し、キャリア教育実践への第一歩を踏み出した。教師として20年を経過したところであった。

Ⅲ　広島県の取り組み

1．広島県の方針

　広島県教育委員会（2005）は、「キャリア教育」を「幼児児童生徒一人一人がその発達課題の達成を通して、将来、社会人・職業人として自立していくために必要な意欲・態度や能力を身に付けることをねらいとして行われる教育活動の総体」と位置付け、学校教育改革の施策「知・徳・体の基礎・基本の徹底」の柱の一つとした。

　文部科学省は2004年から「新キャリア教育プラン推進事業」を開始、広島県は尾三地域を中心に5か所のモデル地域を指定し、取組みを推進。又、2005年度は文部科学省の「キャリア教育実践プロジェクト」に取り組み職場体験の実施に着手する等、国のキャリア教育推進時期と軌を一にしてきた。

　当時、「キャリア教育」という概念は教職員にはなかった。『キャリア教育・進路指導に関する総合的実態調査（第一次報告書）』の32-33頁のデータによると、2005年度、中学校の学級担任の35％の認知であった背景を知ると無理もないと考える。

2．学習プログラム作成

　この時期のキャリア教育推進は、「職業観・勤労観を育む学習プログラムの枠組み（例）」（以下「キャリア発達に関わる諸能力」）を参考として4能力領域8能力を基本に実践した。

　これまでの教育界の資料や学習指導案の表現は「○○させる」という指導する側の教師の視点から示されることが多かった。この学習プログラムは「学習者が○○する」と表記されており、大変驚いた。これを参考に、「大竹市版の学習プログラム」を作成した。このプログラムのお陰で、各教育活動

を学習者中心の視点で捉え直すことができた。生徒が獲得できる力が明らかになり、教育内容の価値づけ、意味付けができるようになった。

Ⅳ　大竹市立小方中学校の取組み（2005年度〜2006年度）

1．小方中学校の背景

　小方中学校区は1中3小学校からなる。中学校は1学年2学級で、次のような課題を抱えていた。

⑴自己理解の面において

　「自分に良いところがありますか」という問いに対して広島県平均を下回り、自己の理解、自己を肯定的に捉える取り組みが必要であった。

⑵職業への理解について

　職場体験学習後（2006年までは2日間実施）の意識調査から、他者への理解は深まったが、職業に関する理解は充分深まらなかった。職業理解を深める学習が必要であった。

⑶学習意欲について

　学習面では、家庭学習へ取り組む生徒の割合が低く、学ぶ意欲を高める取り組みが求められていた。こうした課題について、キャリア教育を通して課題解決を図ることとなった。実践を効果的に展開するため、次のように、研究主題、研究仮説、重点となる4項目を定めた。

２．教育研究の取り組み

(1)研究主題

　研究主題は「自分と仲間を大切にする生徒、自ら学び成長しようとする生徒の育成～キャリア教育を視点にした教育活動を通して～」と設定した。

(2)小方中学校が受けた研究指定事業

　キャリア教育を通して課題解決を実現するため小方中学校は、次の三つの研究指定を受けた。

　【2005年度～2006年度】

　①大竹市教育委員会　小中連携におけるキャリア教育推進事業

　②広島県教育委員会　大竹市域キャリア教育実践プロジェクト

　【2006年度】

　③文部科学省　中学校５日間キャリア・スタート・ウィーク

(3)研究仮説

　研究仮説を「小中連携の基、体験的学習活動を中心としたキャリア教育を実践すれば、働くことと学ぶことの接点を広げることができ学習意欲が高まるであろう」とした。仮説と「キャリア発達に関わる諸能力」を参考に、重点となる４項目を次のように設定した。

　○自己肯定感の向上を含めた人間関係形成能力を育成する

　○職場体験学習等の体験的学習活動を通して働く事や、職業への理解を深める

　○働くことと学ぶことの接点を広げ、学習意欲を高める

　○卒業後の進路を切り開く資質を養う

　２年間の研究推進計画を立て、計画的に取り組むこととした。

3．キャリア教育の視点から教育課程の見直し

　2005年度より、系統的なキャリア教育の推進のために教育課程を見直した。総合的な学習の時間を中心に、キャリア教育の視点を明らかにした体験的学習活動を取り入れた。次に示す各学年の体験的学習活動を軸に3年間を見通したキャリア発達に関わる諸能力の育成を図った。

1年生：キャリアセミナー
2年生：5日間の職場体験学習、修学旅行での体験学習
3年生：上級学校訪問

4．異校種間連携によるキャリア教育推進事業

⑴小中連携の基本的な考え方

　小中連携を地域、学校を含め「生徒の成長を、共に見守る」という共通認識の基推進することとした。地域の教育力を基盤に、入学時における環境への適応に重点を置きながら教育活動を推進し、教職員の相互理解を深め授業の工夫・改善を進める取り組みを行った。

⑵小中連携における具体的な実践

　以下具体的実践を、教職員、児童・生徒、に分けて示す。

①教職員に対して

　授業の工夫・改善の取り組み、合同授業研修、相互乗り入れ授業研修、相互理解を深める取り組み、キャリア教育合同研修会、生徒指導・特別支援教育での連携、各教科との関連の明確化。

②児童・生徒に対して

　移行不安への対応、役割を通して、自己肯定感を高める等のかかわる力の

育成、望ましい勤労観・職業観の育成、出前授業（小〜中）（中〜小）、中学校体験入学、合同授業。

⑶小中高連携の基本的な考え方

　社会との接点となる、高校でのキャリア形成が円滑になされるよう、小中時につけておくべき力を明らかにして推進した。

①教職員に対して

・大竹市域版学習プログラムの作成（キャリア発達に関わる諸能力育成）

②生徒に対して

　キャリア・スタート・ウィーク事前指導（出前授業（高〜中）、ビジネスマナー（礼法）講座）

⑷異校種間連携の成果

　小中高連携キャリア教育を推進する為に教育課程を変更して取組んだ結果、生徒の自己肯定感の向上や働くことへの理解の深まり等一定の成果を得る事ができたと考える。

　キャリア教育推進について保護者の理解も得る事ができ、信頼される学校づくりに繋げることができた。

　また、授業の工夫・改善や移行不安への対応等小中連携も、教職員をはじめ、児童・生徒に対して教育的効果があったと考える。

５．中学生職場体験学習の取り組み（平成18年度 文部科学省 中学校５日間キャリア・スタート・ウィーク研究指定事業）

⑴研究テーマ

　連続５日間の職場体験学習が、生徒・教職員・保護者・事業所に及ぼす効

果をテーマとした。

⑵推進体制

　広島県教育委員会は中学生の職場体験学習が円滑に実施されることを企図して行政と学校と保護者、地域、事業所とともに推進委員会を設立した。これを受けて大竹市は「大竹市キャリア・スタート・ウィーク推進協議会」を立ち上げ、実施することとなった。

⑶職場体験学習の実施

　期間：8月21日～28日のうちの連続5日間

　参加生徒：4中学校生徒合計262名

⑷取組の内容

　大竹市キャリア・スタート・ウィーク推進協議会が中心となり、各学校の協力の基、全市共通の校内研修資料、事前学習資料を作成し足並みを揃えて取り組んだ。

⑸中学校職場体験学習の結果と考察

　中学校職場体験学習の事前事後で変容が見られた項目について述べる。

　まず、「自分の良さをいうことができる」について、事前と事後を比較すると、肯定的に捉えている生徒の割合は47.6％から72.3％に24.7ポイント増加した。「外での仕事が多く、つらいこともありましたが、5日間の体験をすべて終えたときには、とても達成感があり、何事も一生懸命に取り組めば必ずやり遂げることができると、自分に自信がつきました」と述べる生徒からは、職場体験学習で達成感を得た結果、自己肯定感の高まりがみられる。

　つぎに、「『働く』ということについて考えることができる」について、事前と事後を比較すると、肯定的に捉えている生徒の割合は67.4％から81.4％

に、14.0ポイント増加した。「私が職場体験中に心に感じたことは人とのふれあいがすごく大切だということです。高齢の方は人それぞれに違う接し方をしなければいけません。短い時間での習得はやはり難しい物がありました。人から『ありがとう』と言われるのがこんなにもうれしいこととは思いませんでした。優しく教えてくださったスタッフの方に本当に感謝します」と述べる生徒がいた。この生徒は、働くことを通して人とのふれあい、相手意識の大事さについて体験を通して学ぶことができていた。また、仕事における技術やスキルの習得には時間がかかることも理解したようである。感謝の気持ちの大事さに気づく等、働くことについて深く考えたことがわかる。

　また、「勉強することの大切さがわかる」について、事前と事後を比較すると、肯定的に捉えている生徒の割合は76.6％から83.8％に7.2ポイント増加した。「今できていないところが直せるように、勉強や部活、生活面を頑張って成人になる為に５日間学んだことを生かしていくようにしたいと思います」と述べる生徒がおり、職場体験学習で自分の課題を見つけ、学ぶ意欲に繋げた生徒もいたことがわかる。

　以上のように、生徒は、職場体験学習を通して変容が見られ、自己肯定感の向上、働く事への理解、働くことと学ぶことの接点を広げ、学習意欲を高めることができ、当初の目的を達成することができたと考える。

⑹小方中学校のキャリア教育実践を振り返って

　小方中学校での小中高連携、大竹市キャリア・スタート・ウィークの実践は、地域を巻き込みながら、生徒も変容し、保護者からの支持も厚く教育的効果も認められ、達成感とやりがいのある実践であった。特に当初、学校課題と捉えていたことが、異校種間連携の教育活動や、職場体験学習によって改善され学校への信頼へとつながった。

　第３局面までの課題についても、キャリア教育実践を通してかなり解決されたと感じた。一人一人の生徒に達成感を持たせたり、自己肯定感を高めた

りすることができる、具体的な実践を通して、展望が持てるようになったからである。私自身も第4局面への移行を果たすことが出来たと感じた。

6．隣接する市に異動して

2008年度から隣接する廿日市市に異動になった。大竹市での実践を基盤に、廿日市市キャリア推進協議会の一員として次のように取り組んだ。

(1)職業レディネステストの導入

職場体験学習の教育的効果をあげるため、職業レディネステストを全市的に導入した。事前指導で実施し、その結果の分析から、生徒が自己理解を深め、自らの課題に基づいた目標の設定ができるようにした。

(2)協力事業所や地域との連携

毎年2月に事業所の方を招いて、報告会を行った。当初は学校側からの説明が主であったが、5年経過後は、生徒発表、社会人や大学生に成長した生徒からの、職場体験学習の振り返りなどを取り入れた。また、地方FMラジオ局から職場体験学習中にパーソナリティの方にエールを送ってもらい、地域の方から激励のファックスをいただく等、双方向の連携に努めた。

この様な取組みの結果、新規の協力事業所も増加し、教育委員会を中心とした組織的な取組の土台を整えることができたと考える。

丁度この時期は、校内において初任者の指導教員、廿日市市内の学力向上に係るプログラムの事務局を兼ねていた。若手、ベテラン教職員と関わる中で、学校経営を通して、総括的にキャリア教育を推進し、人材育成に携わりたいと考えるようになり、管理職を志した。その後は、管理職として、キャリア教育の視点で人材育成を行う等、生徒のキャリア形成、自分も含めた教職員のキャリア形成に力を注ぐこととなった。

廿日市市の7年間の勤務の間に私は教師のキャリア第4局面から、第5局

面へと移行を図ったことになる。

Ⅳ　キャリア教育推進を終えて

1．キャリア教育推進における能力の変遷

　2005年度から、2021年度までの実践の中で一番大きな変化として、キャリア教育で育成する能力の諸能力から基礎的・汎用的能力への変化が挙げられると考える。また、広島県においては、2023年度入試から高校入試改革が行われ、キャリア教育推進においても大きな変化があった。これらについて、私見であるがまとめてみる。

⑴「キャリア発達に関わる諸能力」の活用

　4領域8能力を軸に作成された学習プログラムは、教科や行事との関連を図ることができ、教育内容の、価値づけ、意味付け等に非常に効果を発揮した。小方中学校での実践も大竹市版学習プログラムを作成したことで、各校種の教職員が共通理解を深めながら実践できたと考えている。

⑵移行における戸惑い

　2011年に基礎的・汎用的能力が登場するが、登場の唐突感は否めなかった。
　基礎的・汎用的能力は、時代の求めに合っており、今後の方向性を示していたと感じている。しかしながら、基礎的・汎用的能力は一つの能力の中に、関連した様々な能力が絡みあっており、逆に大きな枠組みになっているという印象を受けた。若い世代の教職員は、「キャリア発達に関わる諸能力」4領域8能力の経緯を知らない為、基礎的・汎用的能力育成だけではキャリア教育への理解が難しい場面もあった。

(3)対応が難しかった点

　特に次の2点で対応が難しいと感じた。1点目は将来設計能力の中の役割把握・認識能力をキャリアプランニング能力の一つと捉えにくいと感じたことである。役割を通して他者と関わることは、学校生活において日常的な場面で生じており、生徒も分かりやすかった。役割という存在が見えにくくなったことで、他者との関わりの目安が捉えにくくなったと感じた。

　2点目は、人間関係形成能力に位置づいていた自他の理解能力という言葉がなくなり、自己理解、自己管理能力となった点である。生徒が他者理解という概念を持ちにくくなり、他者理解と自己理解とを連続したものとして捉えにくくなる傾向があった。

　生徒の職場体験学習等の事後の意識調査等では、他者理解を経て、自己理解を深めるという傾向が強かったと経験知で把握していたので、自己理解の前段階となる他者理解が捉えにくくなったことは残念であった。

(4)発達過程（評価指標）について

　諸能力には発達過程（評価指標）が示されていたが、基礎的・汎用的能力には示されていないこともあり、小中連携等の流れの中で、系統的に捉えることが難しくなっていった。

(5)広島県公立高校入試改革に向けて

　広島県教育委員会から、「広島県の15歳の生徒に身に付けておいてもらいたい力」として次の3点が示され、本県において、再びキャリア教育推進、生徒一人一人へのキャリア形成に注目が集まることとなった。

・自分自身のことを理解する「自己を認識する力」
・自分の夢や目標、やりたいこと等について、自分で考え、選択し、自らの意志で決める「自分の人生を選択する力」
・自分自身のことや自分の意見等を、相手に理解してもらえるように、相手

や場面に応じて、工夫しながら伝える「表現する力」

　勤務校においては、生徒一人一人のキャリア形成に重点を置き、キャリアプランニング能力育成に焦点化して取り組むこととした。

⑹今後に向けて

　生徒の実態、地域の実態を踏まえて基礎的・汎用的能力を、深く掘り下げ、生徒の実態に合った能力育成をめざし、優先順位をつけながら、生徒一人一人のキャリア形成に生かすことが求められると考える。

２．キャリア教育実践から得たもの

　これまでのキャリア教育推進のキーフレーズとして常に携えていた語句が次の３つであった。

⑴「生きるエネルギー」

　生徒が持ち合わせている潜在的なエネルギーを、キャリア教育を視点とした教育活動により、プラスのエネルギーに転換させ、彼らが自分たちのキャリアを切り拓くためのエネルギーにできると考えた。

⑵「役割を通して他者と関わる」

　役割を果たすことは他者とよりよく関わる手立てということを生徒が理解し、人間関係を構築する土台を確認できた。生徒も役割を通して学級の一員としての仕事に携わり、人間関係を築けるように成長していった。

⑶「自分の人生のストーリーの主人公に」

　進路指導において一人一人の生徒が自分を主人公として考え進路選択をするようになった。また、「あなたはどうしたいの？」「本当はあなたはどうしたかったの」と自らを主役として問いかけることで、生徒は自ら課題を解決

する道を見つけるようになった。

　こうしたキーフレーズを軸としながら、実践することで、当初抱えていた課題を克服し自らのキャリアも形成することができたと考える。

　最初に述べた通り、課題を抱えながらの教師としてのキャリアであったが、キャリア教育に出会えたおかげで、第6局面まで来ることができたと考えている。様々な教育活動をご指導してくださった三村先生、共に実践してくれた教職員の方々、温かく見守り協力して下さった地域の皆様に心より感謝を申し上げたい。

引用・参考文献

広島県教育委員会（2005）広島県教育資料。

広島県教育委員会（2019）「広島県の15歳の生徒に身に付けておいてもらいたい力」に対応した小学校、中学校等における教育活動の充実のための参考となる資料（令和2年11月）。

三村隆男（2008）新訂キャリア教育入門、実業之日本社、p. 3。

三村隆男（2013）教師というキャリア、雇用問題研究会。（以下の邦訳、Steffy et al,. (2000). Life Cycle of the Career Teacher, Corwin, a joint publication with Kappa Delta Pi.）

文部科学省（2011）中学校キャリア教育の手引き。

高等学校におけるキャリア教育の可能性と限界
—10年間の高校教師キャリアの中で—

小境幸子

1. はじめに

　2005年に商業高校の進路指導主事となった。卒業後ほとんどの生徒が就職をする商業高校では実社会との繋がりが強く、進路指導もそれを意識した取り組みが求められた。とにかく目の前の生徒達を社会に送り出すに当たって、実社会でうまく生き抜き、一人一人が納得のいく人生を歩んでほしいとの一心だった。そのころ出会ったのが、キャリア教育という概念だった。

2. インターンシップの導入

　商業高校で2年生全員による5日間のインターンシップを導入した。この導入から実践までの間に見えてきた教師側の意識の変容について着目する。インターンシップの目的を「望ましい職業観・勤労観の育成」と設定した。この目的の背景には、勤労観・職業観が希薄で、将来の展望も見いだせず安易な進路選択により、就職はしたものの離職してしまう生徒たちの現状があった。教師たちは、このような生徒たちに高校在学中に職業生活の実際を体験させることは、職業観、勤労観の育成のみならず、卒業後の社会人としての生活上、問題が生じた際に主体的に問題に取り組めるような姿勢を身に付けさせることになるのではないだろうかと考えた。準備段階の議論の中では、まず全員に実施というのが争点になった。受け入れ事業所に迷惑をかけるようなことをする生徒もいるのではないか、それによって求人に影響がでない

だろうかなど全員実施に対して不安を感じる声が上がっていた。しかし、議論を進めていくうちに、育てたい生徒像が浮かび上がってきた。それは、地域社会で活躍できる人材、社会で貢献できる人材である。当時の校長はそれを端的に「税金の払える社会人」と表現していた。育てたい生徒像が一致すると、自ずと対象は全員と決まった。議論していく中でそれまで漠然としていたインターンシップを通して育てたい生徒像が明確になり、インターンシップに対する教師側の意識の変化が見られた。インターンシップの事前学習は従前の進路学習を組み入れ再整備したものであったが、インターンシップというゴールが見えていたため学習活動も充実し、効果的であった。目標を設定することによって指導する教師側も取り組みやすくなった。

　事前学習の中で新たに開発した学習方法のキャリア学習2「働くを知る」は、「働く」ことを考えることを通して、自己理解を促進し、自己効力を育成することを目的とした授業である。教材として使用した前年度の「インターンシップ記録集」の中の先輩の体験談やグループワークでの他者の考えを知ることにより、「働く」ことに関して新たな気づきが生まれた。その気づきを自分の中へフィードバックし、「自己理解カード」へ記入し、言語化することにより、それまで漠然としていた「働く」ことについての考えが明確になった。それは、新たな気づきにより自己理解が促進され、同時に今後の自己の発達課題が発現したことでもあると考える。

　事前学習に使用した「インターンシップ記録集」の教材としての効果は2点考えられる。1つは、身近な先輩の体験談に触れることにより親近感が湧き、「働く」ことに対する考えが内面化しやすい点である。もう1つは、生徒たちは「今度は自分たちが体験談を書き、それを後輩たちが見ることになる」ということに気づき、そのことによりインターンシップが充実し、体験談が充実していくという「インターンシップ記録集」を仲立ちとした良い循環を作り上げることができる点である。

　インターンシップ期間中の各職場での生徒たちは普段の学校生活では見せ

ない面を見せていた。学校ではぶっきらぼうで教師に対して斜めに構えているような印象の生徒がインターンシップ先の職場では生き生きと働いていたなどと教師間で話題となり、学校で教師に見せていた面は一面に過ぎないことに気付かされることになる。それにより、生徒とのかかわり方が変わってきた。また、地域の人と関わることで、教師自身が地域を知り、社会を知ることとなった。

　事後の教師の総括の中に「インターンシップ後穏やかになった生徒もいる。達成感が自信に繋がっている」「インターンシップ前よりもきちんとやっている姿が目立つようになった」「進路について前向きに考えるようなった」など生徒の変容を実感できた発言があった。また、受け入れ事業所の対応が熱心で、仕事に対する指導のみならず、人生の先輩としての話をしてくれたケースもあり、企業の社会貢献度の大きさを教師が知る機会にもなった。インターンシップが「生きること」「働くこと」を生徒に考えさせる機会となり、主体的に進路選択する態度を身に着けさせるものと教師が捉えているのがわかる。教育は学校内で行われるものと思っていた教師の考えが、地域の人材等と連携し協力する「チーム学校」の考えを持つようになっていった。インターンシップがもたらした影響は生徒だけでなく、教師側も対生徒、対社会に対する意識の変容をもたらせるものとなった。

　このインターンシップ導入の経験から、進路指導、キャリア教育に強く興味を持ち、大学院でキャリア教育について学ぶこととした。

3．大学院での学び

　2008年教職大学院に進学した。そこでインターンシップの実践は理論を裏付けとして論文にまとめることが出来た。更に、PDCA サイクルや学びの共同体など新しい教育手法に触れ、特別支援教育やカウンセリング技法、教育行政の動きなどについても学んだ。また、様々な校種、地域の教師たちと交流することで視野が広がった。そして、様々な研究会で発表の機会を得て、

今までの実践をまとめることもできた。学校現場だけでは得られない学びを習得し、特にキャリア教育の学びは学校現場に復帰後も大いに生かされた。

4．学校現場でのキャリア教育実践

4-1　学年運営

主体的に学ぶ重要性、方策を大学院で学び、それを学校現場で実践していった。PDCA サイクルを学年運営に取り入れた。学年主任として 3 年間の学年目標を設定し、学年の教師達と指導方針を共有した。生徒には遠足、体育祭、文化祭などの行事の際には PDCA サイクルを取り入れた活動を実践した。事前指導として、行事の目的、全体の目標を明示し、生徒個人には各自の目標を設定させた。事後には各自の目標に対する評価、全体の目標に対する評価の振り返りを行った。それにより生徒が主体的に行事に取り組めるようになり、教師も目的、目標があることにより生徒と関わりやすくなっていった。更に教師間のコミュニケーションも共通の話題があることで深まり、行事ごとに生徒の成長が確認できるようになっていった。教師も生徒と同様に各行事に対して主体的に取り組めるようになっていった。年度末には 1 年間の学年の指導の振り返りも行った。終わったことをそのままにせず、多様な経験を経て、今の自分があることを自覚させた。キャリア教育の理論から学んだことである。

4-2-1　知識構成型ジグソー法

定年退職の年であった2017年に埼玉県が東京大学 COREF と共同研究していた協調学習の知識構成型ジグソー法（以下ジグソー法）の研究開発員となった。当時の教頭は「後輩のために学ぶ姿勢を見せてほしい」と研究開発員になることを勧めた。そこで若い教師たちとジグソー法について学び、教科の授業や進路学習でジグソー法を用いた活動を取り入れた。生徒の学習が活発になり新たな学習方法の一つであると実感した。その年は他校と比較して

も多くの教師たちが研究開発員となった。研究発表の際の指導講評でも定年の年の教師が参加していることで他の教師たちの刺激なっていると評価してもらえた。

　人はもともと他人と自分の違いを活かして他人から学ぶ、自分の考えていることを他人に説明してみて自分の考えを変えていく力を持っている。それらの力を活用したのがジグソー法である。活動は次の5つのステップからなっている。

　1　提示された問いに対する自分の答えを考える。
　2　問いについて考える手がかりを部品として与え、自分の考えをグループの中で言葉にしていく（エキスパート活動）。
　3　別のエキスパートの部品を担当した人とのグループで部品を統合して、課題にアプローチする（ジグソー活動）。
　4　それぞれの考えに対する意見交換（クロストーク）。
　5　自分なりの答えを作る。

　この最後の答えが最初の答えとの違いによって「イノベーション」が引き起こされる。また、自分の考えを人に伝える「コミュニケーション能力」、他者との話の中で自分の考えを進める「コラボレーション能力」などの「21世紀型スキル」の学習も含まれる。この学習方法は主に教科の学習で用いられているが、進路学習にも活用できる。以下が2年生での進路学習の実践である。

4-2-2　ジグソー法を活用した進路学習

⑴目的

　学問について知る体験授業により得た情報を言語化し、伝えることで進路選択のモチベーションを高め、進路を考える力を養い、主体的に進路選択する資質・能力育成につなげる。

(2)方法

　進路学習を2回に分けて実施。

　1回目は、「ひたすら世界を広げる！」をテーマに大学生によるワークショッを体験する。このワークショップの目的は以下の3つである。

　① 　大学生活について知り、大学を身近なものとして捉え、進路を考え、モチベーションを高める。

　② 　体験授業により「学問の面白み」を体感し、学ぶことへの情熱を持たせる。

　③ 　主体的に進路を考える力を養う。

　事前に調査し振り分けた以下の5つの学問分野に生徒は分かれ、その面白みを体験できる大学生のワークショップに参加する。

1．「集団をいかに動かすか」
（社会科学：経済・政治・法・社会など）
　　世の中の仕組みを知り、良くするためには、その中の人々がどのように考え、行動するかを考える必要がある。「貿易ゲーム」を通じて、国や経済がどのように動くかを実体験する。

2．「人の心を動かす物語」
（人文学：文学・哲学・美学・歴史など）
　　「あなたの好きな物語はなんですか？どこに心を惹かれますか？」ごく短い小説を途中まで読んで、その後の展開をグループで考える。物語の魅力を体感し、そこから人の心を動かす文学、文化や哲学の魅力を考える。

3．「新しいものを生み出す」
（応用化学：工学・化学・生物・建築・医学など）
　　「こんなものがあったらいいな」という願いはたくさんあるが、新しいものを作るときに、全部の願いを完璧に聞くのは無理。折り合いを付け、いかに実現していくかがモノ・つくりの面白さ。スパゲッティクワーを建てる建築ゲームを通して考えてみる。

4．「日常の中の不思議を解き明かす」
（社会学・メディア・心理・教育など）

社会でどのように情報が伝わるか。どうして根も葉もない噂が生まれてしまうのか。この疑問について、「ハイレベルな伝言ゲーム」を体感することで解き明かす。何気ない日常生活の中にある、「よく考えてみれば不思議なこと」の謎を探る。

5.「違いを乗り越える」

(外国語・国際関係・比較文化・看護・介護など)

言語の違い、文化の違い。そんなものを乗り越えて、自分と違う誰かと触れ合えたら、もっと面白いと思わないか？「英語伝言ゲーム」を通じて、伝わらないもどかしさと伝わった時の喜び、違う相手との向き合い方を体感する。

2回目は、「情報をシェアーしよう！」をテーマにジグソー活動を取り入れた進路学習である。目的は以下の3つである。

① ワークショップで得た情報を伝え、進路に対するモチベーションを高める。

② 学ぶ事への情熱を持たせる。

③ 主体的に進路を考える力を養う。

進路ジグソー活動の1つ目のエキスパート活動は前回のワークショップの体験から「学問の面白みは何か」の問いに対する自分の答えを考える。2つ目は、問いについて考える手がかりを「知学考行」と言う4文字を使い、自分の考えを構築していく。3つ目は別のワークショップを体験した3人で1グループとなり、自分の体験したワークショップの説明とそこから考えた「学問の面白み」を発表し、グループで考えを統合し、漢字1文字でまとめる（ジグソー活動）。4つ目がそれぞれのグループの考えを発表し、それに対する意見交換をする（クロストーク）。5つ目が自分なりの答えを再び漢字1字を選びまとめる。この生徒の活動の間、教師はファシリテーターとなりクラス全体の様子を観察し、進行していく。

生徒達は、大学生とのワークショップを体験し、大学生を身近に感じ、高校の先生や大学の先生でもなくちょっと年上の先輩の話で大学での学びを素直に理解したようである。そして、ジグソー活動を取り入れたことによって、

従来の進路ガイダンスでは受け身であったが、他者に情報を伝える使命を持ったため、ワークショップの受け方も主体的にならざるを得なくなった。また、情報を伝えるためのコミュニケーション能力も要求された。

　本実践で使用した「知学考行」という言葉は校長が全校集会の講話の中で生徒達に教えた言葉で、生徒たちにとっては既知の共通の言語となっていた。このような身近な言葉を使って、「学問の面白み」についての考えを話し合う言語活動だったため、ジグソー活動やクロストークが円滑に進み、一人一人の考えが深まった。これは、三村（2008）のキャリア教育の6つの活動の構造モデルにあてはまる。生徒達は、大学生とのワークショップという啓発的経験、ジグソー活動による言語活動を通して、自己理解、進路情報の理解を促進させ、資質・能力を育成しながら、それが主体的な進路選択へとつながっていった。ジグソー活動の進路学習をした生徒達は3年生に進級後、各自の進路を決定していく活動の中でこの経験は生かされ、自分の進路を真剣に考えていく姿勢が見られた。

　この進路学習の後、1学年の進路体験授業でもジグソー活動を取り入れ、進路学習の新しい手法が受け継がれたのも成果の1つである。

　生徒達は、ジグソー活動に生き生きと取り組んでいた。中学校時代にグループ学習は経験してきており慣れている様子だった。慣れていないのは高校の教師で、担当した教師たちには、当初かなりの戸惑いが見られた。しかし、活動が始まると生徒達がスムーズに動いていたため、その活動を見守り、ファシリテーターとしての役割を担っていた。高等学校学習指導要領の第5章特別活動の目標に「自主的、実践的な集団活動を通して身に付けたことを生かして、主体的に集団や社会に参画し、生活及び人間関係をよりよく形成するとともに、人間としての在り方生き方についての自覚を深め、自己実現を図ろうとする態度を養う」を掲げ、また内容の取り扱いでは「学んだことを振り返りながら、新たな学習や生活への意欲につなげたり、将来の在り方生き方を考えたりする活動を行うこと」としている。本実践は学習指導要領の

特別活動の目標に合致している。故に教師の心理的な抵抗感を除き、今後もこのような協調学習の手法を用いた進路学習を取り入れていくことが必要であり、また課題であると考える。新しい教育手法を身に付け、実践することは教師のスキルアップにもつながる。

4-3　IDEAゲーム

　大学院でIDEAゲームについて学んだ。IDEAは「Impromptu Debate-like Enlightening Argument」の頭文字で、「即興の、ディベート的な、理解を深める、論争」という意味で、三村教授が開発した教育手法である。従来のディベートとの違いは、それを聞いていた人（聴衆）の意見を、どれだけ多く自分たちの側に変化させられるかを競いながら、テーマについての理解を深めさせる点である。

　高等学校学習指導要領の総合的な探求の時間の目標は、「探究の見方・考え方を働かせ、横断的・総合的な学習を行うことを通して、自己の在り方生き方を考えながら、よりよく課題を発見し解決していくための資質・能力を次のとおり育成することを目指す」とし、「(2)実社会や実生活と自己との関わりから問いを見いだし、自分で課題を立て、情報を集め、整理・分析して、まとめ・表現することができるようにする」とある。また、国語表現の目標は、「言葉による見方・考え方を働かせ、言語活動を通して、国語で的確に理解し効果的に表現する資質・能力を次のとおり育成することを目指す」とし、「(2)論理的に考える力や深く共感したり豊かに想像したりする力を伸ばし、実社会における他者との多様な関わりの中で伝え合う力を高め、自分の思いや考えを広げたり深めたりすることができるようにする」とある。IDEAゲームは、総合的な探求の時間では「(2)」の能力を、国語表現では「(2)」の能力を育成する活動となり、どちらでも実施は可能である。

　生徒たちはIDEAゲームを通して、聴衆を説得するための論理的な思考力の大切さ、的確に効果的に伝える難しさを体感した。チーム内で検討して

いる時には、自分の考えを持ち、他者の考えを知ることにより自分の考えが深まるのを感じる。個の活動から集団の活動を経て、個の活動へと戻り思考を深めていく。討論をしている時には、相手を説得するためには客観性・具体性が必要であることも知る。そのためには情報収集が大切であることも知る。これらの過程は小論文を書く際にも生かされる。総合的な探求の時間、国語表現で IDEA ゲームを経験し、そこで表出した課題を小論文作成の次の学習へとつなげていくことができる。

5．まとめ

　体験から考えさせ、経験へと昇華させる啓発的経験は生徒も教師も同様である。自分の役割を果たして活動すること、つまり「働くこと」を通して人や社会にかかわることになり、そのかかわり方の違いが「自分らしい生き方」となっていく。社会の中で自分の役割を果たしながら、自分らしい生き方を実現していく過程を「キャリア発達」という。（2011年　中教審答申）これは児童、生徒だけでなく、教師にも当てはまる。学校は閉塞した場だが、社会は変化している。その時々を生きている生徒たちに対応するために教師は学び続け、「キャリア発達」しなければならない。

　教育活動の成果は学校教育の中で終結するものではなく、その後の職業人としての人生にも深くかかわるものであると教師が自らのキャリア発達と考えあわせ認識することが必要ではないだろうか。

参考文献
三村隆男（2008）『キャリア教育入門その理論と実践のために』実業之日本社.

高等学校におけるキャリア教育の実践

鈴木光俊

1．はじめに

　1999年12月の「初等中等教育と高等教育との接続について（答申）」において、学校生活から職業生活への移行について、「キャリア教育」の重要性が述べられた。また2009年3月に告示された高等学校学習指導要領に、「キャリア教育」という言葉が初めて明示され、今年度が15年目となる。

　私がキャリア教育に出会ったのは、専門学科高等学校に勤務していた1999年頃のことであった。卒業後は社会に出ていく生徒が多い中、「現実の社会と自分の希望（イメージ）に差があり、しっかりと進路を見つめられない者が多い」[1]という課題が指摘されており、生徒たちに在り方生き方を学ばせる新しい取組みに関与したことに始まる。

2．「総合的な学習の時間」におけるキャリア教育

　1998年7月の教育課程審議会答申「幼稚園、小学校、中学校、高等学校、盲学校、聾学校及び養護学校の教育課程の基準の改善について」は、「自ら学び自ら考える力などの［生きる力］は全人的な力であることを踏まえ、国際化や情報化をはじめ社会の変化に主体的に対応できる資質や能力を育成するために教科等の枠を超えた横断的・総合的な学習をより円滑に実施するための時間を確保すること」[2]を「総合的な学習の時間」創設の趣旨の1つに掲げた。そして1999年3月に告示された高等学校学習指導要領に、「総合的な学習の時間」が位置づけられ、その学習活動の1つとして、「自己の在り方

生き方や進路について考察する学習活動」[3]が例示された。

　当該学習指導要領が、2003年4月1日以降高等学校の第1学年に入学した生徒に係る教育課程から適用となることを踏まえ、私が勤務していた高等学校では、「総合的な学習の時間」を先取り、それを自己実現に向けた取組を実践する時間と位置づけ、2000年度より試行を開始した。以下にその概要を述べる。

　2000年度は、学校設定科目「総合（ライフプラン）」という型で実施したが、2001年度より正式に「総合的な学習の時間」、校内における名称：「ライフプランⅠ・Ⅱ・Ⅲ」とし、以下の通り実施を開始した。

(1)目標及び実施内容
①「ライフプラン」の目標
　ア　自己を理解し、社会を知り、様々な課題を解決していくことにより、主体的にライフプランを作成する能力や態度を育成する。

　イ　諸地域の自然・文化・産業・職業を研究することで、幅広い学び方や調べ方を身につけさせ、自ら進んで物事に取り組む態度を育成する。

　ウ　他者を理解し、仲間と協力することを通して、広い視野に立って創造的に物事を考えることのできる能力や態度を育成する。

②実施内容
　ア　1年次：自己理解
　・単元を学習することを通して、「学び方・調べ方」を身に付ける。
　・社会文化事業所見学・体験学習を通して、産業と職業を考える。

　イ　2年次：進路選択
　・進路実現に向けた具体的な知識・能力を身に付ける。
　・自己理解を図り、職業に関する適性を考える（体験学習）。
　・他の地域を研究することを通し、視野を広げる。
　・資料をまとめる能力及びプレゼンテーションする能力を身に付ける。

・総合的な知識を集約させる必要のあるライフプランを考える。
ウ　3年次：進路実現
・ロングホームルームとの連携に留意し、進路実現の糧となる学習を行なう。
・ライフプラン作成によって、生徒に人生観・生き方を意識する。人生における自らの課題を見付け、課題解決のための調査研究を行なう。
③指導形態の工夫
　効果のある指導形態を追及するために、一斉授業、小集団学習、個別学習に分類し、その効果を検討した。
④評価の工夫
　「総合的な学習の時間」の評価及びその指導要録への記載については、生徒にどのような力が身に付いたかを文章で記述する等、従前の記録方法とは異なった方法で記録することが求められた。そこでパフォーマンス評価、個人内評価、目標準拠評価の3つの評価方法を設定し、実施した。通知表への記載は、1・2学期は目標準拠評価及びパフォーマンス評価、年度末は1年間を総括し、文章による評価とし、個人内評価をこの評価の中に反映させた。また、通知表及び指導要録に記載する文例を作成し、担任は各学年担当等と協議の上、文例とそれに基づく生徒の自己評価等を参考に、記載文章を作成した。

3．「専門学科」におけるキャリア教育

　私は22年間にわたり、教科「水産」を指導する高等学校において教育活動を実施してきた。いわゆる「専門学科」であり、その教育課程は卒業後中堅職業人となることを目標として設定されており、産業教育（職業教育）を施す教育機関に位置付けられている。産業教育（職業教育）とキャリア教育は重複する部分が多いと言われており、文部科学省（2004）は、「職業教育とキャリア教育は、ともに将来の職業や仕事と深くかかわって行われる教育活

動であることから、両者の活動内容や目標等に様々な共通点がある。その意味で、職業教育における取組は、進路指導とともにキャリア教育の中核をなすものである」[4]と示し、その共通性に着目している。

　専門高校は普通高校に比べ、実験・実習の占める割合が多い。その中でも教科「水産」のみに実施されている特殊な例として、実習船を活用した乗船実習がある。そこで1学年生徒に実施する乗船実習「基礎航海学習（学校を離れ実習船で集団生活をしながら、実施される7日間の乗船学習）」の取組みに着目し、キャリア教育の視点における効果性を分析・考察した。以下にその概要を示す。

(1)研究の方法
①質問紙調査（プリーポストー遅延）
　ア　キャリア教育の視点における学習効果テスト
　イ　進路自己効力テスト高校生版（白石・三村、2002改編）[5]
②インタビュー調査（半構造化面接）
③日誌様式の改編及びその使用

(2)研究結果に基づく考察
①質問紙調査の総合的考察
　　インタビュー調査及び日誌記述の内容の分析と、質問紙調査の結果による因子得点との関係を考察し、次の4つの課題を示した。ア　意志決定能力及び進路計画因子において、「選択能力」に関する発言が抽出できなかったこと。イ　進路情報因子において、基礎航海学習では進路情報が限られてしまうこと。ウ　自己理解因子において、自己の興味関心、進路希望の理解と言う点で不十分だったこと。エ　進路計画因子において、自己実現に向けた計画立案を行うと言う点で不十分だったこと。
②日誌による自己理解の深化とキャリア教育の効果

　日誌への記述内容の分析結果から、4つのカテゴリー（社会生活、職業生活、集団生活、船内生活）ごとに生徒の記述内容を分類し、基礎航海学習の特徴を考察した。また自己理解の深化について性格、興味、意識という3つの観点で分類した結果、自己理解が深化したと考えられたが、基礎航海学習終了後も生徒の発達段階に応じた長期的プログラムが必要になることが示唆された。さらに勤労観、職業観の育成については、産業教育及び啓発的経験という2つの観点から、勤労観の育成という点では若干不十分なところがあるが、概ね勤労観、職業観の育成への一助をなしているものと考えられた。

③基礎航海学習におけるキャリア教育の効果性

　日誌への記述から見た基礎航海学習の効果として、学習内容の広がり、自己理解の深化及び勤労観、職業観育成の3点が明らかになった。さらに基礎航海学習が持つ特殊環境について、インタビュー調査による生徒の発言の分析から、船内におけるさまざまな学習、実習、作業を通して、果たされてきた役割取得・役割達成の要因として、特殊な環境が無視できないことを考察し、それが感動体験を生起させることを示した。

4.「総合学科」におけるキャリア教育

　私は、2018年7月21日に実施された「早稲田キャリア教育研究会」で、米国カリフォルニア州で拡大しつつある学習アプローチ、LL（Linked Learning）の概念を、初めて三村隆男先生より御教示いただいたことが、新しいキャリア教育実践に結び付くきっかけとなった。

　三村（2020）はLLについて、「LLが包含するLinked（つながった）は、教育内容としては、教科と教科をつなぐと同時に、教科と職業をつなぐ、また米国の例ではあるが、学校を取り巻くNPOや事業所、大学もつなぎ、「社会に開かれた教育課程」の実践例でもある」[6]と述べている。また三村（2020）は、「深い学びとは、カリキュラム改善により各教科等を関連付け、見方・

考え方を働かせ児童生徒の将来につながる学びを創造すること」[7]と捉え、合科学習の重要性を指摘している。加えて LL を実践しているカリフォルニア州のカリキュラムの特徴として三村（2020）は、「175あった職業に関連する教科を15の産業分野（Sector）に分け、さらにそれぞれの職業の教科学習領域を58の pathway で示した」[8]と説明しており、産業分野（Sector）と教科学習領域（pathway）の存在を指摘している。

　高等学校におけるキャリア教育の実践は、イベント的な取組に終始している傾向にあり、継続的な教科学習内のキャリア教育はほとんど進展していないと言える。しかし現在の職業の高度化により、教科学習内の対応は不可欠である。

　以下に私が勤務した都立総合学科高等学校における LL の実践について述べる。

⑴総合学科高等学校について

　総合学科高等学校が初めて設置されたのは1994年度で、今年度が30年目となる。文部科学省はその特色として、「①将来の職業選択を視野に入れた自己の進路への自覚を深めさせる学習を重視すること。②生徒の個性を生かした主体的な学習を通して、学ぶことの楽しさや成就感を体験させる学習を可能にすること」[9]の2点を挙げており、キャリア教育を教育活動の軸としている校種である。

⑵総合学科における教育課程の特色と LL 導入の考え方

　総合学科における教育課程の特色は以下の通りである。
　①キャリア教育の充実（各種検査、専門家を招いての進路講演会、キャリア面談等）
　②「産業社会と人間」の授業（必履修科目、自己理解、職業理解、上級学校訪問等）

③系列に基づく科目選択（**表1**参照）

④多様な選択授業（自分だけの時間割、100種類を超える選択科目等）

⑤探究学習の推進（ゼミ形式による対話的な学習、論理的思考、プレゼンテーション等）

表1　都立総合学科高等学校における系列の一例

系　　　列	学　習　項　目
①社会・教養系列	①一般教養
②情報・デザイン系列	①情報処理　②グラフィックス
③国際・文化理解系列	①異文化理解　②語学
④ライフデザイン系列	①家政　②福祉　③看護　④生涯スポーツ
⑤環境・サイエンス系列	①環境　②自然科学
⑥ものづくり系列	①美術　②工業

　LL の概念を総合学科における特色に置き換えてみると、産業分野（Sector）が「系列」、教科学習領域（pathway）は各系列に設定されている主たる学習項目に当たると考えられ、さまざまな校種の中でも総合学科は構造的に LL を導入しやすいと考える。

⑶教科横断型授業の位置づけ

　2018年3月に告示された高等学校学習指導要領総則第2款2「教科等横断的な視点に立った資質・能力の育成」に、「①各学校においては、生徒の発達の段階を考慮し、言語能力、情報活用能力（情報モラルを含む）、問題発見・解決能力等の学習の基礎となる資質・能力を育成していくことができるよう、各教科・科目等の特質を生かし、教科等横断的な視点から教育課程の編成を図るものとする。②各学校においては、生徒や学校、地域の実態及び生徒の発達の段階を考慮し、豊かな人生の実現や災害等を乗り越えて次代の社会を形成することに向けた現代的な諸課題に対応して求められる資質・能

力を教科等横断的な視点で育成していくことができるよう、各学校の特色を生かした教育課程の編成を図るものとする」[10]と記載されており、高等学校現場には教科横断的な視点を活かした教育課程の編成が求められている。したがって、LLの概念を学校教育の現場に導入することは、学習指導要領の実現にも直接結びつく。

⑷教科横断型授業の実践

①「国語科」「公民科」「外国語科（英語）」における教科横断型授業の実践例

　　上記3教科の若手教員3名が、教科横断型授業プログラムを開発し、研究授業として一般教員に供した。本報告では、そのうちの一つ、「村上春樹『パン屋再襲撃』を教科横断的に読み解く」について詳述する。

　ア　単元（題材）名・使用教材

　　「村上春樹『パン屋再襲撃』を教科横断的に読み解く」

　　（小説　村上春樹「パン屋再襲撃」）

　イ　単元（題材）の目標

　　難解な文学作品を日本語・英語で比較して読み、文化的背景を踏まえて教科横断的に解釈して理解を深める実践をとおして、物事を多角的に分析する視野を涵養するとともに、知識を活用して課題に対応することができる。

　ウ　授業の指導観

　　教科横断的な学習の意義とは、まず国語科、社会科、外国語科の3教科の視点（angle）を獲得できることである。また、1つの作品を3教科の視点（angle）から見ることで、物事を多面的に分析する力を涵養することである。

　　本単元では、村上春樹著「パン屋再襲撃」（「象の消滅」新潮社, 2005）を用いた。共通の教材を用いて、小説の行間を読む、独特な比喩表現について知る国語科的視点や、「マクドナルド」が意味するグローバ

ル化・資本主義化・マニュアル化などの知識について理解を深める社
会科的視点、また英語版と比較し翻訳する作業から、文章全体を理解
し、その世界観を体感する英語科的視点を獲得することができる。

　さらに、3限目で2年次生が獲得した知識を、4限目で1年次生に
教えるという実践を通して、異学年との横断的学習や主体的に学ぶ姿
勢を育むことができる。

エ　授業のおおまかな流れ

　a　前時までの活動（各授業ごとに実施）

　作者「村上春樹」についての解説、作品「パン屋再襲撃」についての
解説、初読の感想を200字程度で記述（個人ワーク）

　b　本時の活動（3限目）：2年次生対象（計20名）

　初読の感想を共有、読解【国語】、「なぜマクドナルドを襲撃したの
か」（個人ワーク）、マクドナルドに隠された社会的な背景を理解【社
会】、「なぜマクドナルドを襲撃したのか」（グループワーク）、考えの
共有、まとめ

　c　本時の活動（4限目）：1・2年次生合同（計59名）

　授業のねらいと目的を確認、英語と日本語の二言語による読解【国
語】【英語】【社会】、200字程度の感想文を記述、初読の感想文と比較
する。

　「なぜマクドナルドを襲撃したのか」についての個人ワークで、マク
ドナルドに隠された社会的な背景を理解する。

オ　生徒の感想（一部）

　〇1つの物語だけでも視点や見方を変えれば国語・社会・英語の学習
につながるということがわかった。（2年次）

　〇ものの見方を変えるだけでわからないからおもしろいに変わった。
視野を広げられた。今後私たちに求められてくる能力はイレギュラー
にも対応できる対応能力なんだとわかった。（2年次）

　　○小説の中には社会情勢や国文化を軸に書かれるものもあるので、社会科の知識を学ぶ必要性を感じた。また、日本語の細かな表現の違いをさらに英語の表現で見ると、別の解釈ができたり、理解が深まるのかなと思った。（2年次）
　　○いろいろな国語・社会・英語のつながりを読み取れる文章だった。いろんな視点から見ることでそのときの受け取り方も変わると思った。つながりは深いんだなと思った。（1年次）

　生徒の感想から、本実践を通して、生徒達は授業者の意図を十分理解できたと感じた。また授業者にとっても、一つの事象を指導する際、多くの視点から見ることの重要性を理解することができ、また学習内容を便宜的に分割している、教科・科目という区分けを取り払うことが、より多くの理解を進めることを実証する取組みとなった。

②「地歴科」「工業科」における教科横断型授業の実践例
　　教科横断型授業プログラム開発に向けて、工業科の教員と連携して江戸時代以前の紡績で利用していた「糸車」の作成に取り組んだ。また令和4年度から実施される「歴史総合」の実施を見据え、「世界史A」「世界史B」「日本史A」の担当教員と連携し、産業革命に関して世界史的視点と日本史的視点を統合させながら、「科目横断型」の授業実現を目指した。
　ア　単元（題材）名・使用教材
　　「過去と未来を紡ぐ綿―日本の産業革命を考えよう―」
　　（日本史A　「産業革命と資本主義の発展」
　　教科書：「日本史A　現在からの歴史」東京書籍
　　図説：「新詳日本史」浜島書店）
　イ　単元（題材）の目標
　　a　明治期の日本の産業が発展を遂げていく過程について、江戸時代

の紡績業との比較や当時の時代背景の考察などから理解する。b　日本の産業革命により資本主義が確立する一方で、厳しい環境で労働をさせられていた人々が存在していたことを理解するとともに、世界史分野との関連から、産業革命の功罪について考察できる。c　当時の産業や労働の問題と、現代にも起こっている産業や労働の問題を関連させながら検討し、持続可能な社会の実現に向けてできることについて考察できる。

ウ　教材観

　工業科の教員と連携し、江戸時代までの紡績業で利用していた「糸車」を作成した。糸車を用いて紡績（糸紡ぎ）の体験をすることによって、紡績の難しさと、糸車によって生産される綿糸の量の少なさについて理解させる。そして、明治期日本の産業革命では糸車に代わり、機械が利用されるようになったことで、綿糸の大量生産が可能となり、大幅な生産力の向上につながったことを実感できるようにする。

エ　授業のおおまかな流れ

　a　本時の活動（5限目）：2・3年次生対象（計38名）

　我々が着る衣服にはどのような素材があるのか理解する。綿製品が綿糸から作られること。そして植物からできることを理解する。綿の塊から手で糸を紡ぐ作業を実施し、その欠点を理解する。糸車による糸紡ぎを体験する。

　b　本時の活動（6限目）：2・3年次生対象（計38名）

　糸車による糸紡ぎ、問屋制家内工業について理解する。日本の輸出入のデータから、木綿産業の工業化の進展を理解する。綿産業の工業化の進展の背景を理解する。日本における産業革命による、良い影響について理解する。

本取組みは、前述の3教科によるプログラムと異なり、工業科との教科横

断により「糸車」を作成し、それを使用して生徒が糸を紡ぐ経験ができたことにより、産業革命を肌で感じることができたという観点において、教科連合型授業の一つとして評価できる。

⑸LL導入への課題
①カリキュラム上の課題

　　現状として、自分の教科とキャリアを繋ぐ授業がカリキュラム化されていない。高等学校におけるキャリア教育は、前述のとおりイベント的な対応がほとんどであり、教科学習における取組みの例はほとんどない。そのような状況下で、パスウェイでのプログラムは、自分の専門分野が活かせるので、単なるキャリア教育プログラムより取組み易い易いと考えられる。複数の教科を横断するような科目が想定されるので、その場合の評価方法等に関する事前調整が必要である。

②指導する教員の課題

　　キャリア教育が一般的になっていない状況であり、キャリア教育を誰でも実施できる体制作りが必要である。また現場の教員も、「教員」という職業しか知らないことが多く、自分の教科と職業を結び付けるという概念の創出が必要である。

③上級学校等への接続の課題

　　現在は高等学校における就職希望者の減少から、上級学校への進学に偏向する傾向にある。学力を付けた上で、どのような能力を形成し（パスウェイ）、上級学校に接続させるかがポイントになる。

④外部との連携に関する課題

　　学校現場のイベント的なプログラム以外で、恒常的な産業界等との連携の例は少ない。学校の意向や設備だけでなく、都道府県、産業界、大学等が求めているものでパスウェイを設定することが理想であり、産業界や大学等との連携・支援が不可欠である。

⑹LL 導入による高等学校への効果

①学校は、年間を通して継続的なキャリア教育を実施することができる。また様々な第三者機関と連携することができる。

②教員は、キャリア教育の目的を再認識することができる。また自分の教科情報をどう広げると職業情報に繋がるのか、何をすれば良いのかを具体的に理解することができると同時に、十分な職業情報を得ることができる。さらに、職業の高度化に対応して、学力の向上が求められることを再認識することができる。

③生徒達は、職業を多面的に理解することができ、職業とのミスマッチを減少させることができる。また、第三者機関との連携により、最新の知識・技術に触れることができると同時に、職業の高度化に対応して、学力の向上が求められることを理解し、それに向けて行動することができる。

5．おわりに

　この度、高等学校におけるキャリア教育の実践の一端をまとめる機会をいただいた。私には、担当した新しい教育の実践に向けて、毎時間わくわくしながら準備をした記憶がある。現在は各種条件整備が進み、各校でさまざまな取組みがなされている。しかし生徒たちのより良い自己実現に向けて、高等学校段階における「教科学習」と「キャリア教育」を、車の両輪と位置付けながら、それらをどのようにつないでいくか、その教育活動を進める環境作りが、今求められている。

注

1 東京都立大島南高等学校（2003）平成14年度国立教育政策研究所教育課程研究指定校　総合的な学習の時間の指導の充実に関する研究報告書、p.4。
2 中央教育審議会（1998）幼稚園、小学校、中学校、高等学校、盲学校、聾学校及び養護学校の教育課程の基準の改善について、独立行政法人国立特別支援教育総合研究所特別支援教育法令等データベース、https://www.nise.go.jp/blog/2000/05/b2_

h100729_01.html#TOSHIN（2023.8.3取得）

3 文部科学省（1999）高等学校学習指導要領、国立教育政策研究所教育研究情報データベース、https://erid.nier.go.jp/files/COFS/h10h/index.htm（2023.8.3取得）

4 文部科学省（2004）キャリア教育の推進に関する総合的調査研究協力者会議報告書〜児童生徒一人一人の勤労観、職業観を育てるために〜、p. 16。

5 白石紳一・三村隆男（2002）高校生進路指導用自己効力テストの開発、日本進路指導学会第24回研究大会発表論文集、pp. 96-97。

6 三村隆男（2020）深い学び再考―Post COVID-19を見据えて―、学校教育研究、No. 35、pp. 15-16。

7 同上、p. 17。

8 同上、p. 13。

9 文部科学省（1993）「総合学科について（文部省初等中等教育局長通知)」、文部科学省ホームページ、https://www.mext.go.jp/a_menu/shotou/kaikaku/seido/1258029.htm（2023.8.6取得）

10 文部科学省（2018）高等学校学習指導要領（平成30年告示）、p. 20。

沖縄県における地域連携型キャリア教育の事始め
—「ゆいまーるの心」で築く未来への種まき—

喜屋武裕江

1．はじめに

　私が代表を務める一般社団法人グッジョブおきなわプロジェクト（以下、当法人）は、「未来への種まき」をキーワードに地域や企業・業界そして教育機関に対し"人"を主軸に据えた Good job！なプロジェクトを沖縄発で、日本そして世界へと広げる目的で活動している。主に　①地域振興に資する支援　②教育事業におけるコンサルティング　③企業・業界支援　④キャリア開発に関する支援である。これまでの実績を基に、内閣府ならびに沖縄県が執り行う沖縄振興策や教育基本計画、中小企業振興策の策定に関わる審議委員を担っている。設立経緯としては、前身であるグッジョブおきなわ推進事業局は、2011年に沖縄県と民間企業との協働で行うキャリア教育推進機関として時限的に活動し、2014年に文科省と経産省の協働表彰制度「キャリア教育推進連携表彰（第4回）」の受賞団体となった。同年3月に県主導での推進機関の役割を終えたことと、そして私自身が2008年より8年間沖縄県のキャリア教育の旗振り役として関わらせていただいているうちに、本取り組みがライフワークに転じているということに気がつき、その理念と活動を引き継ぎ、2015年に社団法人として設立した。

　私と三村先生とのご縁は、後述する2008年にスタートした沖縄県全体で取り組むキャリア教育モデル事業立上げ期のプランナー兼コーディネーターという重責を担い「どのような手法で進めるべきか、どのようにムーブメントを起こせるか」と日々考えを巡らせている時に手にした1冊の本から始まっ

た。その本とは三村先生の著書「キャリア教育入門　その理論と実践のために」。2004年初版、2008年に改訂版が発行された入門書であり、実践者にとっては自身の探究羅針盤であり且つ基本に立ち返るための珠玉の一冊である。その中に紹介されている「グラウンドホッグ・ジョブ・シャドウ・デイ Groundhog Job Shadow Day」から着想を得た地域連携型キャリア教育は、今に続く沖縄県の様々なキャリア教育実践の事始めとなった。

2．沖縄県地域連携型キャリア教育の事始め

(1)沖縄の現状

　沖縄県は南西諸島の島々（沖縄諸島、先島諸島、大東諸島）から構成されており、最東端から最西端までは約1,000km、最北端から最南端までは約400km という広大な県域に49の有人島があり、41市町村から成る日本国における南の玄関口である。その地理的優位性を活かし、古くは琉球王国時代からアジア諸国との盛んな交易と第2次世界大戦後のアメリカ統治下時代の影響もあり、様々な文化が混ぜ合わさった独特な文化を持つ地域である。1972年の施政権の日本政府返還以降、沖縄県は全国平均を上回る完全失業率が続いており、県民所得ともに国内最下位である。課題解決のために、2008年より沖縄県は施策と連動した県民運動「みんなでグッジョブ運動」（以下、県民運動）を展開している。当初、完全失業率8％だったこともあり、全国平均並みへの改善が目標に掲げられた。課題解決に向けた要点は3点、①雇用の場を増やす　②雇用のミスマッチを防ぐ　③キャリア教育の充実である。県民運動においてキャリア教育の充実が謳われた背景には、若年者の完全失業率、早期離職率においても全国ワースト1が続いており、加えて新規学卒無業者数が全国平均より高く、高校ならびに大学卒業時の進路未決定率も全国平均を上回っていること。一方で、各企業、業界ともに人材確保に苦慮しているという矛盾も見られる。このことから求職者側、特に若年層の職業や産業に関する情報不足と自身の職業レディネスの把握が出来ていないことが

起因すると考える。また沖縄県は中学校ならびに高校における進路活動の動き出しの遅さが長年の課題として挙げられていることに加え、高校のない離島が25島あり15歳までのキャリア形成は大きなテーマとなっている。

⑵沖縄型ジョブシャドウイング

　2008年当時、県知事直下に置かれた県民運動の推進事務局は、県職員と民間からの専門嘱託員で構成される6名程度の少数部隊であった。日々行われる企画会議の中で、知事部局が推し進めるキャリア教育は、学校現場で行われているキャリア教育の手法と一線を画す必要があるのではとの話題が挙がった。且つ企業が取り組みやすく、様々な主体を巻き込み、より多くの県民が参画する就労意識向上の取り組みに発展させていくというミッションを受け情報収集に奔走していた。そんな折、沖縄県の就職支援機関が国内大手人材関連会社の支援を受け「ジョブシャドウイング」が若年者の就労支援に有効であるかを、高校1クラスの生徒を対象に県庁内で試行したとの情報を得た。ジョブシャドウイングとは、観察する児童生徒「メンティー」と仕事をする観察対象者「メンター」で行われる観察型キャリア教育の手法である。

　当該報告書によると、観察型キャリア教育は企業にとってはインターシップに比べ実施期間も短く、社内調整などの準備も少ないというメリットは明らかであり、生徒にとっては就業体験だと受入が難しい職種に触れる機会となるという効果はあると記してあった。しかし「1クラスのみの事例で、児童生徒のキャリア形成に効果があると学校現場に納得してもらえる根拠になるのであろうか」「1クラスだから実施可能であり、地域ぐるみましてや県民運動としてのムーブメントになりうるのであろうか」等の疑問が湧いてきた。一過性のイベントにすることなく、教育的価値を有しキャリア形成において効果を持たせながら継続的に展開し、地域で自走する仕組みを構築するにはどうすれば良いかという課題が浮き彫りになった。

　その課題に一筋の光となったのが、前述の三村先生の著作「キャリア教育

入門」であった。アメリカ合衆国で毎年100万人の高校生が参加しているグラウンドホッグ・ジョブ・シャドウ・デイという取り組みがあるということ。ハワイ州での事例紹介。何より取り組みの土台にあるキャリア教育の基本理論、実践者にとって大切にすべき視点が記されており、当時の私の「知りたい！」が詰まった指南書であり、県全体に波及し地域に根付くキャリア教育が「できるかも！」と自信になった実践入門書であった。

⑶離島から始まった沖縄型ジョブシャドウイング

　2009年、小中高校それぞれの発達段階でジョブシャドウイングが有効であると実証でき、本取り組みが児童生徒のキャリア形成につながるよう、テキスト制作、事前・事後学習を伴うプログラム開発も実証できてきた。ただ地域全体で取り組むキャリア教育に進化させる方法が見つからないでいた。

　3月とある夕方のニュースに釘づけになった。沖縄本島から約300km にある宮古島では、高校受験の日に受験生への激励のために、受験校の体育館に親戚一同が集まり、受験生を囲んで皆で昼食を取る慣習がある。義務教育を終え、人生初の進路選択となる門出を親族、地域ぐるみで応援する姿に地域連携型キャリア教育の目指す姿が見えた。宮古島を沖縄におけるグラウンドホッグ・ジョブ・シャドウ・デイ実現の地にという思いを胸に単身、土地勘も知り合いもいない宮古島に向かった。宮古島で出会った方々に、米国で経済界主導のキャリア教育が功を奏していること、高校までしか進学先のない宮古島にとって学校と社会そして学校種間が連携して育む人材育成の重要性、何より子どもの人生の選択に全力で応援できる素地のある宮古島でこそ、沖縄型キャリア教育のロールモデルを創りたいとの公私混同した思いを語っていった。気がつけば僅か3ヶ月で宮古島市全面協力による産学官で構成する協議会が発足し、沖縄型ジョブシャドウイングが始動した。

　ジョブシャドウイングの成功にはメンターの確保が鍵を握っている。モデル校である小学校の6年生は約100名。1名の児童に、仕事を見せてくれる

メンターも1人。馴染みのない土地でのメンター探しは途方に暮れる部分も
あったが、協議会に参画している商工会議所や観光協会には各々100件程の
傘下事業所がある。様々な会合に出席し依頼と未来の宮古島市への希望を語
る内に、100名を超えるメンター希望者が名乗り出てくれた。ジョブシャド
ウイングの当日に行われた出発式には、朝早くから市長、教育長、商工会や
観光協会の長が列席し児童たちを激励。誇らしげな児童たちは、学校区を飛
び越え、1周100kmの宮古島の隅々で待ち受けるメンターに迎え入れられ
た。本取り組みの詳細は、2013年日本進路指導協会発刊の進路指導「小学校
キャリア教育の実践と指導・助言（春季号）未来を生き抜く自立型人間の育
成：ジョブシャドウイングをとおして」において、棚原美由紀氏と三村先生
の共著で掲載されている。沖縄型ジョブシャドウイングの最初にモデル校と
なった小学校のキャリア担当の教諭である棚原氏は、まだキャリア教育とい
う言葉があまり知られていない頃から、三村先生に師事をしていたという。
偶然とは思えないご縁から、私自身も、直接に三村先生のご指導を仰ぎなが
ら沖縄県全域にキャリア教育を展開することができた。
　沖縄には助け合う、協働という意味の「ゆいまーる」という言葉がある。
それぞれが自分の強みを持ちより協働しながら未来を担う人材を育成する産

表1　沖縄県 産学官地域連携型キャリア教育のあゆみ

平成19年度〜22年度	モデル地域にてジョブシャドウイング実践開始 （モデル地域：宮古島市・名護市・うるま市・那覇市 等）
平成23年度〜	・沖縄県11地域にて本格的な実践開始 ・各地域の現状・課題に合わせた地域連携型のモデル事例を多数 　構築。 （ジョブシャドウイングを基本に他手法を追加）
平成24年度〜	・地域独自の課題解決・特色に応じた実践を開始。
平成26年度	・「キャリア教育推進連携表彰」優秀賞 ・2023年度現在　26地域にて取り組みが実践されている（活動休 　止地域含）

学官連携によるキャリア教育は、ジョブシャドウイングという手法に留まることなく、地域の特色を生かした取り組みへと進化しながら移行し2023年現在26の市町村で展開された（**表1**）。

3．地域人材と産業人材の課題解決に向けた「沖縄型キャリア教育」

　2011年より沖縄県は「地域」と「産業」の2つの観点で、産学官が連携し地域の特色を活かした仕組みの構築を目指し当法人は事業の立案から沖縄県とともに取り組んできた。ジョブシャドウイングを基に構築した産学官連携の仕組みを水平展開していくには、キャリア教育を1つの手法に留めることなく地域特性やニーズに応じる機能を有する仕組みに昇華する必要があった。子どもを取り巻く様々な関係者が連携しながら、人材育成・確保並びに地域活性に向けて中長期的に活動することが重要であるとして、「産学官地域連携型キャリア教育（以下、地域型キャリア教育）」と、沖縄県の特色ある業界団体と連携して実施する産業教育とキャリア教育をかけ合わせた「未来の産業人材育成事業（以下、未来の産業人材事業）」を始動した。

(1)沖縄における産業教育の取り組み

　未来の産業人材事業では沖縄県の主要な産業でありながらも人材確保に課題を有する　①観光　②建設　③情報通信　④医療　⑤福祉　⑥文化　⑦物流流通の7業界と連携し、次の3つのツールを活用して実施する。対象は小学生と中学生とし、職業の多様性を知ること、児童生徒が自らの興味関心がどこにあるのかを考える機会をつくりながら、学校で学んでいることが実社会でも役に立つということに気づかせ、学習意欲の向上につなげていく。①職業人講話　②体験講座　③見学ツアーを、各教科に位置付けて取り組んでいる。実施においては、各業界の現状や課題に精通するコーディネーターが、各校の年間学習計画の策定時に教育委員会と連携をして調整を行う。併せて、児童生徒の身近な存在であり進路決定やキャリア形成に強い影響力を持つ教

員、保護者に対して産業理解促進の目的で取り組みを行っている。また当該
事業では、「産学合同会議」という教育界と産業界が一堂に会して円卓会議
が行われている。教育機関や実施校の教員、各産業の代表者そして各産業と
関連のある行政担当者で、キャリア教育の意義や採用や人材育成における課
題などについて熟議を重ねている。この会議からは、産業業界団体と共に産
業の魅力を伝える DVD 制作し県内の全ての小中学校へ配布したことと、学
校教育の視点で産業の魅力を伝えるための産業人向け講師研修が実現した。
本取り組みに関しては、2017年 ARACD 研究大会と2018年日本キャリア教
育学会第40回研究大会で行われた日韓ラウンドテーブルにて発表している。

⑵沖縄における地域人材教育の取り組み

　地域型キャリア教育における各地域の活動は、教育委員会や首長部局にて
事業化され、教育プログラムの実施は学校と連携し展開さている。活動の軸
となるのは産学官連携協議会（以下、協議会）が担い、会長を首長や教育長
または経済部長が務め、教育委員会や学校長そして地場産業団体の長が委員
を務めている。年に２〜３回の協議会を開催し、キャリア教育プログラム
（以下、教育プログラム）の成果と課題の共有と短期、中期計画を各主体から
の意見を受け策定している。教育プログラムの実施は、協議会ごとに配置さ
れているコーディネーターが担う。また児童生徒を対象とする教育プログラ
ムの評価は重要と捉え、効果検証のための事前・事後調査を実施している。
数年事業を継続した地域では、プログラム経験者が高校３年生または20歳時
に追跡調査を実施している。

４．地域連携型キャリア教育プログラムの効果検証に向けた
　予備調査と追跡調査実践

　私がキャリア教育の実践者から研究という視点に転換できたのは、2015年
につくばで開催された IAEVG 国際キャリア教育学会日本大会での実践発表

を、三村先生に促された時からである。2008年からひたすら走り続けるばか
りで、沖縄で始まり広がっていった地域連携型キャリア教育を国内外に発信
する、そして更なる質を高める取り組みにするためにも、多くの方々の意見
を取り入れながら効果検証していくという考える視点はなかった。活動開始
から10年目を迎える節目に、これまでの取り組みの総括となる追跡調査に着
手する機会が訪れた。三村先生のお力をお借りして沖縄における地域連携型
キャリア教育プログラムの効果検証に向けた研究が始動した。

(1)研究の目的と経緯

　2012年より地域連携型キャリア教育を実施している北中城村は、会長であ
る村長を筆頭に、企画振興課を事務局とし、教育委員会、村内の全小中高校、
商工会、観光協会、保護者会など産学官地域の各主体によって地域連携型キ
ャリア教育の基盤となる協議会が構成されている。発足5年目を迎える2017
年の協議会の場で、長年の地域連携型キャリア教育プログラム（以下「プロ
グラム」）の成果を明らかにし、今後の学校教育を含めた「プログラム」の向
上や改善へと繋ぐ方策が諮問された。これを受け、「プログラム」対象者へ
の追跡調査をもとに効果検証及び「プログラム」の改善を、当法人は、村か
ら委託を受けているキャリア教育コーディネート企業、株式会社ケイオーパ
ートナーズ（以下、教育コーディネート企業）とともに提案した。追跡調査の
提案理由は2点ある。1点目は対象者の現状を知ることで、当法人が創出し
た仕組みとノウハウを基にした指導の下、地域で実践してきた「プログラ
ム」の評価と、2点目は質の向上をめざした「プログラム」の改善である。
提案が受託され、三村先生とともに研究への着手に至った。本研究は「プロ
グラム」が対象となった児童生徒の社会的・職業的自立を促進するとの仮説
の下で、予備調査を実施し、本調査につなぐことを目的に行う（**表2**）。
　2018年に先述の目的を果たす予備調査（以下、予備調査）を実施するにあた
り、「プログラム」が対象となった児童生徒の社会的・職業的自立を促進す

表2　北中城村追跡調査の詳細

〈委員会の工程〉	〈構成委員〉
・委員会立ち上げ（平成30年度） ・調査項目の設定 ・予備調査（令和元年度） ・本調査（令和2年度）	北中城村企画振興課 北中城村教育委員会 北中城村総務課 早稲田大学　三村隆男 氏（有識者） 名桜大学　金城　亮 氏（有識者） グッジョブおきなわプロジェクト　喜屋武裕江（有識者）

〈調査方法〉
・対象者：平成24年度 村内小学校卒業者118名（調査現在、村に住民登録を有する者） ・調査時期：平成30年12月～平成31年1月 ・調査方法

・調査方法
①定量調査：Web アンケート（質問項目14）
　周知：郵送にて調査趣旨と回答方法の案内
　回答方法：QR コードから Web にて回答。
②定性調査：対面による聞き取り調査
　対象者：アンケート回答者の中で希望した者

◇調査事務局：株式会社ケイオーパートナーズ
◇北中城村グッジョブ地域連携協議会
　http://gj-kitanakagusuku.com

るとの仮説の下で研究を行った。この研究を基に予備調査を実施し本調査につなぐこととする。本研究にあたり、協議会の中に委員会を設置した。

⑵本研究における追跡調査

　2019年、委員会の諮問を受け「プログラム」の効果検証として予備調査の位置づけで追跡調査を開始した。調査時期と対象者選定の理由としては、活動初年度にあたる平成24年度に小学校6年生であった対象者が、高校を卒業した年度にあたるため、進路決定の理由やプロセスを対象者の記憶や心情が新鮮なうちに調査できる。また公共事業の効果を検証するには、進路決定率や就業率の改善が求められるため悉皆調査を行うこととした。

　仮説の検証につながることを目指し、定量調査はその方向性を計る14項目とした。まず問1～4までは、対象者の基本情報、問5～8までは義務教育卒業後の進路状況の把握を目的に設定した。問9は小学校、中学校、高校の

表3　北中城村追跡調査アンケート調査項目（抜粋）

問5	あなたが中学校を卒業したあとの状況についてお聞きします。
問8	現在のあなたの状況についてお聞きします。
問9-3	あなたは高校生の時、インターンシップを行いましたか。
問9-4	インターンシップを行ったと答えた人にお聞きします。あなたは、インターンシップを通して、どんな感想をもちましたか。
問10	あなたは、これまで小学校・中学校・高校で経験してきたキャリア教育（「はたらくこと」「仕事」「職場体験・インターンシップ」等の授業や活動）を通して、それぞれどのように思いますか。
問11	あなたは、仕事・働くことについてどのような考えを持っていますか。
問12	あなたは、自分の職業や仕事を選ぶとき、どのようなことを重視しますか。
問13	中学校・高校生の時、卒業後の進路や自分の将来の生き方を考える上で、役に立った学習や指導はどれですか。
問14	あなたは、中学校・高校生のころ、これからの進路を考える時、どのような指導をしてほしかったですか。

発達段階毎に実施したキャリア教育プログラムの経験の有無とその感想についての設問とした。問10からはプログラム対象者の社会的・職業的自立に関する項目とした（表3）。

　調査結果から対象者は「プログラム」の実践を通して体験活動が対象者の勤労観・職業観へ与える影響力を図ることができた。また仕事や働くに対する考えを問う項目では、個人性、経済性などの意識が高いものの「努力して一人前に仕事ができる人になりたい」「仕事では自分の能力を発揮したい」との回答から、高校を卒業し社会へ出ることを考える過程で、自立への意識が高まっていることや、働くことを通して自己実現を図ろうとする意識も確認できた。このことから「プログラム」の効果性を示す方向に向かっていることから仮説を指示する結果が確認でき、予備調査として一定の成果を示した。2020年より本調査に移行した北中城村を発端に、本研究は調査地も3地域に拡大している。当研究は2023年日本進路指導協会賞を受賞した。

　北中城村における本研究の詳細は、IAEVG 国際キャリア教育学会リガ大会にて三村先生との共著で株式会社ジョイ オブ クリエーションの座覇真理子氏を含む 3 名で研究発表を行った。座覇氏は長年、前述の教育コーディネート企業において、私とともに県下でキャリア教育推進と効果検証の研究を進め2020年に独立開業した。これからも共に三村先生の薫陶を受けつつ切磋琢磨しながらキャリア教育の実践と研究に邁進していきたい。

5．追跡調査結果に基づいたキャリア形成の新しい取り組み

　県民運動が開始されて2023年現在で15年が経過した。高度 IT 産業集積地域等の経済特区に代表される様々な振興施策により、国内外から誘致された企業は500社を超えた。リーディング産業である観光においては、コロナ禍直前の2019年には入域観光客数が1000万人を超え、経済成長率ならびに人口増加率が全国トップとなった。県全体の完全失業率が 8 ％から 3 ％と大きく改善されたにも関わらず、早期離職等の若年者雇用に関する数値に大きな変化は見られず、加えて進路未決定率、卒業無業者数の改善も見られない。

　先述の地域連携型キャリア教育の追跡調査の結果において、高校 3 年生に対する調査項目、問14「進路を考える時、どのような指導をしてほしかったですか」に、「自分の興味や特性を理解する学習」「進路に悩んだときに、何を、どこに相談すれば良いかを知る学習」を希望する回答が多く見受けられた。この結果を教育委員会や県立高校側に提示したことで、学校種別のキャリア教育の構築、そして生徒に対する個別のキャリア形成支援を、当法人と共に本格始動しようとの合意に至った。

⑴高校の現状から見える課題

　2022年より当法人が県教育委員会と共に実施している、県立高校を対象としたキャリア教育推進に向けた学校組織へのコンサルティングと生徒へのキャリア形成支援事業（以下、キャリア教育推進事業）から、沖縄県の課題の一

つである「進路決定時期、動き出しの遅さ」につながる要因が見えてきた。

　県内高校の進路指導の現状は、3年生になってから生徒も教師も慌てて取りかかるため「なんとなく進学、とりあえず就職」になっており、生徒に細やか指導ができない上に、短期決戦ゆえに教師側の負担も大きく、低学年からのキャリア教育の重要性は理解できるものの、「3年生に手一杯で教師にゆとりがない」「1年生は入学したばかりで先のことを考えるには幼い」との理由で実行に移せないという声が多数聞こえた。その大きな要因は体系的・系統立てたキャリア教育全体計画の策定と進路指導計画がつながっていないことにある。学校が掲げるグランドデザインの目標達成に対し、計画や現状・課題を共有する校内体制や校内連携が確立されておらず計画に対する検証には及ばない、未だ知識・技能習得に重きが置かれ、資質・能力の向上も教育活動の一環であるという視点に立てていないことは否めない。

(2)課題解決に向けた手立てと未来

　沖縄県教育委員会は沖縄県の進路決定時期の遅さを憂慮し、2022年よりキャリア教育の早期化とキャリア教育事業の一元化を掲げ、その実行のために教育委員会内の部署間連携にも着手した。当法人では県内高校に対し、沖縄県が示すキャリア教育の基本計画と達成目標を示しつつ、スクールポリシーで掲げる目標達成に向けた校内体制の構築支援と次年度にむけた年間計画策定支援を、県内の半数にあたる30校に対して行っている。同時に国家技能士キャリアコンサルタントを活用し、生徒ひとり一人に目を向けたキャリア形成支援も進めている。また当該事業の実践を通した統括研究も着手している。

　これまで県民運動における沖縄県のキャリア教育は、小中学校を軸とした地域連携型キャリア教育として広がりを見せてきたが、高校との接続が大きな課題であった。2022年より高校に対しても、生徒の社会的自立を目指した資質能力の育成のための地域連携プラットフォームの構築に向けたプロジェクトが始動する。この地域連携の広がりと、小中高校の校種連携の実現によ

って円滑な社会への移行の仕組みを完成し、若年者雇用の課題改善にも波及していくと期待しこれからも取り組んでいく。

6．未来への種まき

　「キャリアの8割は偶然おこる事象が左右する」1999年にジョン・D・ボルツが提唱した計画的偶発性理論である。私が今、このような仕事に就き、この意義ある本に執筆者に名を連なることができるのは、偶然の連続が為せることである。この仕事に就く前は、地域振興や企業内人材育成支援、ベンチャー起業家支援に従事しているものの、「教育」という分野には程遠い場所にいた。これまでの経験をキャリアコンサルタントとして社会貢献しようと、沖縄県が運営する若年者就業支援事業所に履歴書を提出したところ、何の手違いか、冒頭で記した沖縄県が肝煎りでの施策、県民運動準備室に届けられてしまった。「キャリア教育でムーブメントを！」と言われ、キャリア？教育？　県民運動？　とすべて未経験のテーマに戸惑いながらも、この偶然の大波にサーファーの如く乗ってしまった私だったからこそ、三村先生という偉大な師匠に、神様が出会わせてくださったと本心から思っている。情熱だけで闇雲に走り続けている私に、多くの指導・助言とともに多くの実践報告の場を提供いただき、「経験」を「実践」に変えてくださった三村先生には感謝しきれない思いである。その間、先述した沖縄に本格的なキャリア教育コーディネート企業の創設・自走支援に尽しつつ、幾人もの実践者を輩出、実践地域も拡大し、同志を増やすことで子どもたちのキャリア形成に寄与してきた。最近では、沖縄を飛び出し首都圏そして他府県の学校や企業・機関から支援の依頼が増えている。この「未来の種まき」を三村先生へのご恩返しとして、これからも精進していくことを誓ってまいりたい。

······ **COLUMN** ······

埼玉県進路指導と三村隆男先生

福本剛史

1　埼玉県高等学校進路指導研究会と三村隆男先生

　「埼玉県高等学校進路指導研究会」（以降　埼高進研）で毎年発刊している紀要に、三村隆男先生のお名前が初めて見られたのは、昭和61年度発刊の「進路24号」である。当時、県立与野高等学校で勤務されていた三村先生は、就職部会（現　就職指導研究部会）の研究協議会で「本校における進路指導　―就職指導を中心に―」と題して研究発表をされている。その後、昭和63年度には、進学研究委員会（平成11年度に進学研究部会に統合）の南部地区委員としてご活躍いただき、その後は埼高進研の幹事として長期間にわたりご尽力をいただいてきた。

　また、平成5年3月に刊行した、「創立35周年記念誌」では「埼玉県高等学校進路指導研究会沿革」について、今までの紀要などを紐解き、埼高進研の設立、またそれ以降の活動などについてまとめ上げていただいた。ここでまとめていただいた沿革は、現在でも埼高進研ホームページに掲載させていただいている。

　三村先生は活躍の場を、上越教育大学へ移られた後も、先生には埼玉県キャリア教育発展のためご尽力をいただいた。平成13年度、埼高進研の中に新たな組織として「キャリア学習委員会」を発足させ、その際に組織の在り方や目的また講師をお請けいただくなど数々のご協力をいただいた。第1回キャリア学習委員会では「キャリア学習委員会に求められているもの」と題しご講演をいただいた。毎回、三村先生には遠路開催場所までお越しいただき、タイムリーな話題を取り入れながらお話しをいただくなど、実践的な取り組みをしていただいた。この会も回を重ね、令和5年2月8日には第40回を開催することができた。

　また、三村先生が上越教育大学でご勤務されていた時には、埼高進研の役員10名程度が集まり、上越教育大学を訪ねて学校や地域の見学、上越市三和区内の宿で宿泊し、楽しい一時を過ごしたのは良い思い出となっている。

2　埼玉県高等学校進路指導研究会の事始め（三村先生筆耕「創立35周年記念誌」より）

　埼玉県高等学校進路指導研究会は当初、埼玉県高等学校職業指導主事協議会と

して、1958（昭和33）年に結成された。結成にまつわる準備会として、その前の年、高等学校と中学校の職業指導主事が集まり全県的研究団体の結成について話し合いを持った。このいきさつは斎藤進（当時県立与野農工高等学校長）が埼玉県高等学校進路指導研究会機関誌『進路第6号』（昭和44年3月31日発行）に次のように述べている。「たしか、昭和32年の春から夏にかけてのことだったと思う。（略）浦和市内の中学校で職業指導を担当している先生方に集まってもらい、職業指導の現状について話し合うとともに、会の結成についても相談していただいた。（略）高等学校にも働きかけてみること、既に結成されている他県の様子を聞き資料を集めること、中学校、高等学校の代表者が集まって準備会をもつこと等がきめられ、集まった市内の先生方は、会の結成に積極的であった。第2回の準備会は（略）高等学校側から（略）先生に出席していただき、前記の浦和市内の中学校の先生と話し合った。この席では、中学校、高等学校で、教育内容やその在り方に違いがあるので、中高別に会を結成することがよいであろうということになった」

　こうして、1958（昭和33）年、1月旧むさしの荘のホールを会場として埼玉県高等学校職業指導主事（連絡）協議会が発足するのである。昭和32年12月20日付の浦商新聞に職業指導主事協議会発足について次の記事が見られる。「本会の主催者は指導課であるが、（略）正式結成は次のような活動が行われることになる。職業指導全般の仕事に対する県全体の水準が上がり学校における職業指導、就職、進学などの研究調査が徹底され、関係諸機関との情報交換の機会がえられ労務需給に関する、銀行、会社の雇用促進が計られ、学校教育における生徒の個別的特権に基づくガイダンスの徹底などがあげられ、早期結成が期待されている」

3　近年の三村先生との関わり

　私は近年、三村先生とはシンポジウムなどで交流も持たせていただいている。
　2020年11月28日（土）に行われた、第3回日韓ラウンドテーブル「コロナ時代のキャリア教育、日韓の比較」では日本側パネリストの一人として、また2022年1月22日（土）には日本キャリア教育学会関東地区部会主催、早稲田キャリア教育研究会共催で行われた「ポストコロナ期におけるキャリア教育を考える」に講師の一員として参加させていただき、貴重な機会を与えていただくことができた。
　今回、三村先生ご退職にあたり、今までの様々なご支援に対しお礼を申し上げるとともに、先生の今後のご活躍を祈願しています。
　いろいろとありがとうございました。

三村先生との　あのその話

相澤　顕

1　第一印象

　三村先生は、皆さんご存じの通り、とにかく紳士である。言葉遣いが丁寧、物腰が柔らかい。性格も穏やかで、とても優しい雰囲気がある。しかし、出会った当時の三村先生に対する私の第一印象は、なんか頼りない、おどおどした本当に気弱な先生に見えた。三村先生より、もっともっと印象深かったのは、奥さんの方で、転職されて本当に困っているという気持ちが、体全体からにじみ出ていた。だいたい、高校教師の給料の半分ぐらいに減るような仕事に転職したのだから、ついてきた奥さんはかなり元気なく心配している様子であった。

2　論文指導

　大学院2年生の私は、論文書きで毎日毎日悩んでいた。授業が少なかった分、自宅で過ごす日々が増え、朝から夜まで、論文書きでややノイローゼになりかけていた。優しい紳士的な三村先生の日頃のゼミ指導は、いつも丁寧な言葉で、どんな話でも否定せず、よく聞いてくれる優しい指導だった。こんな立派な先生だから、論文指導も厳しい指導などしないで、気楽に通してくれると思っていたがそれは甘かった。ノイローゼになりそうになりながら、ようやく書けた文章を持っていくと、三村先生は豹変したように厳しい質問が延々と続き、数日考えて書いた文章がほとんど消されたり、真っ赤に直されたり、信じられないほど厳しかった。私は、「もう許して、勘弁してください」と何度も心の中で叫んでいた。私の研究は、ほとんど先行研究がなく、雲をつかむような訳の分からない内容であったが、三村先生は本当に真剣に話を聞いてくれ、論文も丁寧に読んで、その指導は深夜に及ぶことも何度もあった。ゼミ生の中には途中で論文が書けず、くじけそうになった者もいたが、三村先生は決して見放すこともなく、卒業まで責任をもって指導され、本当に面倒見の良い立派な先生であった。それに、キャリア教育が専門であったが、さすが大学の先生を目指しただけの意識が高く、能力も優れ、どんな内容の研究でも私たち以上に学んで、鋭く指導する姿はまさに威厳のある大研究者であった。

3　かも鍋の会

　私は、三和中学校で出会った人たちとの楽しい交流の機会が多かった。その中で、「かも鍋の会」という会合があった。仲間は保護者や当時の校長、職員など色々であったが、三村先生をその会に誘うと、少しも躊躇せず、気さくに参加してくれた。大学の先生というと、なんとなく付き合いづらかったり、偉そうに感じたりするものだが、三村先生は人当たり良く話題が豊富で、さらに、とても紳士なので、誰からも好かれ、すぐに誰とでも仲良くなり、人間関係をつないでいった。上越では、宴会の終盤には皆でバンザイをする。そしてお開きになりかけたところで誰かが「ちょっと待った！」と声をかけ、またバンザイをする。三村先生はこうした上越流の宴会作法にもすぐに馴染んだ。この「かも鍋の会」が縁で、食べ盛りの息子さんたちのために、お米を買って送ってもらうようになったり、当時は滅多に手に入らない三和村の銘酒「雪中梅」の大吟醸をたらふく飲んだり、三村先生は本当に付き合い上手で、たくさんの人に親しまれる人だった。驚くべきことは、その時お世話になった保護者の子供の結婚式には、祝電を送るなど、離れた後もきめ細かい気配りと恩義を決して忘れない素晴らしい人であった。キャリア教育が上越市の偉い教育長や校長先生を通じて広がっていったのは、この三村先生のお人柄が一番の要因であった。

4　中体連時代

　私が大学院を出た数年後、中学校体育連盟の仕事で新潟に転勤になった。たまたま、50年に1度の体育の研究大会や9年に1度の全国大会が新潟で開催されることとなった。初めての経験で、毎日が辛く切なく悩み苦しむ時期を過ごしていた。そして、大会経費を捻出するため、広告協賛金を募集していたが、三村先生は、私が苦労しているのを知り、わざわざ新潟市の中体連事務局まで訪ねてきて、三村研究室として何度も広告協賛金を出してくれた。大学院を卒業して5年以上も経っていた私のことを忘れず、給料がかなり減っていたのに、そこまで気遣いをしてくださる本当に義理堅い素晴らしい先生だった。そして、どんな会に参加するときも、私がプレゼントした赤い中体連ネクタイを着用し、中体連を大いに宣伝してくれたこと、相澤はゼミ生第1号であると言い続けてくれたこと、を今もとても誇りに思い感謝している。

5　早稲田大学大隈記念タワーでの飲み会

　三村先生は、私が早稲田大学に憧れていたことを知っていて、私が東京に行

くたびに、早稲田大学に招いてくれた。私が生徒指導困難校に勤務した経験を学生に話す機会を無理矢理作って、私を喜ばせようとものすごく気を遣ってくれた。一番うれしかったのは、学生に話した後、あの有名な大隈講堂隣接の大隈記念タワー（26号館）の最上階で飲み会を開催してもらったことだ。高校生当時、模擬試験で早稲田大学合格可能性5％の男が、早稲田の学生に講義し、大隈記念タワーの最上階にいる。その時、三村先生と飲んだビールの味は、格段の味で、人生の最もうれしい時間であった。すべて三村先生の温かい心遣いのおかげであった。

退職に寄せて

　三村先生と出会い、関わってきた中で、私自身の職業観や勤労観も学び直し、変わりながら生きてきた気がする。大学院から教育現場に戻り、やんちゃな生徒の指導に悩み、理論武装ができず悩んでいた私に「理論で人は教えられませんから」とあっさり一言で、私を勇気付けてくれた。愛と情をもって見捨てない、見放さない、見返りを求めない無償の愛で真剣に自分のありのままの姿で生徒の前に立つことの大切さを教えていただいた。この偉大な三村先生が退職されることは残念でもあるが、長きにわたるご苦労を考えると、心よりおめでとうございますと言いたい。そして、退職後も、将来に夢や希望を与える偉大な師匠として、これからも末永い関わりとご指導、ご支援をお願いしたい。

三村隆男先生の略歴および業績

1953年12月4日生

【学歴、職歴等】

《学歴》

1966年　大宮市立（現さいたま市立）桜木小学校卒業

1969年　大宮市立（現さいたま市立）桜木中学校卒業

1972年　埼玉県立川越高等学校卒業

1977年　埼玉大学教育学部卒業

1996年　東洋大学大学院文学研究科修士課程（教育学専攻）修了

2004年　東洋大学大学院文学研究科博士後期課程（教育学専攻）退学

《学位》

教育学 修士（東洋大学）

《職歴》

1976年4月　埼玉県立所沢商業高校講師（1977年3月まで）

1977年4月　埼玉県立栗橋高等学校教諭（1980年3月まで）

1980年4月　埼玉県立与野高等学校教諭（1991年3月まで）

1991年4月　埼玉県立蕨高等学校教諭（2000年3月まで）

2000年4月　上越教育大学大学院学校臨床コース専任講師（2002年3月まで）

2002年4月　上越教育大学大学院発達臨床コース准教授（2008年3月まで）

2008年4月　早稲田大学大学院教職研究科教授（2017年3月まで）

2012年9月　早稲田大学大学院教職研究科長（2016年8月まで）

2017年4月　早稲田大学大学院教育学研究科高度教職実践専攻教授

2018年4月　カリフォルニア州立大学バークレー校 Visiting Fellow（2018年6月まで）

2021年9月　早稲田大学大学院教育学研究科高度教職実践専攻主任（2023年8月まで）

【学会活動】

国際職業・教育指導学会、アジア地区キャリア発達学会（学会長）、日本キャリア教育学会（学会長）、日本特別活動学会、日本生徒指導学会、日本産業教育学会、日本学校教育学会、アメリカ教育学会、日本教育カウンセリング学会

【委員歴・社会における活動等】

2000年	日本特別活動学会紀要編集委員（〜2017年）
2001年4月	日本進路指導学会学会名称検討委員会（〜2003年5月）
2002年11月	日本進路指導学会常任理事（〜2005年11月）
	日本進路指導学会研究推進委員長（〜2005年11月）
	日本特別活動学会紀要編集常任委員
2003年10月	日本進路指導学会学会名称選定委員会（〜2004年3月）
	労働政策研修・研究機構「企業と連携した若年者のキャリア準備活動に関する研究会」委員
	文部科学省「特色ある大学教育支援プログラム」委員
2004年4月	上越教育大学進路指導研究会運営（〜2008年3月）
2004年4月	埼玉県高等学校進路指導研究会キャリア学習委員会顧問（〜現在）
2004年4月	富山県キャリア教育推進研究事業助言者（〜2007年3月）
2004年年度	静岡県函南町立東中学校キャリア教育推進事業助言者（〜2006年度）
2005年4月	上越市キャリア教育研究推進委員会助言者（〜2007年3月）
2005年4月	新潟県キャリア教育実践プロジェクト委員（〜2007年3月）
2005年7月	文部省研究開発学校（広島県庄原地区）運営指導委員（〜2008年3月）
2005年11月	日本キャリア教育学会 理事
2005年度	富山県新総合計画「学校教育・生涯学習・スポーツ研究会」委員
2005年度	新潟県キャリア教育・若年者雇用問題懇話会委員
2005年度	栃木県総合教育センター2005年度中高連携を図るキャリア教育の推進に関する調査研究助言者
2005年度	埼玉県教育委員会キャリア教育推進検討会議委員
2006年度	埼玉県教育委員会キャリア教育指導資料作成委員会委員長
2006年度	栃木県教育委員会小学校におけるキャリア教育の推進に関する調査研究委員
2006年度	埼玉県教育委員会キャリア・ウンセラー養成講座企画（〜2012年度）
2006年度	財団法人教員研修センター講師（〜2012年度）

2006年7月	文部省研究開発学校（上越市立大手町小学校）運営指導委員（〜2008年3月）
2006年11月	日本キャリア教育学会常任理事 日本キャリア教育学会研究推進委員長 日本特別活動学会紀要編集常任委員
2007年	日本キャリア教育学会常任理事 日本キャリア教育学会研究推進委員長 日本特別活動学会紀要編集常任委員
2007年度	文部科学省研究開発学校運営指導委員（広島県廿日市市宮島小・中学校）（〜2010年度）
2007年度	茨城県教育研修センターキャリア教育に関する研究「キャリア教育を推進するためのカリキュラム開発」指導者（〜2008年度）
2008年4月	埼玉県職業能力開発審議会 委員（座長）（〜2014年3月）
2008年度	荒川区小中一貫教育合同研究会（〜2009年度）
2009年4月	厚生労働省労働政策審議会人材開発分科会 臨時委員（〜2019年3月）
2009年度	茨城県教育研修センターキャリア教育に関する研究「キャリア教育の具体的な取組の工夫と改善」指導者（〜2010年度）
2009年度	北区小中一貫教育モデル事業助言者（〜2010年度）
2010年3月	キャリア教育民間コーディネーター育成・評価開発事業自立化準備委員会委員
2010年4月	厚生労働省委託 キャリア教育専門人材育成事業 テキスト準備委員会座長（〜2012年3月）
2010年度	早稲田キャリア教育研究会会長（〜現在）
2010年度	2010年度キャリア教育専門人材要請事業テキスト準備委員会座長
2010年度	2010年度教育課題研修指導者海外派遣プログラム（教員研修センター）F-1団シニア・アドバイザー（米国ケンタッキー州、カリフォルニア州）（11月16日〜25日）
2010年度	新潟工科大学「大学生就業力育成支援事業」外部評価委員長（〜2012年度）
2011年4月	東京都 中学生の職場体験推進協議会委員（座長）（〜2015年3月）
2011年6月	埼玉県教育委員会 埼玉県立蕨高等学校学校評議員（〜現在）
2011年度	埼玉県人権施策推進懇話会委員
2011年度	埼玉県地域訓練協議会委員

2011年度	2011年度キャリア教育専門人材養成事業テキスト準備委員会座長
2011年度	東京都中学生の職場体験推進協議会委員（学識経験者として）（2014年度まで）
2011年度	埼玉県産業能力開発審議会委員（2012年度まで）
2011年4月	荒川区立第三中学校学校評議員（〜現在）
2011年4月	埼玉県地域訓練協議会 委員（座長）（2022年3月まで）
2012年8月	日本教職大学院協会 副会長（〜2016年8月）
2013年4月	東京都教育委員会 東京都立一ツ橋高等学校学校評議員（〜2015年3月）
2013年4月	厚生労働省委託 キャリア教育専門人材育成事業 テキスト準備委員会座長（〜2016年3月）
2013年度	2013年度キャリア教育専門人材養成事業テキスト準委員会委員
2013年度	荒川区立諏訪台中学校外部評価委員（〜現在）
2013年度	新潟工科大学「産業界のニーズに対応した教育改善・充実体制整備事業」外部評価委員長（〜2014年度）
2014年11月	日本キャリア教育学会 会長（〜2018年12月）
2014年度	2014年度キャリア教育専門人材養成事業テキスト準備委員会委員
2014年度	埼玉県教育委員会教職員提案制度に係る「外部有識者」
2015年4月	日本スクールカウンセリング推進協議会 副理事長（〜2018年3月）
2015年9月	アジア地区キャリア発達学会 会長（〜2017年5月）
2017年4月	日本学術振興会科学研究費委員会 専門委員（〜2019年3月）
2017年5月	アジア地区キャリア発達学会 副会長（〜現在）
2018年4月	日本スクールカウンセリング推進協議会 理事（〜現在）
2018年9月	国立教育政策研究所 プロジェクト研究「次世代の学校における委員等の養成・研修、マネジメント機能強化に関する総合的研究」に係る委員（〜2019年3月）
2021年4月	荒川区立第一中学校学校評議員（〜現在）
2021年5月	沖縄県「望ましい勤労観、職業観」育成プログラム研究委員会委員（2022年3月まで）
2021年6月	文部科学省「生徒指導提要の改訂に関する協力者会議」協力者（〜2023年）
2021年8月	国立教育政策研究所 プロジェクト研究「社会情動的（非認知）能力の発達と環境に関する研究：教育と学校改善への活用可能性の視点から」に係る研究分担者（〜2023年3月）

2021年9月　日本教職大学院協会 理事（〜2023年8月）

2022年4月　埼玉労働局 キャリアコンサルタント更新講習運営委員会委員（〜現在）

2022年10月　埼玉県地域職業能力開発促進協議会 構成員（座長）（〜現在）

【研究業績】

《著書》

1. 『教育改革30の提言－入試改革と進路指導－』【分担執筆】（日本進路指導協会 1992年10月）

2. 『埼高進研創立35周年記念誌』【分担執筆】（埼玉県高等学校進路指導研究会 1993年3月）

3. 『個性を生かす進路指導の在り方に関する調査研究』【分担執筆】（埼玉県南教育センター 1996年3月）

4. 『キャリアカウンセリング』【分担執筆】（実務教育出版 1996年3月）

5. 『職業教育及び進路指導に関する基礎的研究（中間報告)』【分担執筆】（職業教育・進路指導研究会 1997年3月）

6. 『職業教育及び進路指導に関する基礎的研究（最終報告)』【分担執筆】（職業教育・進路指導研究会 1998年3月）

7. 『21世紀に向けた入試改革の動向』【分担執筆】（文化書房博文社 1998年3月）

8. 『自ら学び自ら考える力を育てる授業の実際』【分担執筆】（図書文化 1999年2月）

9. 『入門進路指導・相談』【分担執筆】（福村出版 2000年4月）

10. 『キャリア教育読本』【分担執筆】（教育開発研究所 2000年9月）

11. 『インターンシップが教育を変える－教育者と雇用主はどう協力したらよいか』【分担翻訳】（雇用問題研究会 2000年10月）

12. 『21世紀の進路指導事典』【分担執筆】（ブレーン出版 2001年2月）

13. 『ガイダンス・カウンセリングで学校を変える』【分担執筆】（教育開発研究所 2002年2月）

14. 『キャリア教育入門－その理論と実践のために－』【単著】（実業之日本社 2004年10月）

15. 『はじめる小学校キャリア教育』【分担執筆】（実業之日本社 2004年11月）

16. 『キャリア教育が小学校を変える！』【分担執筆】（実業之日本社 2005年4月）

17. 『キャリア教育－歴史と未来』【分担執筆】（雇用問題研究会 2005年12月）

18. 『生徒指導・教育相談・進路指導』【分担執筆】（田研出版 2006年3月）

19. 『小学校・キャリア教育のカリキュラムと展開案』【分担執筆】（明治図書 2006年

3月）

20. 『教職スタート新任者必修59の基本課題』【分担執筆】（教育開発研究所 2006年5月）

21. 『キャリア教育と道徳教育で学校を変える！〜コラボレーションによる授業改革〜』【編著】（実業之日本社 2006年7月）

22. 『子どもの「社会的自立」の基礎を培う』【分担執筆】（教育開発研究所 2007年8月）

23. 『キャリア教育の系譜と展開』【分担執筆】（雇用問題研究会 2008年3月）

24. 『小学校キャリア教育実践講座』【分担執筆】（日本進路指導協会 2008年8月）

25. 『新訂 キャリア教育入門』【単著】（実業之日本社 2008年8月）

26. 『産業カウンセリング辞典』【分担執筆】（金子書房 2008年11月）

27. 『新学校経営相談12ヶ月第4巻 生きる力を育てる生徒指導・進路指導』【分担執筆】（教育開発研究所 2010年4月）

28. 『図説 キャリア教育』【分担執筆】（雇用問題研究会 2010年4月）

29. 『キーワードで拓く新しい特別活動 小学校・中学校・高等学校学習指導要領対応』【分担執筆】（東洋館出版社 2010年8月）

30. 『最新教育原理』【分担執筆】（勁草書房 2010年10月）

31. 『産業教育・職業教育学ハンドブック』【分担執筆】（大学教育出版 2013年1月）

32. 『書くことによる生き方の教育の創造―北方教育の進路指導、キャリア教育からの考察』【単著】（学文社 2013年3月）

33. 『教師というキャリア Life Cycle of the Career Teacher 〜成長続ける教師の六局面から考える〜』【翻訳】（雇用問題研究会 2013年4月）

34. 『教育カウンセラー標準テキスト 中級編』【分担執筆】（図書文化社 2014年6月）

35. 『学校マネジメントの視点から見た学校教育研究：優れた教師を目指して』【編著】（学文社 2019年4月）

36. 『生活科・総合的学習事典』【分担執筆】（溪水社 2020年9月）

37. 『キャリア教育概説』【編著】（東洋館出版社 2020年9月）

38. 『「社会情緒的（非認知）能力の発達と環境に関する研究：教育と学校改善への活用可能性の視点から」（学校改善チーム）中間報告書（米国・中国調査）』【分担執筆】（国立教育政策研究所生徒指導・進路指導研究センター 2021年8月）

39. 『現代アメリカ教育ハンドブック第2版』【分担執筆】（東信堂 2021年10月）

40. "Diversifying Schools: Systemic Catalysts for Educational Innovations in Singapore (Education in the Asia-Pacific Region: Issues, Concerns and Prospects

Book 61）（English Edition）"【分担執筆】（Springer 2022年2月）

41.『キャリア・カウンセリングエッセンシャルズ400』【分担執筆】（日本キャリア・
　　カウンセリング学会 2022年3月）

42.『学校教育を深める・究める』【分担執筆】（日本学校教育学会 2022年11月）

43.『望ましい勤労観、職業観、望ましい勤労観、職業観の育成を目指す実践事例集』
　　【監修・分担執筆】（沖縄県教育委員会 2021年11月）

44.『これからの児童生徒の発達支持』【分担執筆】（ぎょうせい 2023年5月）

45.『日本キャリア教育事始め』【編著】（風間書房 2024年3月）

《論文・論考・時評など》

1.「『専門学校追跡調査』と『進路ニュース』を利用した専門学校進学指導」『進路』
　　23、1985年3月

2.「本校に於ける進路指導－就職希望者を中心に」『進路』24、1986年3月

3.「『進路の手引』の作成について」『進路』25、1987年3月

4.「埼玉に於ける進路教育と専門学校への進路指導」『専門教育』1987年3月

5.「生徒と本音のふれあい」『進路相談研究』53、1988年10月

6.「本校における生徒の進路発達への取り組みとその評価」『進路指導』62(2)、
　　1989年2月

7.「ホームルーム活動をいかに啓発的経験の場にしいくか」『進路指導』62(9)、
　　1989年9月

8.「進路指導主事コーナー進路指導室」『進路指導』63(5)、1990年5月

9.「一人一人の進路保障に生きる進路相談…生徒指導と進路指導の連携の重要性」
　　『埼玉教育第』500、1990年7月

10.「進路指導主事コーナー進路情報」『進路指導』63(7)、1990年7月

11.「進路指導主事コーナー体験学習」『進路指導』63(9)、1990年9月

12.「進路指導主事コーナー追跡調査」『進路指導』63(11)、1990年11月

13.「進路指導主事コーナー進路指導活動の評価」『進路指導』64(1)、1991年1月

14.「進路指導主事コーナー進路指導部の組織」『進路指導』64(3)、1991年3月

15.「自分を見つめてみよう」『進路ジャーナル』360、1991年9月

16.「高校における専修（専門）学校への進学指導」『週刊教育資料』279、1991年12
　　月

17.「英語で意思決定を学ぶ」『キャリアガイダンス』、1992年5月

18.「進学指導の実態と在り方について考えてみよう」『進路ジャーナル』370、1992

年5月

19. 「学校の危機管理新入生受け入れ対策」『週刊教育資料』337、1993年3月

20. 「秋田大学の資料を利用した研究の展開」『地方教育史研究』4、1993年6月

21. 「即興ディベート『IDEA ゲーム』」（共著）『キャリアガイダンス』、1993年10月

22. 「学校の危機管理進路指導をめぐるトラブル対策」『週刊教育資料』369、1993年11月

23. 「オーストラリア教育事情報告」『埼玉県高校国際教育』22、1994年3月

24. 「進路指導の仕事をチェックする」（共著）『進路ジャーナル』394、1995年3月

25. 「適応のカギは『授業』と『長所』を生かすこと？」『キャリアガイダンス』、1995年4月

26. 「学校間（中・高・大）の連携・協力」『進路指導』68(6)、1995年6月

27. 「中学校の進路指導の高校選択への影響」『進路ジャーナル』394、1995年6月

28. 「各都道府県の入試改革の現状―埼玉県―」『週刊教育資料』446、1995年7月

29. 「高等学校に於ける進路指導の適正化」『進路指導』68(7)、1995年7月

30. 「学校において話し合いが必要なとき、進路に関する相談のとき―高校」『進路相談研究』80、1995年7月

31. 「進路相談12か月⑧職業観の育成と進路相談」（共著）『進路指導』68(11)、1995年11月

32. 「進路学習と評価―3年間の進路学習より」『進路』33、1996年1月

33. 「現代高校生の進路意識と学校適応」『東洋大学大学院紀要』33、1996年2月

34. 「特別活動の本質に沿った啓発的な経験学習―遠足『大学へ行こう！』の実践」『進路指導』69(2)、1996年2月

35. 「学校の危機管理成績不振者の取り扱い」『週刊教育資料』476、1996年3月

36. 「進路学習 HR のためのプラン＆ワークシート「これまでの自分を振り返ろう」『キャリアガイダンス』、1996年4月

37. 「進路学習 HR のためのプラン＆ワークシート「生徒が計画・実施する校外活動『大学へ行こう！』」『キャリアガイダンス』、1996年5月

38. 「進路指導とカウンセリング」『指導と評価』42、1996年6月

39. 「進路学習 HR のためのプラン＆ワークシート「『職業インタビュー』で仕事を知ろう」キャリアガイダンス』1996年7月

40. 「多様な個性を生かす進路指導　家庭・地域との連携による職業インタビュー―職業理解による望ましい職業観の育成を求めて―」『埼玉教育』573、1996年8月

41. 「進路学習 HR のためのプラン＆ワークシート「適性検査の結果を読み取りコー

ス・科目選択につなげよう」『キャリアガイダンス』1996年9月

42. 「「書くという表現活動」を生かして生徒の進路発達を促す」『進路ジャーナル』429、1996年10月

43. 「進路学習 HR のためのプラン＆ワークシート「『先輩から学ぶ』『後輩へ伝える』」『キャリアガイダンス』、1996年11月

44. 「進路学習 HR のためのプラン＆ワークシート「自校に合わせたオリジナルシートを作ろう」『キャリアガイダンス』、1997年1月

45. 「学校の危機管理二学期の進路指導」『週刊教育資料』507、1996年11月

46. 「不合理な進路選択を是正する相談事例」（共著）『進路指導』70(3)、1997年3月

47. 「進路学習による望ましい職業観の形成－3年間の進路学習の評価をもとに－」『教育叢書41教育研究論文』、1997年5月

48. 「CAI を使用したティームティーチング－日本とオレゴンの児童・生徒による文芸作品 Treasures 3 を使用して」『ユニコーンジャーナル』38、1997年6月

49. 「教育時事 Q&A　高校生の進路意識と学校対応」『週刊教育資料』537、1997年7月

50. 「米国キャリア・ガイダンス訪問－進路担当者として視察から学んだこと－」（共著）『進路ジャーナル』445、1997年12月

51. 「アメリカ合衆国の進路指導を視察して」『進路』35、1998年1月

52. 「教育時事 Q&A　アメリカにみる高校教育改革の課題」『週刊教育資料』562、1998年2月

53. 「高等学校における職業観形成と進路学習との関連」『東洋大学大学院紀要』34、1998年2月

54. 「海外事情等の紹介－アメリカ アメリカ合衆国のキャリア教育報告」『産業教育』48(3)、1998年3月

55. 「アメリカにおける進路指導の新しい動向（中学校の進路指導/技術・家庭/勤労体験の研究及び実践)」『産業教育』48(5)、1998年5月

56. 「アメリカにおける進路指導の新しい動向」『産業教育』48(5)1998年5月

57. 「学校の危機管理転換迫られる高校生アルバイト指導」『週刊教育資料』582、1998年7月

58. 「生きる力を育てる進路指導の実践－生きる力を育てる3分間スピーチ－」『進路指導』72(9)、1999年9月

59. 「進路指導に於けるガイダンス機能の充実」（共著）『進路指導』72(11)、1999年11月

342

60. "The Practice to en courage the willingness of students to express themselves - English class practiced by the way of education using Seikatsu Tsuzurikata-" 『東洋大学大学院紀要』36、2000年2月

61. 「表現意欲を育成する授業実践－生活綴方的な教育方法を活かした外国語科（英語）授業－」『東洋大学文学部教育学科志摩研究室 生活綴方論文集』1、2000年3月

62. 「アメリカ合衆国の「学校から仕事への移行」プログラムから学ぶもの」『教育』51(4)、2001年4月

63. "Developing A Model of Career Development Guidelines from Elementary through High School in Japan" The 9th Asia Regional Association for Career Development (ARACD) Conference Paper, 2001, Singapore Professional Center の HP http://www.spc.org.sg で公開、2001年5月

64. 「『留学生が先生！』の『総合的な学習の時間』としての可能性－5年間にわたるアンケート調査をもとに－」『留学生が先生！』9、2001年5月

65. 「大学における体験活動を取り入れた進路授業の進路決定自己効力に関する研究（1）」『上越教育大学研究紀要』21(1)、2001年10月

66. 「大学における進路指導授業から見えるもの－『職業レディネステスト』を利用したキャリアカウンセリング実習の学生の記述をとおして－」『進路指導』72(12)、2002年2月

67. 「明治・大正期の学校教育制度における職業指導の基盤形成に関する考察」『東洋大学大学院紀要』38、2002年3月

68. 「国際理解教育における学習機能に関する試行的研究」『日本特別活動学会紀要』10(10)、2002年3月

69. 「小学校及び実業補習学校における学校生活から職業生活への「移行」に関する研究－文部省訓令第20号発布以前の時期を中心に－」『産業教育学研究』32(2)、2002年7月

70. 「訓令第20号以前の学校制度における職業指導の基盤形成に関する研究」『悠峰職業科学研究紀要』10、2002年8月

71. 「年間計画を立て直そう！進路指導クリニック」『キャリアガイダンス』34(6)、2002年10月

72. 「『少年職業紹介ニ関スル件』依命通牒の進路指導における意義－職業行政と学校教育の連携による移行支援の嚆矢として－」『産業教育学研究』34(1)、2003年1月

73. 「新学習指導要領とこれからの進路指導」（文部科学省初等中等局児童生徒課尾崎春樹課長との対談）『進路指導』76(1)、2003年1月

74. 「進路指導で直面する『困った場面』にどう対応するか」『キャリアガイダンス』35(1)、2003年1月

75. 「学校教育への職業観・勤労観形成の導入過程における教科外活動の役割」『日本特別活動学会紀要』12、2003年3月

76. 「自己効力を指標とした体験的活動を取り入れた進路授業の効果に関する研究（2）―職業レディネス・テスト後の進路自己効力の変化に焦点をあてて―」（共著）『上越教育大学大学院研究紀要』24(2)、2003年3月

77. 「『進路先への適応』をテーマにした小・中・高等学校のモデルを拝見して」『進路指導』76(4)、2003年4月

78. 「進路情報の活用―上級学校調べ―」『進路指導』76(7)、2003年7月

79. 「『進路指導』第76巻第6号の「『全体研究協議―キャリア教育における職業観・勤労観の育成―』（2日目午後）の新たな取り組み」の内容に対する修正―大日本職業指導協会（現、日本進路指導協会）の発足年について」『進路指導』76(8)、2003年8月

80. 「激変する社会とこれからの進路指導―進路指導の不易と流行をもとに―」『教育ながさき』54(633)、2003年8月

81. 「適性検査をどうフォローしていくか」『キャリアガイダンス最新ノウハウブック』9月号、2003年9月

82. 「新・キャリア教育基礎講座個別指導編」『キャリアガイダンス最新ノウハウブック』9月号、2003年9月

83. 「生徒の情報を大学ノートで簡単に整理」『キャリアガイダンス最新ノウハウブック』9月号、2003年9月

84. 「『キャリア教育』時代の到来に向けて」『進路指導』76(9)、2003年9月

85. 「訓令第20号以前の学校制度における職業指導の基盤形成に関する研究」『悠峰職業科学研究紀要』10、2003年9月

86. 「勤労体験学習（職場体験・就業体験）の今後の方向性」『進路指導』76(10)、2003年10月

87. 「学校生活から職業生活への移行支援―進路指導学会の研究大会」『週刊教育資料』822、2003年10月

88. 「『少年職業紹介ニ関スル件』依命通牒の学校生活から職業生活への移行支援における意義―大阪市少年職業指導協議会後の大阪市における少年職業紹介を辿りつ

つー」」『産業教育学研究』33(2)、2003年11月

89. 「新・キャリア教育基礎講座年間計画編」『キャリアガイダンス最新ノウハウブック』11月号、2003年11月

90. 「誌上年間計画コンサルティング」「キャリアガイダンス最新ノウハウブック」11月号、2003年11月

91. 「1.「少年職業紹介ニ関スル件」通牒の進路指導における意義：職業行政と学校教育の連携による移行支援の嚆矢として（A-2, II. 自由研究発表, 日本産業教育学会第44回大会報告）」『産業教育学研究』34(1)、2004年1月

92. 「選択・決定能力をいつどのように育成するか」『進路指導』77(1)、2004年1月

93. 「『小・中・高等学校の連続性を配慮した進路学習』のこれから―「全米キャリア発達ガイドライン」のあゆみを参考に―」『進路指導』77(2)、2004年2月

94. 「教職課程における「教科以外の活動の指導」に必要な資源に関する調査―教育実習担当教員への調査を通じて―」（共著）『上越教育大学研究紀要』23(2)、2004年3月

95. 「学校教育への職業観・勤労観形成の導入過程における教科外活動の役割」『日本特別活動学会紀要』12(2)、2004年3月

96. 「小学校におけるキャリア教育―静岡県沼津市立原東小学校のキャリア教育実践に携わって―」『進路指導』第77巻第5号、2004年5月

97. 「全体研究協議～テーマ「今求められているキャリア教育を推進する教師の実践力」について～」『進路指導』第77巻第7号、2004年7月

98. 「今求められているキャリア教育を推進する教師の実践」『進路指導』第77巻第10号、2004年10月

99. 「生き方に関わる教育の再構築―新しいことを始める必要はない―」『教育新聞』（10月28日付け）、2004年10月

100. 「キャリア教育の導入と進路指導における社会的体験」『生徒指導学研究』3、2004年11月

101. 「勤労観・職業観の二層構造で―児童には勤労観の育成から―」『教育新聞』（11月25日付け）、2004年11月

102. 「先進校の教育実践に学ぶ―教師にとってそのもつ意味は何か―」『教育新聞』（12月23日付け）、2004年12月

103. 「今、進路指導に求められているもの―キャリア教育導入にあたって―」『学校の経営』37、2005年1月

104. 「キャリア教育導入と高等学校進路指導」『進路』42、2005年1月

105. 「大学における体験活動を取り入れた進路授業の進路決定自己効力に関する研究
（2）－職業レディネス・テスト後の進路自己効力の変化に焦点をあてて－」（共
著）『上越教育大学大学院研究紀要』24(2)、2005年3月

106. 「小学校でキャリア教育をはじめるにあたって－1年間の連載テーマ及び連載内
容について－」『進路指導』78(4)、2005年4月

107. 「新連載小学校キャリア教育入門（2）－キャリア教育と進路指導」『進路指導』
78(5)、2005年5月

108. 「わが国に少年職業指導創始期における職業指導論の展開－大阪市立児童相談所
の設立に焦点をあてて－」『進路指導学研究』23(1)、2005年5月

109. 「学校教育における生徒指導と進路指導」『教職課程』31(7)、2005年5月

110. 「新連載小学校キャリア教育入門（3）－キャリア教育と生き方教育」『進路指
導』78(6)、2005年6月

111. 「進路指導からキャリア教育への移行期を迎えた学校教育」『季刊教育法』145
(145)、2005年6月

112. 「キャリア教育導入と学校教育の見直し」『教育課程』31(8)、2005年6月

113. 「キャリア教育という名の教育改革」『教育創造』150、2005年7月

114. 「キャリア教育の導入と推進－登場から実践2年目のキャリア教育の足跡をたど
る－」『教育課程』31(9)、2005年7月

115. 「全体研究協議テーマ「キャリア教育における実践のあり方」について」『進路
指導』78(7)、2005年7月

116. 「新連載小学校キャリア教育入門（4）－実践から学ぶ小学校キャリア教育（1）
－準備段階編」『進路指導』78(7)、2005年7月

117. 「新連載小学校キャリア教育入門（5）－実践から学ぶ小学校キャリア教育（2）
－実践段階編」『進路指導』78(8)、2005年8月

118. 「新連載小学校キャリア教育入門（6）－実践から学ぶ小学校キャリア教育（3）
－特別活動・総合的な学習の時間を通して」『進路指導』78(9)、2005年9月

119. 「新連載小学校キャリア教育入門（7）－実践から学ぶ小学校キャリア教育（4）
－道徳の時間を通して」『進路指導』78(10)、2005年10月

120. 「新連載小学校キャリア教育入門（8）－実践から学ぶ小学校キャリア教育（5）
－各教科を通して」『進路指導』78(11)、2005年11月

121. 「キャリア教育の導入と地域の人材育成」『JOYO ARC』37(433)、2005年11月

122. 「キャリア教育の登場と教育における意義」『学校運営』47(9)、2005年12月

123. 「キャリア教育の推進にあたって－児童・生徒・学生を社会の変化に対応できる

大人に育てるには」『進路指導』78(12)、2005年12月

124.「キャリア教育と特別活動」『特別活動研究』、38(12)、2005年12月

125.「キャリア教育は学校を変えるか」『山形教育』、2005年12月

126.「新連載小学校キャリア教育入門（9）－実践から学ぶ小学校キャリア教育（6）－中学校への移行支援として」『進路指導』78(12)、2005年12月

127.「キャリア教育の登場と学校教育」『道徳と特別活動』22(9)、2005年12月

128.「第4章キャリア教育を評価する」「第5章35年にわたるキャリア教育」「第6章セント・ルイス教育委員会におけるキャリア教育」『キャリア教育－歴史と未来』（共訳）Kenneth B. Hoyt, Career Education: History and Future（2005）の翻訳、雇用問題研究会（共訳：仙﨑武・藤田晃之・下村英雄）2005年12月

129. "Promotion of Career Education in Japan" Careers Conference 2006（Madison Marriott West）2006年1月

130.「新連載小学校キャリア教育入門（10）－小学校キャリア・カウンセリング（基礎編）」『進路指導』79(1)、2006年1月

131.「新連載小学校キャリア教育入門（11）－小学校キャリア・カウンセリング（応用編）」『進路指導』79(2)、2006年2月

132.「新連載小学校キャリア教育入門（最終回）－キャリア教育の評価－評価と追指導」『進路指導』79(3)、2006年3月

133.「進路指導の基礎理論と方法」『生徒指導・教育相談・進路指導』、2006年3月

134.「2章小学校でキャリア教育をすすめるための基礎的理解」『小学校キャリア教育のカリキュラムと展開案』、2006年3月

135.「3章キャリア教育のカリキュラム編成の方法」『小学校キャリア教育のカリキュラムと展開案』、2006年3月

136.「4章編成されたカリキュラムの実践」『小学校キャリア教育のカリキュラムと展開案』、2006年3月

137.「矯正教育におけるキャリア教育の有効性」『形成』117(3)、2006年3月

138.「実践小学校キャリア教育講座（1）小学校におけるキャリア教育」『進路指導』79(4)、2006年4月

139.「進路指導・キャリア教育の意義と内容」『教職スタート初任者必携59の基本課題』、2006年5月

140.「アメリカの教育制度の特徴とキャリア教育と関連ある言葉」『進路指導』79(5)、2006年5月

141.「実践小学校キャリア教育講座（2）体験活動「こうえんたんけん」（1学年）

をどのように扱うか」『進路指導』79(5)、2006年5月

142. 「キャリア教育視察について（2）②アメリカ編　アメリカの教育制度の特徴とキャリア教育と関連ある言葉」『進路指導』79(5)、2006年5月

143. 「保護者とすすめるキャリア教育とは？」『先生のためのサプリマガジン（R－T）』2005年5月号 vol.2付録、2006年5月

144. 「実践小学校キャリア教育講座（3）体験の刺激を言語化させる「キーワード学習」のすすめ」『進路指導』79(6)、2006年6月

145. 「実践小学校キャリア教育講座（4）指導案に必要な項目「キャリア・カウンセリングの視点」」『進路指導』79(7)、2006年7月

146. 「実践小学校キャリア教育講座（5）キャリア教育のテキストを作る」『進路指導』79(8)、2006年8月

147. 「実践小学校キャリア教育講座（6）教科学習とキャリア教育－キャリア教育の視点で教科学習を評価する」『進路指導』79(9)、2006年9月

148. 「実践小学校キャリア教育講座（7）小中高大によるキャリア教育実践がもたらしたもの－新潟県上越市の取り組み－」『進路指導』79(10)、2006年10月

149. 「キャリア教育における小・中・高・大連携」日本キャリア教育学会第28回研究大会（関西大学）、2006年10月

150. 「実践小学校キャリア教育講座（8）学習プログラムの枠組み（例）の捉え方と4能力領域の構造」『進路指導』79(11)、2006年11月

151. 「実践小学校キャリア教育講座（9）中学校と連携したキャリア教育－キャリア・スタート・ウィーク事業を活用して－」『進路指導』79(12)、2006年12月

152. 「中学校への以降支援授業のあり方－児童のかかえる「移行不安」をどのように扱うか－」『進路指導』第80巻第1号、2007年1月

153. 「働くということ」『情報交差点ゆうゆう第37号』神奈川県立青少年センター、2007年1月

154. 「実践小学校キャリア教育講座（11）中学校移行支援授業－J市立I小学校の事例－」『進路指導』80(2)、2007年2月

155. "Career Education in Japan" California Career Pathway Consortia Educating For Careers Thirteenth Annual Conference (California) 2007年2月

156. 「実践小学校キャリア教育講座（12）キャリア教育の評価再考」『進路指導』80(3)、2007年3月

157. 「キャリア教育の評価再考」『進路指導』80(3)、2007年3月

158. 「地域に参加する体験的キャリア教育の実践」（共著）『進路指導』80(4)、2007

年4月

159. 「体育科をとおした小・中連携の授業実践」（共著）『進路指導』80(5)、2007年5月

160. 「ドリームマップで、夢や希望をふくらまそう！」（共著）『進路指導』80(6)、2007年6月

161. 「財団法人日本進路指導協会の歩み（戦前編）」『進路指導』80(7)、2007年7月

162. 「「学ぶ力」を現出するキャリア教育」『はるか・プラス』24(7)，2007年7月

163. 「人とのかかわりをとおした表現能力の育成～1学年生活科学習の実践をとおして～」（共著）『進路指導』80(7)、2007年7月

164. 「地域学習をとおして地域に愛着を深めるキャリア教育の実践」（共著）『進路指導』80(8)、2007年8月

165. 「第3章　学校のキャリア教育に対する期待」『労働政策研究報告書』92、2007年9月

166. 「第7章　今後のキャリア教育・キャリアガイダンス施策への示唆　2．学校におけるキャリア教育への示唆」『労働政策研究報告書』92、2007年9月

167. 「津沢キッズチャレンジ―自分たちでお店を開こう―」（共著）『進路指導』80(9)、2007年9月

168. 「キャリア教育の視点から見つめ直す教育活動の実践～生活科・総合的な学習の時間を中心にして～」（共著）『進路指導』80(10)、2007年10月

169. 「児童生徒の勤労観・職業観を育む「キャリア科」の創造」（共著）『進路指導』80(11)、2007年11月

170. 「未来につながるバッグ」で子どもたちの意識を変える！」（共著）『進路指導』80(12)、2007年12月

171. 「学習指導要領改訂に伴い，キャリア教育をどのように教育計画に盛り込むか」『道徳と特別活動』24(12)、2007年12月

172. 「小学校キャリア教育の実践と指導・助言（10）中学校への円滑な移行を目指した小・中連携キャリア教育の実践」（共著）『進路指導』81(1)、2008年1月

173. 「教科におけるキャリア教育の推進～コミュニケーション力の育成もねらいとした図画工作の鑑賞活動～（共著）進路指導81巻、第2号2008年2月

174. 「"夢"実現への思いを内発的な学習エネルギーとして、主体的に生きる子どもの育成を目指して～理科・算数科学習からはじめる「キャリア教育（生き方探究教育）」～」『進路指導』81(3)、2008年3月

175. 「小学校のキャリア教育をどう考えるか―教育活動を見直す視点（特集 夢・憧

れ・生き方 小学校からのキャリア教育）」『児童心理』62(3)、2008年3月

176.「開かれた学校づくりをキャリア教育の視点で推進する〜サロンのお年寄りとの
　　かかわりをとおして〜」『進路指導』81(4)、2008年6月

177.「英語教育とキャリア教育ユニコーンジャーナル』No.67、文英堂、（28-32頁）
　　ユニコーンジャーナル』67、2008年8月

178.「学びを深めるキャリア教育—改正教育法及び新学習指導要領との関連性—」
　　『道徳と特別活動』25(6)、2008年8月

179.「アメリカのキャリア教育事情道徳と特別活動」25(6)、2008年8月

180.「キャリア教育の視点からみつめ直す教育活動の実践〜社会科学習〜」『進路指
　　導』81(5)、2008年9月

181.「今、キャリア教育の本質に迫る」『教育と医学』57(9)、2008年9月

182.「キャリア教育をめぐる最新事情—新たな学びを創造するキャリア教育」『学校
　　マネジメント』47(13)、2008年9月

183.「キャリア教育を基盤とした小中一貫教育」『進路指導』81(6)、2008年12月

184.「わが国小学校におけるキャリア教育の導入過程研究」『早稲田大学大学院教職
　　研究科紀要』1、2009年3月

185.「小学校キャリア教育の実践と指導・助言（［2009年］夏季号）自分のよさに気
　　付き、夢や希望を実現するために、意欲をもって取り組む児童の育成—4つの
　　力を育てるキャリア教育のカリキュラムづくりをとおして」（共著）『進路指導』
　　82(2)、2009年6月

186.「「絡めるキャリア教育」の実現に向けて〜総合的な学習の時間・学校行事を中
　　心として〜」『進路指導』82(3)、2009年9月

187.「小学校におけるキャリア教育の充実をめざして〜小中一貫教育と研究開発を通
　　して〜」『進路指導』82(4)、2009年12月

188.「絆づくり」を中心としたキャリア教育の推進〜城南カリキュラムの構想と展開
　　を通して〜」『進路指導』83(1)、2010年3月

189.「第Ⅰ章　Ⅱキャリア教育の視点からのアプローチ「キャリア教育とひきこもり
　　の認識」」『若者に社会不適応をもたらさないために〜若者の心情を理解したか
　　かわりについて〜ひきこもり等に関する年齢別未然防止策調査検討報告書』、
　　2010年3月

190.「日本とアメリカ合衆国のキャリア教育事情：学校はどうやって生徒を仕事やキ
　　ャリアにつなぐか」『進路指導』83(2)、2010年6月

191.「人とふれ合う体験を重視したキャリア教育の実践〜総合的な学習の時間と国語

科をとおして～」『進路指導』83(2)、2010年6月

192.「埼玉県教育委員会による「キャリア・カウンセラー養成研修講座」について」『進路指導』83(2)、2010年6月

193.「教科と関連において進めるキャリア教育の実践」『進路指導』83(3)、2010年9月

194.「初等中等教育・大学・社会の接続に向け大学が果たすべき役割」『Between』23(5)、2010年10月

195.「交流活動をつないで育むキャリア教育の実践」『進路指導』83(4)、2010年12月

196.「こんな厳しい時代だからこそ、専門的・職業的アプローチも目指していきたい」『キャリアガイダンス』35、2011年2月

197.「キャリア教育と人権教育の融合」『進路指導』84(1)、2011年3月

198.「わが国大正期の学校改革における職業指導の役割－大阪市本田尋常小学校長三橋節の思想及び教育実践を通して－」『早稲田大学大学院教職研究科紀要』3(3)、2011年3月

199.「児童期・思春期のキャリア教育の進め方」(共著)『教育心理学年報』50、2011年3月

200.「かかわりのなかで自立して生きる児童の育成～キャリア教育根岸プランの創造～」『進路指導』85(1)、2011年3月

201.「百年先を見越したさいたま市の教育を！」『教育さいたま』24、2011年3月

202.「新たな可能性を求めて（シニア・アドバイザーの立場から見た考察）」『2010年度教育課題研修指導者海外派遣プログラム報告書「キャリア教育」アメリカF－1団』2011年3月

203.「小学校キャリア教育カリキュラム開発」『進路指導』84(2)、2011年6月

204.「キャリア教育における職業興味と自己理解－職業レディネス・テストの活用－自分の興味を探る自己理解に最適なツール」『職業研究』2011夏季号、2011年7月

205.「自己肯定感の高い児童生徒を育てる小中一貫教育」『進路指導』84(3)、2011年9月

206.「自分なりのあり方・生き方を高めかかわる力を育てる学習活動の実践語活動の充実」『進路指導』84(4)、2011年12月

207.「研究推進委員会 学会員アンケート調査結果報告」『キャリア教育研究』30(2)、2012年3月

208.「社会的・職業的自立を促進する特別活動－特別活動とキャリア教育の関連から

ー」『日本特別活動学会紀要』20、2012年3月

209.「キャリア教育」『朝日新聞』埼玉版（5月15日付）2012年5月

210.「義務教育9年間の系統性を図ったキャリア教育の実践～ふれあいを通した自己の生き方の追求～」『進路指導』85(2)、2012年6月

211.「人生の選択」『朝日新聞』埼玉版（6月24日付）2012年6月

212.「小学校五年生、六年生におけるキャリア教育」『児童心理』66(951)、2012年6月

213.「キャリア教育に役立つ体験活動」『授業力＆学級統率力』28、2012年7月

214.「いじめ抑止の方法」『朝日新聞』埼玉版（6月24日付）、2012年9月

215.「新たな環境に円滑に移行できる力の育成～相手の気持ちを理解し、自分の思いを伝える～」『進路指導』85(3)、2012年9月

216.「デュアル・キャリアの勧め」『朝日新聞』埼玉版（11月8日付）、2012年11月

217.「キャリア教育で夢と希望を育み力強く生きていこう」『灯台』626、2012年11月

218.「「生き方の教育」としての進路指導、キャリア教育」『信濃教育』(1523)、2012年12月

219.「未来を築くキャリア教育－フランクフルトにおけるキャリア発達の支援－」『進路指導』85(4)、2012年12月

220.「節目の円滑な移行が可能に」『朝日新聞』埼玉版（2月26日付）、2013年2月

221."Career Counseling in Asian Countries: Historical Development, Current Status, Challenges and Prospect" *Journal of Asia Pacific Counseling, Volume 3, Number 1, The Korean Counseling Association* 3(1)、2013年2月

222.「教員養成における教師のキャリア形成（特集 米国カリフォルニア州教育視察）」『進路指導』86(1)、2013年3月

223.「未来を生き抜く自立型人間の育成～ジョブシャドウイングを通して～」『進路指導』86(1)、2013年3月

224.「米国カリフォルニア州教育視察Ⅲ　教員養成と教師キャリアの形成」『進路指導』86(1)、2013年3月

225.「生き方の教育キャリア教育の誕生とその理念」『早稲田学報』1198、2013年4月

226.「生き方につながる楽しい授業」『学校運営』55(4)、2013年7月

227."Development Process Career Education in Japan" *Proceedings of The International Conference on New Careers in New Era*、2013年10月

228.「キャリア教育と道徳教育」『道徳教育』53(10)、2013年10月

229. 「道徳と職場体験」『道徳教育』53(11)、2013年11月

230. 「職業レディネス・テストの教員研修会を実施する」『しんりけんさ』40、2013年11月

231. 「教職大学院レポート⑦早稲田大学教職大学院」『シナプス』2013年11月

232. 「職業指導・キャリア教育部会報告：シンポジウム「コミュニティ・スクールを活かしたガイダンスの機能の可能性」（研究部会報告）」（共著）『産業教育学研究』44(1)、2014年1月

233. 「大学における「キャリア教育のプログラム開発」と実践」『進路指導』87(1)、2014年3月

234. 「進路指導主事」『最新学校管理規則質疑応答集追録』第28-30合併号、2014年9月

235. 「小・中・高でキャリア教育をどう展開したらよいか」『指導と評価』60(10)通巻718号、2014年10月

236. 「高等学校におけるキャリア教育を考える」『職業研究』2015春季号、2015年3月

237. 「キャリア教育の一環としての職業体験とその意義～「わく（Work）わく（Work）Week Tokyo（中学校の職場体験）」事業の更なる発展を願って～」『わく（Work）わく（Work）Week Tokyo 平成26年度中学校の職場体験報告書』、2015年3月

238. 「V 教職大学院の学びと修了後のキャリア形成」『日本学術振興会科学研究費助成事業（科学研究費助成金）基盤研究（B）研究成果報告書（研究代表者：河崎智恵）キャリア教育としての教員養成カリキュラムの開発：初等教育～高等教育への接続・展開』、2015年3月

239. 「生徒指導とキャリア教育」『現代生徒指導論』、2015年9月

240. 「「教育」を回路とする国際交流プログラムの研究：教育・総合科学学術院とロンドン大学教育研究所との交流」（共著）『早稲田教育評論』29(1)、2015年3月

241. 「コミュニティ・スクールにおける地域資源を活かした特別活動の展開」（共著）『早稲田大学大学院教職研究科紀要』8(8)、2016年3月

242. "Vocational Guidance, Career Guidance, and Career Education phases in Japan"『早稲田大学大学院教職研究科紀要』8(8)、2016年3月

243. 「日本と韓国におけるキャリア教育の展開」『進路指導』89(1)、2016年3月

244. 「世の中の動き、職業世界に関心をもつ―「工場見学」を通したキャリア教育から」『児童心理』70(1030)、2016年10月

245. 「教職大学院の学部新卒学生等新卒学生におけるキャリア・パスの研究―教育管理職へのキャリア・パスに焦点をあて―」『早稲田大学大学院教職研究科紀要』10(9)、2017年3月

246. 「教職大学院の学部新卒学生におけるキャリア・パスの研究Ⅱ―教育管理職養成聞き取り調査や教職大学院学部新卒学生帳をもとに―」『早稲田大学大学院教職研究科紀要』10、2018年3月

247. 「社会や職業の実際について学ぶ意義―金融教育をキャリア教育の視点で捉える」『しごと能力研究2018特集号』、2018年10月

248. 「（2）諸外国の教育行政組織・機能・職員の類型 ウ アメリカ（カリフォルニア州）」（共著）国立教育政策研究所平成30年度プロジェクト研究報告書『「次世代の学校」実現に向けた教育長・指導主事の資質・能力向上に関する調査研究報告書』2019年3月

249. 「米国カリフォルニア州におけるキャリア教育とキャリア・カウンセリング」『日仏教育学会年報』26、2019年9月

250. 「学校教育における経験を変える 学びと仕事をつなぐLinked Learning 先端教育」『先端教育』1、2019年11月

251. "A Preliminary Comparison of Career Education for Youth among Ten Asian countries: A Synthesis of Country Reports from the 2017 ARACD Conference"（共著）*Indian Journal of Career and Livelihood Planning* 8(1)、2019年12月

252. 「平成期と進路指導・キャリア教育」『早稲田大学教職大学院紀要』12、2020年3月

253. 「深い学び再考―Post Covid-19を見据えて」『学校教育研究』35、2020年10月

254. 「これからの時代における職場体験」『中学校、No.819』中学校校長会、2021年12月

255. 「キャリア教育を支える進路指導の諸活動」『進路指導031号』東京都中学校進路指導研究会、2021年12月

256. 「米国カリフォルニア州におけるキャリア教育改革―リンクト・ラーニングと学校アカウンタビリティ―」（共著）『早稲田大学教職大学院紀要』14、2022年3月

257. 「21世紀型教員の質保証システムにおける「成長指標」の開発」（共著）『早稲田キャリア教育研究13巻』2022年3月

258. 「中学校における職業レディネス・テスト（VRT）の効果的な活用」『しんりけ

んさ』19、2022年10月

259. 「新しい提要、新しい生徒指導、第8回 第9章 中途退学―キャリア教育・進路指導の視点での取組」『月刊生徒指導11』2023年5月.

260. 「生徒指導と進路指導・キャリア教育との連携の可能性」『埼玉教育第3号（秋号）NO. 823』2023年11月

《招待講演・学会発表など》 ＊国際学会のみ記す

2001 Mimura, T. Developing a Model of Career Development Guidelines From Elementary Through High School in Japan. the 9th Asia Regional Association for Career Development（ARACD）Conference, RELC International Hotel, Singapore, 11-13, March.

2006 Mimura, T., Yagi, T. D. Career Education in Japan. Careers 06 Conference, Marriott Madison West, Wisconsin, USA, January 31- February 1.

2007 Mimura, T., Yagi, T. D. Career Education in Japan. California Career Pathways, Consortia Educating For Careers. Hyatt Regency Orange County, February 25-27.

2007 Mimura, T., Yagi, T. D. Promotion of Career Education in Japan, International Conference of International Association for Educational and Vocational Guidance, University of Padova, Italy, 4-6 September.（Multiple, first author）（Refereed）

2010 Mimura, T. 2010 International Conference on 'Sharing Ideas and Best Practices in Creer Education with Integrative Approach', Gyeongju Hilton Hotel, Korea, May 19.

2013 Mimura, T., Yagi, T. D. 4'Cs of Career Counselling in Japan; Addressing Human and /or Citizen Rights, Career Guidance International Conference Montpellier, Montpellier Corum, France, September 23-27.（Multiple, first author）（Refereed）

2014 Mimura, T., Development of Career Education in Japan, the 10th Asia Regional Association for Career Development（ARACD）Conference, Kampung Sumber Alam, Garut, Indonesia, September 21.

2015 Mimura, T. Keynote Speech: Vocational Guidance, Career Guidance and Career Education in Japan, the 41st Conference of the International Association of Educational and Vocational Guidance（IAEVG）& the 11th Asia Regional

Association for Career Development（ARACD）Conference, International Congress Center, Tsukuba, Japan, September 18-21.

2016 Mimura, T. the Ideas and Actions for Social Justice at the Beginning of Vocational Guidance in Japan, the 42nd Conference of the International Association of Educational and Vocational Guidance（IAEVG）, UNED, Madrid, Spain, November 15. 8.（Single）（Refereed）

2017 Mimura, T. Keynote Speech: How does ARACD contribute to Asia?, the 12th Asia Regional Association for Career Development（ARACD）Conference, Sheraton Seoul Palace Gangnam Hotel, Korea, May 17-18.

2018 Mimura, T., Fujiwara, Y. Action Oriented Research on Creating a New Pathway to an Administrative Career in Teacher Education: Focusing on the Professional Graduate Schools of Teacher Education in Japan, the 44th Conference of the International Association of Educational and Vocational Guidance（IAEVG）, Sweden Exhibition and Conference Centre, Gothenburg, Sweden, October 2.（Multiple, first author）（Refereed）

2019 Mimura, T., Kim, H. Comparison of Career Education for Youth among Asian Countries, the 43th Conference of the International Association of Educational and Vocational Guidance（IAEVG）, University of Economics in Bratislava, Bratislava, Slovenská republika, September, 11.（Multiple, second author）（Refereed）

2021 Mimura, T., Zaha M., Kyan H. The possibility of examining the effectiveness of a career education program through a follow-up survey, the 44th Conference of the International Association of Educational and Vocational Guidance（IAEVG）, Online（Riga, Latvia）, October, 19.（Multiple, first author）（Refereed）

2022 Mimura T., Sakai Y.（2022）. Development of an Alternative Program to Work Experience for Middle School Students and Examination of its Effectiveness, 46th IAEVG international conference. Seoul, Korea, December 9, 2022.（Refereed）

2022 Mimura T.（2022）. Issues in Student Guidance and the New Student Guidance Proposal, Japan-Korea Round Table, 46th IAEVG international conference, NYPI-ARACD Symposium, Seoul, Korea, December 9, 2022.（Conducted in Japanese and Korean as a Japan-Korea Round Table）.

2023 Mimura, T., Yagi, T. D. (2023). Linked Learning in Japan, Linked Learning Conference 2023, San Diego. (Refereed)

2023 Mimura T., What is exemplary career education practices? –From the perspective of collective impact, The 54th Youth Policy Forum Young People That Make the City, December 7, yoennamjang, Seoul, December 7.

あ と が き

　職業指導、進路指導、キャリア教育と続く教育活動はこれからも途切れることなく続きます。本書はこの教育活動の歴史の中でキャリア教育が我が国で誕生した時期の里程標として『日本キャリア教育事始め』との名で発刊されました。本書には多くの方々のキャリア教育の取組の証としての論考が集められています。一つ一つの論考には執筆に携わった方のこの教育活動への思いが集約されています。日本キャリア教育学会会長の藤田晃之先生（筑波大学教授）、同前学会長の下村英雄様（労働政策研究・研修機構副統括研究員）、アジア地区キャリア発達学会長 Kim, Hyunchoel 様（韓国青少年政策研究院長）、また Darryl T. Yagi 先生（元米国カリフォルニア州スクールカウンセラー協会会長）をはじめ多くの方々から論考を賜り、この教育活動の基盤は世界にあることを示しています。私の論考で紹介しましたパウロ・フレイレの著書からの引用文にありますように、全ての人が主体を取り戻し、さまざまな抑圧から解放され、それぞれのキャリアを歩むことができるように、本教育活動が強く推進されることを祈念します。たまたま私の退職を契機に編纂された本書ですが、この価値は本教育活動が継続する中で輝きを失わないことを信じます。

　論考をお寄せいただいた皆様に感謝するとともに、本書の企画から編集にわたりご尽力いただいた自由学園の高野慎太郎先生及び風間書房代表取締役風間敬子様と編集部の斎藤宗親様には格段の謝意を表させていただき、あとがきとさせていただきます。

三村隆男

執筆者一覧

編著者

三村隆男（みむら・たかお）早稲田大学教授／国立教育政策研究所フェロー

高野慎太郎（たかの・しんたろう）自由学園教諭／中国・安徽大学客員講師

京免徹雄（きょうめん・てつお）筑波大学准教授

小境幸子（こざかい・こうこ）元埼玉県公立高等学校教諭

宮古紀宏（みやこ・のりひろ）国立教育政策研究所総括研究官

執筆者

藤田晃之（ふじた・てるゆき）筑波大学教授

下村英雄（しもむら・ひでお）労働政策研究・研修機構副統括研究員

林泰成（はやし・やすなり）上越教育大学長

ダリル・T・ヤギ 元米国カリフォルニア州スクールカウンセラー協会長

キム・ヒョンチョル 韓国青少年政策研究院院長

辰巳哲子（たつみ・さとこ）リクルートワークス研究所主任研究員

岡部敦（おかべ・あつし）清泉女学院大学准教授

角田浩子（つのだ・ひろこ）リクルート『キャリアガイダンス』編集顧問

中野敏明（なかの・としあき）元上越市教育委員会教育長

関本惠一（せきもと・けいいち）東京音楽大学客員教授

工藤榮一（くどう・えいいち）前帝京平成大学准教授

谷島竜太郎（やじま・りゅうたろう）茨城県教育庁学校教育部指導主事

野崎倫子（のざき・ともこ）前呉市立郷原中学校長

鈴木光俊（すずき・みつとし）東京海洋大学特任教授

喜屋武裕江（きゃん・ひろえ）（一社）グッジョブおきなわプロジェクト代表

福本剛史（ふくもと・たけし）全国高等学校進路指導協議会事務局長

相澤顕（あいざわ・あきら）上越市立直江津東中学校長

日本キャリア教育事始め

2024年3月25日　初版第1刷発行

編者　　『日本キャリア教育事始め』編集委員会

発行者　　風　間　敬　子

発行所　　株式会社風　間　書　房
〒101-0051　東京都千代田区神田神保町 1-34
電話 03(3291)5729　FAX 03(3291)5757
振替 00110-5-1853

印刷　太平印刷社　　製本　高地製本所